内部監査の実践ガイド

16講でわかる基本と業務別監査

島田裕次 編著

荒木理映・池田晋・五井孝
中野雅史・西島新・宮下正博 著

日科技連

まえがき

　コーポレートガバナンスや内部統制の議論が広まるのに伴って，内部監査に対する意識も高まってきている．内部監査部門が設置され，内部監査人も強化されつつある一方で，内部監査人のスキル向上が課題になっている．日本においては，内部監査に関する知見やスキルがあるから内部監査人になるのではなく，人事異動の一環として内部監査部門に異動し，内部監査を実施することが求められている．

　しかし，経理や営業，生産などの経験があっても，内部監査の経験があるわけではないので，内部監査部門への異動の辞令を受けた途端に，何をして良いのかがわからず，困っている内部監査人を多数知っている．

　内部監査は，組織体の運営に関して価値を付加するものであり，改善につながるような指摘や改善提言を行うことが求められている．外部監査である公認会計士監査は，財務報告の信頼性を確保することを目的としているが，内部監査は，経営改善や業務改善を目的としてる点に大きな違いがある．

　本書の特徴は，内部監査の実務経験者が執筆することによって，実践的な内容になっている点にある．また，金融業，事業会社，外資系企業などで幅広い内部監査の経験をもつ執筆者で構成しているので，役に立つヒントが多数盛り込まれている点にも特徴がある．さらに，**第1講**から**第4講**で内部監査の基本的な事項を解説し，**第5講**から**第16講**で業務別の具体的な監査ポイントを解説しているので，本書一冊で内部監査の基本と具体的な監査実務の両方を学べることも大きな特徴である．

　第1講では内部監査の目的について，他の監査との違いを明らかにしながら解説する．**第2講**では内部監査の手順，**第3講**では内部監査の基準について説明する．**第4講**では一般的になりつつある「内部監査の品質評価」について，実務的な視点から解説している．

　第5講以降は，基本的に「業務の説明」「監査の進め方」「監査の落とし穴」の視点から説明するようにしているが，読者の理解を深めるために構成を変えている部分があるので，ご容赦いただきたい．**第5講**では，会計業務の監査，

第6講では営業・販売業務の監査，第7講では購買業務の監査，第8講では生産業務の監査，第9講では物流業務の監査について，具体的な監査ポイントを説明している．特に第6講で取り上げる「営業・販売業務」は，監査対象とされることが多いので，紙幅を多く割り当てている．

第10講は人事・総務業務の監査，第11講は研究開発業務の監査，第12講はシステム監査，第13講は外部委託業務の監査について説明している．特にシステム監査では，サイバーセキュリティ，クラウドサービス，RPAなどの新しいテーマも取り上げている．第14講はコンプライアンス監査，第15講は海外監査，第16講は不正調査について説明している．コンプライアンス監査では，法令の説明を詳しく述べるようにしている．海外監査は，企業のグローバル化に伴って各社で関心の高いテーマである．

本書は，必ずしも第1講から順番に読み進める必要はない．実務で必要な部分から読んでいただければわかるような構成にしているので，多忙な読者にも読みやすいように工夫している．

なお，本書は，筆者らの個人的な立場から執筆したものであり，所属する企業等の見解を述べたものではないことをお断りさせていただく．

執筆に際しては，日科技連出版社の鈴木兄宏，田中延志の両氏から貴重な意見や助言をいただいた．この場を借りて御礼を申し上げたい．

最後に，本書が日本の内部監査人のスキルアップにつながり，付加価値の高い内部監査を実現することを期待している．また，内部監査を通じて，読者の組織体の経営改善，業務改善に貢献できれば幸いである．

2018年5月

著者を代表して　　島田裕次

内部監査の実践ガイド　目次

第 1 講

内部監査の目的と要件

1.1　内部監査とは

（1）　内部監査の目的

　企業等で不祥事や不正が発生すると必ずと言ってもよいほど，内部監査の強化が改善対策の一つとして取り上げられる．このような報道がなされると，内部監査は，不祥事や不正の発生を防止するための機能と誤解されるおそれがある．しかし，内部監査は，あくまでも企業等の経営改善や業務改善に資するものであり，不正や不祥事の発生を低減するための仕組みやプロセスが構築され，適切に運営されているかどうかを点検・評価し，必要な改善提言を行う役割を担っている．

　一般社団法人日本内部監査協会「内部監査基準」冒頭の「1. 内部監査の必要」において，「組織体が，その経営目標を効果的に達成し，かつ存続するためには，ガバナンス・プロセス，リスク・マネジメントおよびコントロールを確立し，選択した方針に沿って，これらを効率的に推進し，組織体に所属する人々の規律保持と士気の高揚を促すとともに，社会的な信頼性を確保することが望まれる．内部監査は，ガバナンス・プロセス，リスク・マネジメントおよびコントロールの妥当性と有効性とを評価し，改善に貢献する．経営環境の変化に迅速に適応するように，必要に応じて，組織体の発展にとって最も有効な改善策を助言・勧告するとともに，その実現を支援する」としている．このことから，内部監査が不正防止だけを目的としているのではなく，幅広い視点から組織体を監査するものであることがわかる．

（2）　内部監査の枠組み

　内部監査の枠組みは，**図 1.1** に示すようになっている．取締役は，ガバナンスプロセスやリスクマネジメントシステム，あるいは内部統制を構築するように監督・指導し，執行陣がそれを構築し運用する．内部監査部門は，ガバナンスプロセス等の構築・運用状況を点検・評価し，社長に報告するとともに，取締役会に監査結果を報告し，監査役(会)にも情報提供する．

　つまり，内部監査は，ガバナンスプロセス等を構築し適切に運用するために不可欠な機能となっている．

（3）　内部監査の落とし穴

　内部監査に関する書籍をインターネットで検索すると，ISO 9001 などのマネジメントシステムの内部監査の書籍が多数ヒットする．マネジメントシステムの内部監査と，本書でいう内部監査とは，似ているが異なるものであることを認識する必要がある．マネジメントシステムの内部監査は，「マネジメントシステムで定めているコントロールが機能しているかどうか」を点検・評価す

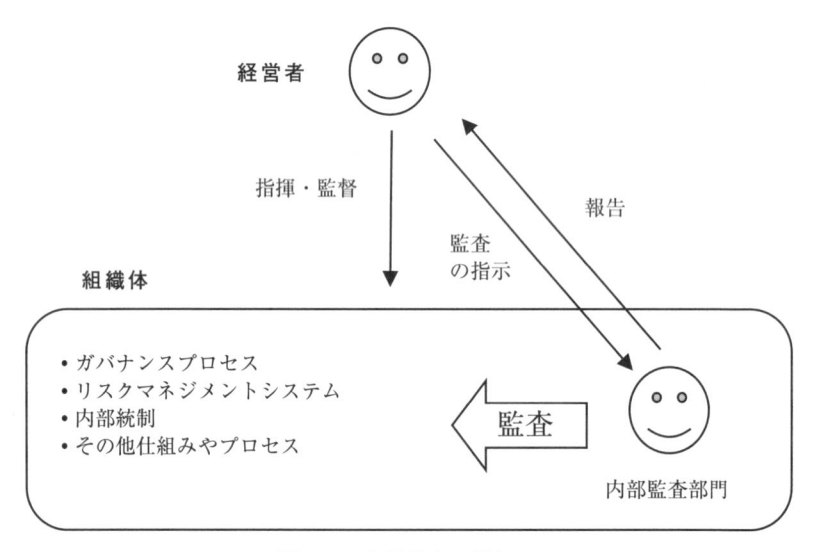

経営者

指揮・監督　　　　　　　　報告

監査
の指示

組織体

- ガバナンスプロセス
- リスクマネジメントシステム
- 内部統制
- その他仕組みやプロセス

監査

内部監査部門

図 1.1　内部監査の枠組み

るものである．これに対して，本来の内部監査は，「ガバナンスプロセスやリスクマネジメントプロセスが整備され有効に機能しているか」を点検・評価するものである．ガバナンスプロセス等は，企業等の目標達成のための仕組みやプロセスであり，内部監査は，ガバナンスプロセス等の確立に寄与し，その結果，経営改善や業務改善に貢献する役割をもつものである．

　一方，金融商品取引法で求められている内部統制の有効性評価については，財務報告の信頼性を確保するための仕組みやプロセスが整備され，運用されていることを点検・評価するものである．財務報告に係らない領域や有効性，効率性などは評価の対象外である．

　マネジメントシステムの内部監査や金融商品取引法の内部統制の有効性評価と内部監査を混同してしまうと，内部監査の目的を達成することが難しくなるので，注意が必要である．

マネジメントシステムの内部監査との違い

　マネジメントシステムの内部監査では，マネジメントシステムの認証取得の取りやめを改善提言することはない．しかし，例えば，内部監査では，マネジメントシステムが経営の役に立っていないと判断すれば，認証取得の中止を改善提言できる点に，大きな違いがある．

1.2　内部監査人の仕事

（1）　証明することが仕事

　監査は，「証明」することが仕事であり，企業等におけるさまざまな業務のなかでも異質なものである．営業，生産，物流，購買，人事，経理などの監査以外の業務，つまり企業における大部分の業務は，自らが業務を執行する仕事である．内部監査人は，商品の販売や仕入などの業務を行うものではなく，「他者が行った業務が適切かどうか」を点検・評価するのが仕事である．

また，適切に業務が行われている，あるいは行われていないことを証明するためには，その根拠(監査証拠)が必要になる．内部監査人は，監査証拠を収集して，証明する仕事であることを理解する必要がある．そのためには，証拠を収集するための手法(監査技法)を習得しておかなければならない．

（2）　仕組みやプロセスを点検・評価

「伝票がマニュアルどおり作成され，情報システムに正確に入力されているかどうか」を確かめるだけでは，監査とはいえない．監査は，「販売や仕入などの事象が発生し，それにもとづいて伝票が発行され，管理者のチェックを受けて，情報システムに入力し，それにもとづいて顧客に納品し請求し，代金を回収するというような業務プロセスが適切に構築され運用されているかどうか」を点検・評価するものである．また，監査では，「このような業務を遂行するための体制が整備され，担当者等に対する教育が行われているか」といった仕組みについても点検・評価する．

内部監査人は，起票や承認という行為だけをチェックするのではなく，「業務の流れ(業務プロセス)が，業務の目的を遂行するために有効かどうか」，また「効率的なものになっているかどうか」を点検・評価する．

（3）　業務改善，経営改善への貢献

内部監査人は，「社内規程や業務マニュアルどおりに業務が遂行されているかどうか」をチェックし，問題を指摘することだけが役割ではない．監査で問題点が発見されれば，その原因を究明し，業務が改善されるような改善提言を行わなければならない．監査報告では，単純に社内規程や業務マニュアルを従業員に周知・徹底する必要があるという監査意見を表明するのではなく，「業務プロセスのどこに問題があるのか」「それをどのような方向で改善すればよいのか」を改善提言する必要がある．

（4）　内部監査人が陥りやすいミス

日本では，人事異動の結果，内部監査人に任命されるケースが多い．内部監査部門に来るまでに，営業部門，生産部門，経理部門，IT 部門，事業所など

さまざまな部門で実務を担当してきている．そこで，監査の際に，執行側の立場になってしまい，業務執行に入り込んでしまうことがある．

例えば，内部監査部門に異動する人材は，事業所長や部門長の経験者が少なくない．監査中に自分が当該職場の管理者になったつもりで，「このように業務を改善しなさい」と指示を行いそうになる．内部監査人は，問題点を指摘し，原因究明を行い，改善の方向性を提言するまでが仕事である．どのように改善するかは，経営者や監査対象部門の仕事であることを忘れてはならない．

したがって，内部監査人は，業務が適切に行われていること，あるいは行われていないことを証明する役割を担っているので，監査証拠を収集し，事実を正確に把握したうえで，監査判断を行う必要がある．内部監査部門に異動したら，自らの仕事の内容を十分理解したうえで，監査を実施するようにするとよい．

監査と検査の違い

昔，ある内部監査人が海外の検査当局から，「あなたは監査をしているか？」と質問されたそうである．その内部監査人は，自分が行っている監査業務の説明をしたところ，「それなら大丈夫だ」と言われたそうである．当時は，検査中心の内部監査（正確に言えば監査とはいえない）が主流の時代であったので，そのような質問をされたのではないだろうか．これは，「仕組みやプロセスの適切性を内部監査で確かめているか」ということを質問されたのだと思う．

この教訓から，読者の会社で行っている監査が，本当の意味での監査になっているのか，あるいは検査に留まっていないか，もう一度振り返ってみるとよい．

1.3　独立性と客観性

（1）　独立性とは

　監査の世界では，内部監査に限らず独立性が重要だといわれる．独立性は，次の2つに整理できる．1つ目の独立性は，組織的な独立性(外観上の独立性)である．例えば，CFO(最高財務責任者)のもとに内部監査部門が設置されていることを想定してみれば独立性の必要性を理解しやすい．内部監査の結果，経理部門に責任があることが判明し，それを監査報告書に記載しようとすれば，指摘した問題点がCFOの責任になることから，CFOは監査報告書への記載を止めさせようとする気持ちが働いてしまう．また，CFOから指示がなくても，内部監査部長がCFOの立場を配慮して監査報告書に記載しないかもしれない．内部監査部門は，このようなリスクを排除するために，経理部門という執行側から独立した組織として設置することが求められている．これが，組織上の独立性である．

　内部監査部門を執行部門から独立するためには，経営者，つまり社長に直属する組織として位置づけている企業等がある．しかし，この場合であっても，社長の不正や過失などを発見した場合に，監査で指摘しにくいという気持ちが働くことが考えられる．そこで，内部監査部門を取締役会に直属させたり，監査委員会に直属させたりしている企業等がある．

　もう一つの独立性は，精神的独立性である．内部監査部門が取締役会や社長に直属した組織であっても，監査が公平に行われるとは限らない．特に日本企業の場合には，崩れつつあるとはいえ終身雇用制が残っており，特定企業に長く在籍することが少なくない．その結果，社内で先輩・後輩の関係にあったり，お世話になった人が多数おり，そういった人々が監査の相手方になることが想定される．このような場合には，「公平，客観的な視点から問題点を指摘できるのか」という懸念がある．そこで，精神的な独立性が必要になるのである．

　内部監査を適切に行うためには，組織的な独立性と精神的独立性の2つの独立性を確保する必要がある．

（2） 客観性とは

客観性は，内部監査人の思い込みや憶測で監査を実施するのではなく，客観的な事実にもとづいて監査判断をするということである．つまり，事実にもとづいて，その適否を客観的に判断しなければならないということである．客観性には，事実にもとづいて監査判断を行うという意味と，監査判断の客観性の2つの意味がある．事実にもとづいて監査判断を行うことはわかりやすいが，監査判断を客観的に行うことは難しい．

そこで，監査の判断尺度が必要になる．監査の判断尺度とは，内部監査人が発見した事実(状況)について，適否を判断するときの基準であり，法令，各種ガイドライン，社内規程，業務マニュアルなどがこれに該当する．しかし，内部監査の場合には，さまざまな業務を対象にして監査を実施するので，必ずしもこのような判断尺度があるとは限らない．また，法令やガイドラインなどには，実施すべき事項(コントロール)について具体的な水準まで示されているとは限らない．

このような場合には，内部監査人と経営者の間で，あるいは監査チームのなかでどの程度の水準のコントロールが実施されるべきか，あるべき姿を明確にして監査に臨む必要がある．

（3） 独立性と客観性の関係

内部監査の独立性は，監査の客観性を確保するために必要な要件である(図1.2)．極論を言えば，独立性が確保されていなくても，客観性が確保されてい

内部監査でも監査判断の客観性が求められているが，その基礎になるのが独立性といえる．

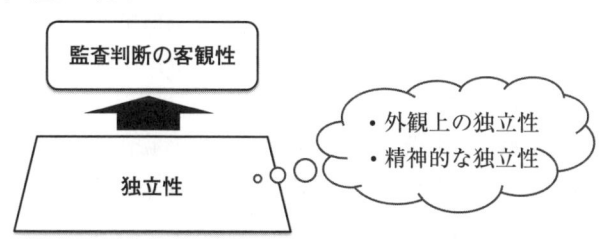

図1.2　内部監査人の独立性と客観性

ればよいのであるが，現実にはそれが難しいので，内部監査人あるいは内部監査の独立性が強く求められているのである．

独立性および客観性は，監査手続を適切に実施し，適正な監査意見を表明するため必要不可欠な要素であることを忘れてはならない．

（4）　独立性・客観性の落とし穴

内部監査人は，企業等に雇用されているので，真の独立性を確保することは難しい．外部監査人であっても，監査報酬を得ているということから独立性を確保することが難しいのが現状である．内部監査人は，このような外観的な独立性を認識しつつ，精神的な独立性を確保し，客観的な監査を実施することが重要である．

特に恩がある人や嫌いな人が監査相手になった場合には，恩がある人には「何か問題があるのではないか」というより慎重な姿勢で，嫌いな人には「よい点があるのではないか」という姿勢で監査に臨めば，バランスが保ちやすい．

1.4　内部監査人の要件

（1）　内部監査人の要件

内部監査は，客観的に実施し，公平な立場で監査意見を表明する必要がある．また，組織体の論理で判断するのではなく，「社会的に見て妥当かどうか」を判断する必要がある．さらに，内部監査の場合には，組織体の運営を改善するような指摘・改善提言を行うことも求められている．

そこで，内部監査人には，例えば，次のような要件が必要になる．

①　倫理観：監査判断を行う場合，「法令・ガイドラインだけではなく，人道的，倫理的に考えて妥当かどうか」を判断する能力が必要である．

②　公平性・客観性：偏った監査判断をしたり，主観的・感覚的に判断してはならない．

③　社会的な感覚・常識：組織体の論理だけで監査判断を行わないように社会的感覚や，常識を身につける必要がある．顧客の立場から業務の妥当性を監査する能力も必要である．

④　バランス感覚：重箱の隅を楊枝でほじくるような指摘ではなく，経営

者目線での指摘・改善提言を行ったり，上司と部下，本社と事業所というように両方の視点から見たりして監査判断を行う能力が必要である．

⑤　探究心：発見した問題点等の原因究明を行う探究心が必要である．「なぜ？」を繰り返して原因を究明する能力が必要である．

⑥　思いやり：監査対象の相手に対する思いやりも重要である．組織体の運営を改善するためには，「どのようにすれば顧客や取引先に喜ばれるか」「どのようにすれば業務の効率が向上し仕事が楽になるか」という視点も必要になる．

⑦　誠実性：誠実に監査業務を行うことは，内部監査人にとっても当然のことながら必要である．

（2）　IIA 倫理綱要

内部監査人協会（IIA：The Institute of Internal Auditors, 以下 IIA）倫理綱要では，以下の諸原則が求められているので，これを参考にするとよい．

①　誠実性：誠実に監査業務を行うこと．

②　客観性：客観的に監査判断すること．

③　秘密の保持：監査で知り得た秘密を保護すること．

④　専門的能力：監査業務を適切に遂行するために必要な専門性を身につけること．

（3）　内部監査人に必要な知識・スキル

内部監査業務を遂行するために，次のような知識・スキルが必要になる．

①　内部監査に関する知識・スキル

　　内部監査は，他の業務と異なり，次のような知識・スキルが必要になる．例えば，監査手順，監査手続，監査技法，リスクとコントロールなど．

②　業務に関する知識・スキル

　　監査対象業務に関する知識がなければ，業務の適切性を判断することができないので，営業，生産，物流，人事，経理などの知識が必要になる．ただし，業務の目的や内容を理解し，業務上のリスクを識別し，必要なコントロールを考えることができる程度の知識・スキルであり，内

部監査人自身が業務を遂行できる水準までの知識・スキルが必要なわけ
ではない.

③　マネジメントに関する知識・スキル

　経営改善や業務改善につながる指摘や改善提言を行うためには，業務
知識だけではなく，経営や業務管理に関する知識・スキルが必要である.
例えば，戦略，経営，業務管理，内部統制，リスクマネジメントなどの
知識・スキルである.

内部監査人に向かない人材

　内部監査では，監査対象の問題点を指摘するとともに必要な改善提言を
行わなければならない. したがって，人の仕事を指摘することが苦手な者
や，指摘だけして改善提言ができない者(ケチをつけるのが好きで建設的
なことを述べるのが苦手な者)は，内部監査に向かない人材だといえる.
また，探究心が旺盛なのはよいが，監査目的から外れた事項に立ち入ろう
としたり，個人的な興味で資料を求め質問したりする人は，内部監査人と
してふさわしくない. 内部監査人も，適材適所が大切である.

1.5　専門職的能力と注意義務

（1）　専門職としての能力

　監査は，「証明」することが仕事であり，企業等におけるさまざまな業務の
なかでも特異な業務である. そこで，業務を遂行するという能力ではなく，監
査対象の業務の適切性を証明できる能力が必要になる. そのためには，業務に
関する知識・スキル，マネジメントに関する知識・スキルに加えて，監査に関
する知識・スキルが不可欠である.

　IIA「内部監査の専門職的実施の国際基準」(以下，IIA 国際基準という)では，
「1210-熟達した専門的能力」において，「内部監査人は自らの責任を果たすた

めに必要な「知識・技能およびその他の能力」を備えていなければならない．
内部監査部門は，部門の責任を果たすために必要な「知識・技能およびその他
の能力」を，部門総体として備えているかまたは備えるようにしなければなら
ない」と求めている．

　内部監査人は，IIA 国際基準の意味を踏まえて，日々専門的能力の向上に努
める必要がある．ただし，一人ですべての能力・スキルを身につけることは，
現実には極めて難しいことから，部門総体，つまり内部監査部門や内部監査
チームとして能力を備えるようにすればよい．例えば，監査目的に応じて，営
業経験者，工場経験者，経理部門経験者，人事経験者などをバランスよく組み
合わせた監査チームを編成することが重要である．

（2）　専門職としての正当な注意

　内部監査人には，専門職としての注意義務が求められている．IIA 国際基準
では，「1220-専門職としての正当な注意」として，「内部監査人は，平均的に
してかつ十分な慎重さと能力を備える内部監査人に期待される注意を払い技能
を適用しなければならない．専門職としての正当な注意とは，全く過失のない
ことを意味するものではない」と定めている．

　また，一般社団法人日本内部監査協会「内部監査基準」では，「内部監査人
としての正当な注意とは，内部監査の実施過程で専門職として当然払うべき注
意であり，以下の事項について特に留意しなければならない」としている．そ
して，以下の事項を具体的に示している．

① 　監査証拠の入手と評価に際し必要とされる監査手続の適用
② 　ガバナンス・プロセスの有効性
③ 　リスク・マネジメントおよびコントロールの妥当性および有効性
④ 　違法，不正，著しい不当および重大な誤謬のおそれ
⑤ 　情報システムの妥当性，有効性および安全性
⑥ 　組織体集団の管理体制
⑦ 　監査能力の限界についての認識とその補完対策
⑧ 　監査意見の形成および監査報告書の作成にあたっての適切な処理
⑨ 　費用対効果

このなかで，費用対効果を取り上げていることに注意するとよい．経験の浅い内部監査人は，あるべき姿だけを求めて，費用対効果の観点から実現が難しい改善提言を行おうとすることがある．リスクの大きさと，費用対効果を考えた改善提言を行うことが重要である．

もちろん，監査対象のコントロールがリスクの大きさと費用対効果を考えたものであるかどうかを確かめて，オーバーコントロール（過剰なコントロール）があれば，改善するように提言できる能力も必要である．

正当な注意を果たしていない事例

食品偽装の事件が世の中を騒がせたときに，ある企業が事実の調査を行ったものの，東京の本社から大阪の事業所まで行って，インタビューだけで「問題がない」と発表した事例がある．このような事例を新聞等で読んだときに，読者はどのように考えるだろうか．「書類はチェックしなかったのか」「作業現場は見なかったのか」というような疑問が生じると思う．一般市民も同様である．このような杜撰な調査は，正当な注意を果たしたものとは言えないことになる．

1.6　他監査との関係

（1）　三様監査

一般の方は，監査といえば，公認会計士監査や監査役監査と内部監査の違いがわからずに監査に対して何となく不安を感じることが少なくない．さらに，税務調査との違いも理解していないことがある．監査の種類によって，監査を受ける側は，異なった監査対応を行う必要がある．経営者も監査の種類によってその目的が異なることを理解する必要がある．そこで，内部監査人は，さまざまな監査について，その目的を的確に説明し，内部監査へ協力することの意義を説明できるようにしておくとよい．こうした監査対象部門や経営者に対す

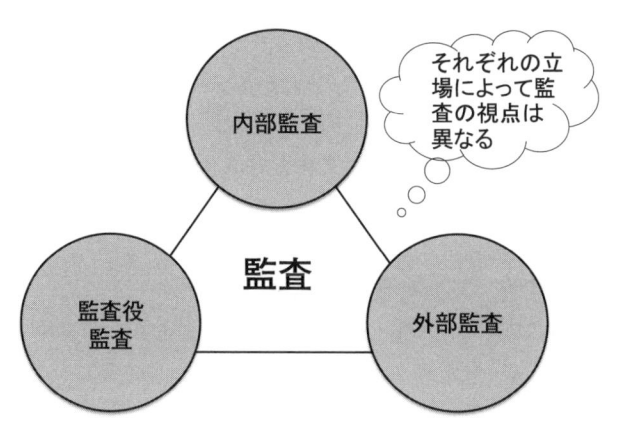

図 1.3 三様監査

る説明は，内部監査を円滑に遂行するうえで重要である．

監査には，**図 1.3** に示すような 3 種類の監査があり，三様監査とよばれている．内部監査と公認会計士，監査役（監査委員会）とは，監査の目的や監査対象領域に違いがあるものの，監査という共通項がある．しかし，最終的には組織体を健全なものにして，組織体を継続させるという意味では，同じ目的をもっていると考えられる．そこで，相互に連携して監査を行うことが重要になる．

（2） 外部監査

外部監査とは，会計監査人（公認会計士，監査法人）による監査のことであり，以下のように法令で定められた監査である．内部監査が任意監査であるのに対して，法定監査であるという特徴をもつ．

- 会社法（第 396 条）で定められた計算書類及びその附属明細書，臨時計算書類並びに連結計算書類の監査
- 金融商品取引法（第 193 条の 2 第 1 項）で定められた「貸借対照表，損益計算書その他の財務計算に関する書類で内閣府令で定めるもの」の監査及び内部統制報告書の監査（第 193 条の 2 第 2 項）

公認会計士法では，「公認会計士は，監査及び会計の専門家として，独立した立場において，財務書類その他の財務に関する情報の信頼性を確保すること

第 1 講　内部監査の目的と要件

により，会社等の公正な事業活動，投資者及び債権者の保護等を図り，もつて国民経済の健全な発展に寄与することを使命とする」(第1条)と定められている．つまり，公認会計士は，財務に関する情報の信頼性確保が仕事であり，内部監査のように組織体内のすべての業務を対象としているわけではない点に特徴がある．

（3）　監査役監査／監査等委員会監査

　監査役設置会社において，株主総会で選任された監査役が実施するものであり，会社法(第381条)で定められている．また，監査等委員会設置会社では，監査等委員会が取締役等の監査を行うことが，指名委員会等設置会社では，監査委員会が執行役等の監査を行うことが会社法(第399条の2，第404条第2項他)で定められている．監査役監査や監査等委員会による監査も法令で定められている法定監査である．

　会社法では，「監査役は，取締役(会計参与設置会社にあっては，取締役及び会計参与)の職務の執行を監査する．この場合において，監査役は，法務省令で定めるところにより，監査報告を作成しなければならない」(第381条)とされており，「監査役は，いつでも，取締役及び会計参与並びに支配人その他の使用人に対して事業の報告を求め，又は監査役設置会社の業務及び財産の状況の調査をすることができる」(同第2項)と定められている．

　監査役が取締役の職務の執行を監査するのに対して，内部監査では各部門の業務を監査するという違いがある．

公認会計士(監査法人)の窓口

　公認会計士(監査法人)の窓口は，経理部や財務部になっている企業が多いが，内部監査部門を窓内にすれば，情報連携を図りやすくなる．ある企業では，監査法人との窓口を内部監査部門にして，公認会計士監査の監査計画や指摘事項に関する情報を把握しやすくしている．

第2講

内部監査の手順

2.1 内部監査の実施手順

内部監査の実施プロセスは，計画・実施・報告・フォローアップの四段階に大きく分けられる（図2.1）．本書では，取締役会等で承認を受けた監査計画にもとづいて，個別の監査をどのように実施すればよいのか説明する．

なお，本書における監査の実施手順は，第3講で詳述するIIA国際基準のフレームワークに則った進め方としている．

2.2 内部監査の計画段階（1）

内部監査部門長から監査の実施指示を受けてから，監査対象部門の業務を理解するまでの計画段階の前半の手順を説明する．

（1） 監査実施の目的の確認

内部監査人は，内部監査部門長より担当する監査の実施指示を受けたら，監査の実施理由と妥当性を検討する．年度計画策定時に想定したリスクやビジネスの状況が，監査開始時に変化していることがあり，場合によっては監査の実施が適当でない可能性があるからである．また，内部監査部門長の考えを聞く

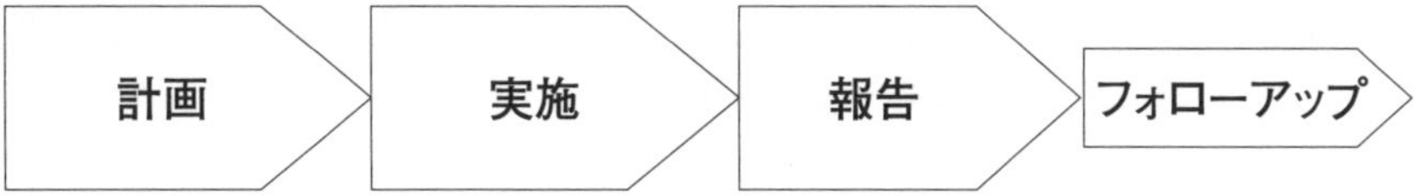

計画 ⟩ 実施 ⟩ 報告 ⟩ フォローアップ ⟩

図2.1　内部監査の実施プロセス

ことによって，監査の深度や焦点を当てる領域についておおよその見込みを立てることもできる．

（２）　情報収集

「監査の実施が妥当である」と判断したら，監査対象領域の概要を把握し，リスクが高い領域を予測するために，監査対象に関連する情報を次の方法で収集する．

- 関連する法令・規制・社内規程類・他社のベストプラクティスの入手
- 内部統制でいう三線防御（フロント，ミドル，監査の３つの防御）のうちの第二線（法務・コンプライアンス・リスク管理部門）へのインタビュー
- 委員会等の資料および議事録
- 監査対象部門の人事データや苦情等の周辺情報の取得
- J-SOX や SOX 法関連資料

（３）　監査実施通知

監査対象について概要を把握したら，監査対象部門に対し，監査実施通知を電子メール等で送付する．宛先は，監査対象部門の責任者と，監査対象部門に対して責任をもつ上級経営陣を必ず含めるようにする．監査対象部門が幅広い場合には，イントラネット等による全社掲示等でもよい．また，IT 部門や経理部門など，直接の監査対象ではないが，監査への協力を依頼する可能性が高い部門にも通知をしておけば協力を得やすい．

（４）　キックオフミーティング

監査実施通知を送信後，キックオフミーティングを実施する．キックオフミーティングには，内部監査部門長と担当内部監査人，監査対象部門長が出席し，監査のおおよその実施期間，目的，監査の流れ，担当内部監査人の紹介を行い，監査業務に対する理解と協力を求める．

（５）　上級経営陣へのインタビュー

キックオフミーティングが終わってから約１週間を目途に，上級経営陣にイ

ンタビューし，監査対象プロセスのなかで，リスクが懸念される業務，今年度および将来の方向性，内部監査部門にチェックしてもらいたい領域等について質問する．

（6） 監査の目標と範囲の決定

一通りの情報を収集したら，監査目的を具体化した監査の目標と，監査範囲を決定する．監査の目標は，コントロールの整備状況や有効性の確認といった記載によって示される．また，範囲は監査の対象となる領域だけでなく，監査対象から除く領域を事前に決めておくと，監査対象の拡大を防げる．

（7） 業務の理解

監査対象業務を理解するためには，主に次の方法がある

① インタビュー

業務の責任者，担当者に業務の概要についてインタビューを行う．時間が許す限り，さまざまな階層の人物にインタビューを行うことが望ましい．インタビューは，なるべく監査対象部門1名と，内部監査人2名程度で実施する．監査対象部門が遠隔地の場合などは，内部統制に関する質問書を作成し，記入してもらうこともある．

② 業務フローチャートの作成

業務を理解し，コントロールを特定するために，プロセスの始めから終わりまでを図解した業務フローチャートを作成する．業務マニュアルやSOX（内部統制報告・監査制度）対応等のために作成されている業務フローチャートがあれば，それを活用してもよい．しかし，基本的には業務フローチャートは内部監査人が作成するものであり，すでに作成されている業務フローチャートを使用する場合でも，コントロールの観点から見直しをする必要がある．

③ ウォークスルーの実施

ウォークスルーとは，内部監査人が業務の流れを把握するために，内部監査人の前で実際に業務を行ってもらう，または書類等を提示しながら業務の進め方を説明してもらう方法である．そのときに業務フロー

チャートにもとづいて，設計されたプロセスと実務上のプロセスとの差異や，プロセスのなかにあるリスクやプロセスのなかの主要なコントロールを記録する．このウォークスルーを行うことで「コントロール設計上に不備があるかどうか」も把握することができる．

（8）　不正リスクの検討

通常のプロセスを見ても，不正が入り込める要素を発見するのは難しい．そのため，横領や粉飾決算，外部業者との癒着といった不正のシナリオを個別に検討し，そのリスクに対するコントロールがあるか検討する．

2.3　内部監査の計画段階（2）

監査対象部門の業務を理解したら，内部監査人は，次にコントロールを特定し，その有効性を検証するための検証プログラム（監査手続書）を作成する．次のプロセスでは，RCM（リスクコントロールマトリクス）を作成する手法での手順を紹介する．RCM とは，監査対象における，リスクとコントロール，検証プログラム，およびその結果を一覧にしたものである（**図 2.2**）．なお，個々のテストの結果をテスト検証方法の欄の横に記載すると，RCM が完成する．

（1）　業務目標の設定とリスクの評価

監査範囲を決定したら，プロセスにおける業務の目標を把握し，リスク（目標達成を阻害する要因）を特定する．リスクベースの監査を実施するときに，リスクから検討を始めてしまうと，リスクの粒度や程度を適切に設定することが難しくなる．プロセスの業務目標をフレームワークにすれば，適切なリスクを特定することが可能となる．

監査手順に使用しやすい業務目標として，①完全性，②網羅性，③適切性，④適時性に関するものを検討するとよい．それぞれの目標を阻害するリスクを特定したら，影響度と発生可能性から，リスクの大きさを評価をする．監査ごとに評価軸がぶれないよう，影響度と発生可能性の判断基準を表にまとめたものを用意しておくとよい．

（2）　コントロールの特定

前述の業務フローチャートを活用し，プロセスのなかからリスクを低減する
コントロールを特定する．コントロールの特定に当たって注意すべき事項は，
例えば，次のとおりである.

①　原則として，キーコントロールのみを記載する．キーコントロールと
は，そのコントロールがないとリスクが低減できなくなるような最も重
要なコントロールである.

②　コントロールが実施される頻度を記載する．頻度は，コントロールの
運用状況をテストする際のサンプル数を決定するのに必要となるため，
必須である.

③　「キーコントロールによって，本当にリスクを低減できるか」「コント
ロールとリスクに関連があるか」確認する.

④　「コントロールの代わりとなる業務上の手続を記載していないか」確
認する．慣れるまでは手続とコントロールの違いを見分けることは難し
い．例えば，コントロールとしては「承認」「照合」「職務の分離」「ア
クセス制限」「エラーレポートの出力」「ダブルチェック」「報告」「モニ
タリング」などが挙げられる．業務フローチャートでは，判断を表すひ
し形のデシジョンボックスもコントロールとなることが多い．また，手
続としては，「起票する」「書類を渡す」などがある.

実際に行われているコントロールが不十分である，あるいは本来あるべきコ
ントロールが整備されていないことが判明した場合，それを RCM に追記して
おくとよい．その場合には実際に行われているコントロールと区別ができるよ
うにしておく.

コントロールを特定したら，監査対象部門に RCM を提示し，「内部監査人
の認識に事実誤認がないか」確認する.

（3）　テストプログラムの作成

コントロールの実在性と有効性の両方を検証するためのテストプログラムを
作成する．コントロールの実在性を検証するテストとは，承認や照合といった
コントロールが実際に行われていることを確認するテストである．また，有効

第2講　内部監査の手順

| プロセスの目的 | リスク番号 | 固有リスク | 固有リスクの評価 | | | | キーコント | |
			影響度	発生可能性	総合評価	評価の根拠	統制番号	統制の要約
苦情対応のプロセスが整備されている.	A	プロセスを整備しないと,苦情への対応が行われず会社の風評を落とす可能性がある.	中	小	小	影響度:苦情対応が全くされなかった場合,SNS 等で苦情が拡散し,会社のブランドに大きなダメージを与える. 発生可能性:営業部門があるため,苦情対応が全くされない可能性は低いと判断した.	A1	会社への苦情対応の体制がガイドラインに記載され,一元管理する部門がある.
							A2	苦情処理ガイドラインは役員会の承認を得ている.また,定期的に見直されている.
							A3	苦情を記録するシステムがコールセンターに導入されている.
	B	社員に対して苦情対応への教育をしないと,顧客の不満による訴訟等さらなるトラブルが生まれる可能性がある.	中	高	中	影響度:リスク A と同じと判断した. 発生可能性:当社では,コールセンターや営業部門での離職率が他部門より高く,また半数はアルバイトのため,リスクが高いと判断した.	B1	お客様相談室は,コールセンターと営業職員に対して,苦情対応研修を実施している.

図 2.2　リスクコント

ロールの評価					テスト（検証)方法			
統制の実施頻度	統制の実施方法	統制の種類	統制デザインの評価	リスクに対する統制全体の評価	テストステップ	サンプル方法	母数	サンプル数
常時	—	指示的	OK		なし	—	—	—
常時	マニュアル	指示的	OK	NG?システムは全社に導入すべきか？	①役員会の議事録を入手し，苦情処理ガイドラインが承認されていることを確認する．②ガイドラインの改訂履歴を見直し，少なくとも毎年見直しされていることを確認する．（2015 年の反社会的勢力に対する方針が，ガイドラインに反映されていることを確認する．）	—	—	—
常時	自動	指示的	NG		①システム部門より苦情対応システムのユーザーリストを入手する．②人事部より，アルバイトを含めてコールセンタースタッフのリストを入手する．③2つのリストを照合し，コールセンタースタッフ全員に苦情対応システムへのアクセス権があることを確認する．	全件	—	—
年次	マニュアル	予防的	OK	OK	①お客様相談室より研修記録を入手する．②全社員が受講しているか，記録とスタッフのリストを照合して確認する．	コールセンター：全件営業：ランダムサンプリング	営業店：50 店	5

ロールマトリックス（RCM）の例

性を確認するテストとは，そのコントロールにおいて，リスクが実際に軽減されていることを検証するテストである(実証性テストという).

テストプログラムには，例えば，次のようなものがある.

- コントロール：銀行口座の残高と帳簿との照合結果を毎月上長が承認
- 実在性の確認：照合シートを入手し，上長の承認印があることを確認
- 有効性の確認：銀行口座の残高が帳簿の残高と実際に合っているか確認 差異がある場合，調査され，解消されているか，あるいは合理的な理由 があり，その理由も含めて承認をされていることを確認

（4）　監査技法

監査技法には，さまざまなものがあるが，ここでは，インタビュー(質問)，観察(立会い)，検査，再計算，確認，再実施について説明する(**表 2.1**). なお，

表 2.1　監査技法の例

項番	監査技法	内容
①	インタビュー	監査対象部門および関連部門に質問をする. 文書で実施することもある. 簡易な方法ではあるが，監査対象部門の事実誤認にもとづく回答を受けることもあり，事実を把握できないこともある. 単独では使用しないほうがよい方法である.
②	観察	監査対象部門が実際にコントロールを実施しているところを確認する. 監査人が見ているときだけ，そのコントロールが実施されることもあり信憑性はあまり高くない.
③	検査	最もよく使用される手法. 記録や文書のチェック，照合などによりコントロールが適切に実施されていることを確認する.
④	再計算	独立した情報ソース，システムなどを使用し，再計算を行い数値の正確性を確認する.
⑤	確認	外部業者，外部の弁護士等に確認状を送付し，確認をとる方法. 例えば，売掛金の実在性や正確性，あるいは訴訟案件による賠償金額の支払見込みなどの確認に使用可能である.
⑥	再実施	従業員が実施するコントロールを同じように実施する. あるいはシステムに組み込まれているコントロールを検証するために，エラーデータ等を入力して確認する.

内部監査人の保証の程度は，表 2.1 の項番①から⑥にいくにつれて強くなる．監査プログラムを策定するときは，これらの手法のうち適切なものを組み合わせる．

（5）　サンプリングテスト

サンプリングテストは，手作業で行われるコントロール（例えば，管理者によるチェックなど）の準拠性を確かめるときに有効な方法である．コントロールの内容がサンプリングテストに向いていれば，RCM に記載されたコントロールの実施状況について，サンプルを抽出してテストを行う．サンプリングの数は諸説あるが，SOX 対応におけるサンプリング数に準拠して実施している企業も多い．本書ではサンプリング数など詳細な方法については説明しないので，『Q&A 監査のための統計的サンプリング入門』（金融財政研究会）等の文献を参照されたい．なお，コンピューター支援監査技法（CAATs）を利用した全件監査をすれば，より信頼度の高い監査を実施できる．

次のような場合には，サンプリングによるテストが適さないことがあるので，「サンプリングテストを行うかどうか」事前によく検討する必要がある．

- 母集団が小さいなど，容易に全件テストが可能
- CAATs により母集団全件のテストが可能
- 分析的手続，観察など他の監査技法のほうが効果的
- コンピューターアプリケーションやシステムの機能の検証
- 不正に関連する調査
- 職務権限に係るコントロールの検証

（6）　監査計画書の作成

ここまでの作業が終わったところで，監査の目的，範囲，プロセスの概要，監査スケジュール等を記載した監査計画書を作成する．監査計画書は，内部監査部門長の承認を受ける．なお，監査計画書のひな型は，図 2.3 に示すとおりである．監査範囲については，監査の対象外とする範囲も記載する．

○○内部監査計画書

○○○○年○○月○○日

1. 監査の目標
   本監査の目標は，……
2. 監査範囲
   監査範囲は，○○部門における○○業務の適切性について…….
   なお，○○については，監査の対象外とする.
3. 監査範囲となるプロセスの概要
   ○○業務プロセスは，○○することを目的としており，……
4. 主要なリスク
   監査範囲における主要なリスクは，……
5. 前回監査結果
   前回監査は，○○○○年○○月に実施しており，○○について指摘され
   ている. ……
6. 監査スケジュールおよび監査時間
   監査計画段階：○○月○○日～○○月○○日
   検証段階：○○月○○日～○○月○○日
   ＊往査での時間数も記載する.
7. 監査チーム
   主任監査人：○○○○
   メンバー：○○○○，○○○○
8. 監査対応窓口
   ○○部○○○○
9. 監査対象部門における懸念事項および経営陣からの要望
   経営陣からは，…….
10. その他

図 2.3　監査計画書のひな型の例

2.4 実施段階

（1） 監査調書の作成

広義の監査調書とは，個々の監査の実施において作成される文書のすべての ものをいう．また，狭義の監査調書とは，検証結果をまとめたもので，通常， 表紙，検証結果一覧表，証跡などによって構成される．ここでは，狭義の監査 調書の作成方法について述べる．

（2） 調書の表紙

表紙には，テストの番号，検証を実施した担当者，該当するコントロールと 検証プログラム，サンプリングの根拠や母集団の網羅性の確認状況と，テスト 結果および結論を記載する．

（3） 検証結果一覧表

特に実証性テストを実施したときには，個々の結果（発見事項）を一覧表にま とめておくと，監査対象部門と議論するときの有効な資料となる（図2.4）．ま た，監査の是正措置として不備を修正するときに，監査対象部門から不備の対 象を連携するよう求められた場合にも役立つ．

（4） 監査証跡

監査証跡には，監査対象部門から入手した文書のコピーや，データ分析の資 料などがある．後から入手することができないものや，不備のあった監査証跡 は，全件保存しておくことが望ましい．また，監査人が不備のあった監査証跡 にチェックマークをつける場合には，その意味がわかるように欄外に補足説明 を記載しておくとよい．経験の浅い監査人は，監査を進めるなかで本人が気づ かないうちに不備の判断基準がぶれて，再検証が必要になることがあるからで ある．不備がなかった場合は，検証を実施したときの一例をファイルしておけ ば十分である．

なお，監査調書の水準を保つために，監査調書の作成マニュアルを整備して いる企業もある．大切なことは，限られた時間内で，簡潔かつ正確な調書を素

	アドレス	種類	テスト① オンラインストレージか	テスト② 承認の妥当性		テスト③ 統制の有無		
				業務依頼番号	判定	統制の有無	内容	判定
1	2ch.net	掲示板	N	—	—	—	—	—
2	b2.nekoyamato.co.jp	宅配便HP	N	—	—	—	—	—
3	budget.ic.gov.au	某国財務省HP	N	—	—	—	—	—
4	cbc.com	ニュース	N	—	—	—	—	—
5	sozaidaj.ne.jp	フリー素材サイト	N	—	—	—	—	—
6	hako.com	ストレージ	Y	12345	○	有	ウイルスチェック	○
7	fortolia.com	フリー素材サイト	N	—	—	—	—	—
8	gaija-jp.com	パチンコ会社HP	N	—	—	—	—	—
9	http://b2-dlserver.co.jp	リンク切れ	—	—	—	—	—	—
10	https://appjp.snshandbookstudio.net	デバイスでの資料共有	N	—	—	—	—	—
11	https://standardandriches	格付けサイト	N	—	—	—	—	—
12	dreijapan.com	結婚相談所	N	—	—	—	—	—
13	inhealthdivi.net	健康サイト	N	—	—	—	—	—
14	jiinu.net	女性の健康生活サイト	N	—	—	—	—	—
15	jp.keuters.com	ニュース	N	—	—	—	—	—
16	kfs.3980.ne.jp	ストレージ	Y	不明	×	無	—	×
17	http://www.dentatsucorp.com/policy/privacy-policy	情報収集ツール	N	—	—	—	—	—

図2.4 検証結果一覧表のイメージ

早く作成することである.

　以上のように，監査業務を実施するうえで必要となる文書は多数あり，広義の監査調書はアシュアランス業務を適切に行ったことを示す証跡となる．しかし，いずれも内部の文書であるから，必要以上に丁寧かつ詳細に作成することはない．あくまで，組織体に価値を付加するのは，監査報告書の中身とタイムリーな発行であるということを常に念頭に置いておくべきである.

2.5 報告段階

(1) 課題表の作成

監査中に発見された不備をまとめて，発見事項の一覧表を作成する．発見事項の内容は簡潔に記述して，監査対象部門が課題を認識し，対応策を自ら考えられるようなものとする．発見事項には，現状の課題や根本原因を記載する．また，発見された不備が改善されなければ，「どのようなリスクがあるか」も記載する．このとき，RCM で想定したリスクをそのまま記載してもよいが，「そのリスクは，監査対象部門が対応をとりたくなるような納得できるものかどうか」をもう一度，見直すとよい．

リスクの小さな発見事項については，一覧表にはまとめずに口頭で監査対象部門に伝える．また，一覧表には記載するが，最終の監査報告書には記載しないという方法もある．「重箱の隅を楊枝でほじくる」と言われないようにするためにも，リスクの大きな発見事項に焦点を当てることが肝要である．

(2) マネジメントレスポンスの記載

監査対象部門に対して一覧表を提示し発見事項が合意に至ったら，マネジメントレスポンスの提出を求める．1 週間程度で記載してもらうとよい．マネジメントレスポンスを作成してもらうときには，現状の課題と根本原因の双方が是正されるようにすること，計画段階において作成した RCM で想定したリスクが低減されていることも確認する．

マネジメントレスポンスには，改善の期限を記載してもらう．内容にもよるが可及的速やかに改善がなされるようにする．対応に時間がかかるときは，改善までのステップごとに対応策を区切ってもよい．

ところで，「マネジメントレスポンスを取得できない」という声をよく聞く．この場合，内部監査部が提案という形でレスポンスを記載して議論をするという方法をとることもできる．リスク，課題をよく検討し，監査対象部門が対応せざるを得ないような重大なリスクに焦点を当てることが大切である．

第2講 内部監査の手順

（3）　監査結果の評価

　監査報告書には，通常 2 〜 4 段階で示す．監査結果の評語をつけることもある．これらの評語は上級経営陣に状況を直感的に理解してもらうためにはよい．特に，最も下の評語をつけた場合の手続を通常の報告手続とは異なる報告手続とすることで，監査対象部門に重大なコントロールの欠陥があった場合に上級経営陣に即時にその重大性を伝達できる．しかし，いたずらに段階を増やすと，監査対象部門が評語に拘泥し，「コントロールの不備や改善策に着目する」という本筋の議論ができなくなることもあるため，注意が必要である．

（4）　監査報告書の作成

　監査報告書には，エグゼクティブサマリー，背景情報，発見事項およびその改善計画を最低限記載する（**図 2.5**）．エグゼクティブサマリーは時間のない上級経営陣が一読して監査の全体像が摑めるよう，できれば 1 枚に集約して記載するとよい．その後に発見事項シートを添付し，監査対象部門が対応できるようにする．監査報告書のエグゼクティブサマリーは，業務に精通していない上級経営陣も読むことを念頭に置き，わかりやすい表現となるように心がける．

（5）　監査報告書の発行

　内部監査部門長は，監査報告書を承認したら速やかに報告書を発行する．報告書の発行先は，①最高経営者，②取締役会（あるいは監査委員会），③監査対象部門長，④関連する上級経営陣などである．経営陣の監督に責務のある社外取締役や社外監査役にも配付する．

2.6　フォローアップと品質のアシュアランスと改善のプログラム

（1）　フォローアップ

　監査での改善事項，あるいは内部監査部門からの改善提案に対する対応状況はフォローアップしなければならない．改善期限の 1 カ月前になったら，監査対象部門に改善期限の連絡をする．このとき，監査対象部門の担当者等だけでなく，最高経営者や執行役といった上級経営陣にも知らせておくとよい．改善

代表取締役社長○○○○殿

監査部長○○○○

日付：○○○○年○月○日

内部監査報告書

○○に関する業務プロセス | 評定：改善が必要 |

エグゼクティブ・サマリー

●●に関する業務プロセスについては，以下のとおり内部統制に不十分な点が見られた．

1. ……
2. ……
3. ……

上記発見事項に対する改善計画は，次のとおりである．

1. ……（対応期限：○○○○年○○月○○日）
2. ……（対応期限：○○○○年○○月○○日）
3. ……（対応期限：○○○○年○○月○○日）

本監査は，○○に関する業務プロセスにおける内部統制の有効性を検証した．監査範囲は，○○部門および○○部門において実施されている○○に関する業務プロセスを対象とした．○○については，別の監査にて○○○○年に実施したため，本監査の対象外とした．監査対象期間は，○○○○年4月から3月までの1年間である．

＊本監査は内部監査人協会の定める『内部監査の専門職的実施の国際基準』に則って実施されている．

背景情報

監査範囲とした○○業務プロセスの担当者は，○○○○であり，主な業務フローは，……

図2.5 監査報告書の例

第2講 内部監査の手順

発見事項1：○○○

残存リスクレーティング：高

＜発見事項＞

　……

＜原因＞

　……

＜リスク＞

　……

改善のための提言

　……

改善措置の計画（アクションプラン）

　実施期限は，○○○○年○○月○○日．実施責任者は，……

発見事項2：○○

　……

配付先

代表取締役社長○○○○，取締役○○○○，監査役○○○○

監査チーム

○○○○（主任監査人），○○○○（IT監査人），……

図2.5　つづき

が実施されたことは，証跡を取得して確認する．しかし，監査の実施段階（往査）におけるようなサンプル数をとる必要はなく，一例があればよい．注意すべきことは，定期的なコントロールを導入した場合には，導入を決定した計画書や社内規程等のレビューだけで確かめるのではなく，実際に実施した第1回目を検証することである．

　なお，改善完了までの期間が長い改善計画となる場合には，監査部門長は，改善計画の進捗状況をモニタリングしなければならない．改善期限までに改善

計画が完了するように定期的な進捗報告会議を実施してもよい．また，監査対象部門が期限内に対応を実施できなかった場合，執行役員会議や取締役会等に報告をすることもある．

（2）　品質のアシュアランスと改善のプログラム

　監査の品質を維持・向上させるために，例えば，次のような監査実施後に実施可能な手法がある．

① 振り返りミーティング

　　監査実施後に，主任監査人や監査チームを中心に振り返りミーティングを実施する．事前にアンケートなどを実施して，「監査を進めるうえで困難に感じた点」「次回同じ領域を監査する場合に留意すべき点」「効果のあった監査手法などを内部監査部門内で情報共有したほうがよいもの」等を議論する．

② アンケートの実施

　　監査対象部門の監査担当窓口やその他の部門に，アンケートを実施する．例えば，「内部監査人の専門性は十分だと感じたか」「監査の指摘に対する納得感はあるか」「内部監査人は，通常業務の妨げにならないように配慮をしていたか」等の質問をする．可能であれば，無記名で実施する．アンケートによって，内部監査人の監査対象部門に対する態度等を把握できるので内部監査人のコミュニケーション能力と専門性の向上につなげることができる．

③ 監査調書のレビュー

　　監査報告書の発行後，監査調書を内部監査部門長に提出し，レビューを受ける．大規模な監査部門においては，品質評価の専任担当者を置くほど，監査調書のレビューは大切である．監査調書は，「基準に則ってファイリングされているか」を中心にレビューをする．また，「監査の手法が適切であったか」という点を議論することもある．

④ 内部評価と外部評価

　　第3講でも取り上げるが，内部監査がある一定の品質を保っていることを証明するためには，外部評価を受け，基準に則っていることを表明

するのが一つの方法である．その外部評価で「おおむね合致」の評価を受け，基準に則っていると判断されるには，1年に1度の内部評価と5年に1度の外部評価を受ける必要がある．

2.7　監査期間と監査チーム

（1）　監査期間

ここでは，監査期間が3カ月〜4カ月(計画段階は，1カ月〜1カ月半，検証期間を1カ月，報告期間を1カ月〜1カ月半)を前提として説明する．

子会社監査等で内部監査部門と地理的に離れている部門やプロセスを監査する場合には，「検証の期間≠往査期間」となることもある．この場合には，オフサイトでできる検証を先に進め，棚卸や個人情報の管理状況など，往査でなければできないことだけをまとめておくことが必要になる．監査の進め方，それぞれの段階は流動的であり，進捗状況によって検証ができるものがあれば，計画段階の期間に終了させてもよい．

また，監査対象部門と合意がとれない場合，報告期間が長くなることもある．報告期間が長くなれば，それだけ経営陣に重要なコントロールの欠陥を伝達するのが遅くなり，監査報告書の価値が失われていく．発見事項があった段階で，なるべく早く監査対象部門に連絡し，改善計画をともに考えていく等の工夫によって，監査期間をできるだけ短縮することが求められる．

（2）　監査チーム

監査チームは可能であれば2名1組で実施するのが望ましい．インタビューは2名1組で実施し，1名が質問をし，もう1名が内容の記述や，相手の反応を見るのが最も効率が良い．監査調書や監査報告書を相互にレビューし，「監査調書が公正不偏なものとして仕上がっているか」「リスクの認識が妥当であるか」という点を確認するのも良い．検証に工数がかかる場合は，検証期間のみ3名以上とすることも考えられる．

チームで監査を実施する場合には，内部監査部門長は主任内部監査人を指名する．監査計画書や報告書の作成は主任内部監査人が1人で仕上げるほうが効率が良く，監査報告書やフォローアップ時の責任者が明確になるからである．

第 **3** 講

内部監査の基準

3.1　監査基準の意義

　内部監査の実施方法は，外部監査と異なり，法律や公的な規制などは受けない．そのため，手を抜こうと思えば際限なく手抜きをすることもできる．例えば，報告書に「特段の問題が見つからなかった」と事実にもとづかない報告書を書いたとしても監査の責任が追及されることは稀かもしれない．しかし，それでは内部監査という業務そのものが信頼されなくなる．内部監査人の勤務する組織体だけではなく，内部監査に対する社会全体からの信頼と期待に応えるために，内部監査人が自らを律することができ，また業務のよりどころとなる基準が必要になる．

　内部監査人協会（IIA）や一般社団法人日本内部監査協会から公表されている監査基準は，そうした内部監査人のよりどころであり，内部監査を一定の水準で実施するためのフレームワークである．これらのフレームワークにもとづいて内部監査体制を構築し，内部監査のリソース，部門運営，個々の監査の業務を実施することによって，内部監査の有効性や効率性を保つことができる．ただし，いずれの基準も抽象的な表現で記載されており，そのまま監査の実務に落とし込むことは難しいので，プリンシプル・ベースで採用することが望ましい．

3.2　内部監査の基準

　内部監査で準拠したり，参考にしたりする頻度の高い基準としては，次の2つの基準がある．

（1） IIA の国際基準

内部監査の国際基準は，IIA が定めた「国際フレームワーク (IPPF)」である．一般社団法人日本内部監査協会の Web ページでは IPPF を以下のように説明している．

「「専門職的実施の国際フレームワーク (IPPF)」は，IIA が公表している正式なガイダンスを体系化した「考え方(概念)のフレームワーク」です．IIA は国際的なガイダンスの設定機関であり，世界中の内部監査の専門職に対し，IPPF に組み込んだ正式なガイダンスを提供しております．IPPF の改訂：IIA は，2015 年 7 月に，「内部監査の使命」「必須のガイダンス」および「推奨されるガイダンス」から構成される新しい IPPF の枠組みを公表しました.」

IPPF のフレームワークは，次の 3 つから構成されている．

① 内部監査の使命

　IIA は，「内部監査の使命は，リスク・ベースで客観的な，アシュアランス，助言および洞察を提供することにより，組織体の価値を高め提供することである」としている．

② 必須のガイダンス

　必須のガイダンスには内部監査の定義・国際基準・倫理綱要がある．詳しくは，**3.3 節**で説明する．

③ 推奨されるガイダンス

　推奨されるガイダンスには必ずしも従う必要はないものの，必須のガイダンスが抽象的なのに比べると，実務に適用しやすい具体的なものとなっている．なお，推奨されるガイダンスには，「実施ガイダンス」と「補足的ガイダンス」がある．補足的ガイダンスに含まれるプラクティス・ガイドは，一般的な内部監査の実施方法から，個別の監査業務も含めたガイドが記載されているので，本書と合わせて参照するとよい．

（2）　一般社団法人日本内部監査協会の基準

日本国内の基準としては，一般社団法人日本内部監査協会が発行する「内部監査基準」がある．2014 年に改訂された「内部監査基準」では次のように説明している．

「この内部監査基準は，内部監査が，組織体の持続のために，組織体のなかにあってどのような役割を果たす機能であるのか，そして，その担い手である内部監査人は，いかなる資質と独立性とを有し，かつ，組織体内の各部門等に対してどのようなあり方をとるのか，また，内部監査部門は，自らの業務の質をどのように高めていくのか，さらに，組織体に対する他の監査とどのような関係にあるのかを明らかにし，内部監査人が内部監査の実施にあたって遵守すべき事項，および実施することが望ましい事項を示したものである.」

「内部監査基準」は，IPPF と基本的には大きな違いがないが，例えば，監査役制度のように日本固有の法令等を加味した内容となっている.

3.3 IPPF の必須のガイダンス

前述した IPPF の必須のガイダンスには，次のような内容が示されている.

（1） 内部監査の定義

IPPF では内部監査について，「内部監査は，組織体の運営に関し価値を付加し，また改善するために行われる，独立にして，客観的なアシュアランスおよびコンサルティング活動である．内部監査は，組織体の目標の達成に役立つことにある．このためにリスク・マネジメント，コントロールおよびガバナンスの各プロセスの有効性の評価，改善を，内部監査の専門職として規律ある姿勢で体系的な手法をもって行う」と定義している．これを整理すると図 3.1 のようになる.

アシュアランス活動とは，内部監査部門が監査対象部門における内部統制やリスク管理などが整備されていることを経営者に対して保証するものであり，内部監査部門，監査対象部門および経営者の三者の関係になっている．一方，コンサルティング活動とは，内部統制やリスク管理などの助言を行うものであり，内部監査部門は監査対象部門に対して報告等を行う，二者の関係となっている.

「アシュアランス活動中の改善提言がコンサルティング活動だ」と誤解されている場合があるが，改善提言は監査報告書を通じて経営者に対して報告されるので，厳密に言えば IPPF で定義されているコンサルティング活動には当た

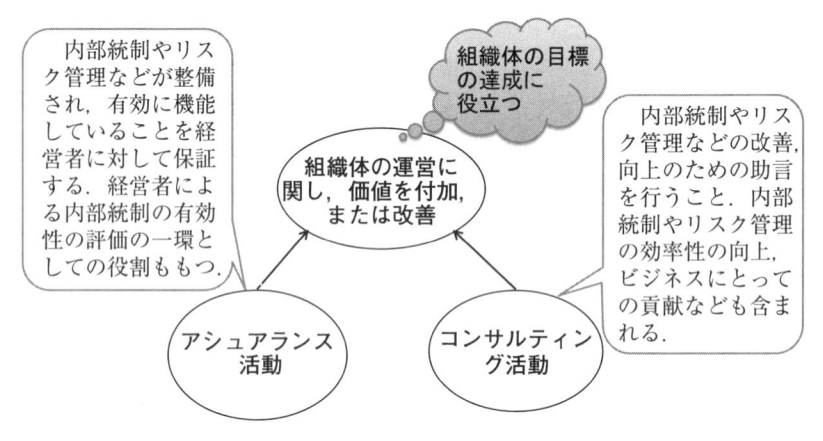

内部統制やリスク管理などが整備され，有効に機能していることを経営者に対して保証する．経営者による内部統制の有効性の評価の一環としての役割ももつ．

組織体の目標の達成に役立つ

内部統制やリスク管理などの改善，向上のための助言を行うこと．内部統制やリスク管理の効率性の向上，ビジネスにとっての貢献なども含まれる．

組織体の運営に関し，価値を付加，または改善

アシュアランス活動

コンサルティング活動

図3.1　アシュアランスとコンサルティングの違い

らない．

（2）　倫理綱要

　倫理綱要において，内部監査人に適用される倫理の原則として，誠実性，客観性，秘密の保持，専門的能力が挙げられている（**表3.1**）．また，それぞれの原則を実践する際の指針として10の「倫理行為規範」がある．

　内部監査人は，「信頼されるアドバイザー」になることを目指すべきである．日本の会社においては，配置転換によって内部監査人となることもある．しかし，内部監査人というのは，医師や弁護士，会計士のような国家資格ではないものの，これらと同じような専門職であるという意識をもつことが望ましい．内部監査人に対する社内の目は非常に厳しい．例えば，内部監査人は会社の情報・資産のすべてにアクセスする権限を認められている．別の部門に所属しているときには不可能なことが，監査部門に配属された場合に，このアクセス権が特権として与えられている．この特権を乱用したり悪用したりすることのない人物であることが求められる．

　また，内部監査が他の部門に規定の遵守や業務の改善を求めるという職務であるため，監査業務だけでなく，日頃の態度も重要になってくる．業務におけるどのような小さなずるやごまかし，コンプライアンスを軽視するような発言

表 3.1　倫理の 4 原則

原則	内容
誠実性	内部監査人は，自己の業務を正直かつ勤勉に行い，法令を遵守しなければならない．また，組織体が適法かつ倫理的な目標を掲げている場合にはそれを尊重し，その目標に貢献することが求められている．誠実性は，監査人にとって最も重要かつ不可欠な資質である．
客観性	内部監査人は，自己の公正不偏な評価を信頼する活動や関係に関与してはならない．例えば，監査対象部門が自分の次の異動先となるかもしれない部門，元上司や親しい同僚が働く部門を監査する場合には，不備を発見しても大きなリスクと判断しないかもしれない．また，往査の初日に監査対象部門からの会合の誘いを受け，相手に食事代を支払われたりすることが内部監査人の客観性に影響を与えることもある．また，むやみに会社内でのゴシップなどを聞いてしまって，監査対象部門に対する先入観をもたないようにするなどの注意も必要である．
秘密の保持	内部監査人は職務の実施過程で知り得た情報の扱いには慎重にならなければならない．関係のない第三者に情報を漏らすことはもちろん，個人の利益に使用してもならない．そのため，監査の業務にとって不必要な情報を取得してしまわないよう，データ等を依頼する場合には，必要な情報だけを入手することも大切である．
専門的能力	内部監査人は，内部統制とリスクの専門家でなければならない．まず，この二つが内部監査業務には必要な知識・スキルといえる．内部監査人としての専門的能力を学び，示すことのできる資格は，表 3.3 を参照してほしい．資格取得後も，監査に関する知識のみならず，組織体の業務に関する知識，インタビュースキルなど，監査業務の向上に役立つものを積極的かつ継続的に学ぶ必要がある．

も，内部監査人としての信頼を失うには十分である．信頼が失われてしまうと，内部監査人の業務知識やスキルがどれほど高くとも，また，改善提言が正論であったとしても監査の提言に耳を傾けるものはいなくなるだろう．

　監査対象部門や上級経営陣から信頼を寄せられるためには，どうしたらよいか．信頼は積み上げるのに時間がかかり，崩壊するのは一瞬である．そのため，常に信頼に足る態度を保ち続けることが必要になる．内部監査人も人間であり聖人君子ではない．しかし，継続的に倫理について考えることで，「信頼され

るアドバイザー」への道が開かれる.

（3）　「内部監査の専門職的実施の国際基準」

　IIA の「内部監査の専門職的実施の国際基準」[1]は，1000番台に記載されている「属性基準」と2000番台に記載されている「実施基準」から構成されている（表3.2）.

(a)　**属性基準のポイント**

- 内部監査の組織や個人に関する基準であり，実施基準は内部監査業務に関する基準である．具体的には，監査部門の目的，権限および責任について示しており，例えば，内部監査部門が IPPF 必須のガイダンスを反映させた内部監査基本規程を策定することなどが定められている.

- 内部監査は，組織上独立していなければならず，内部監査人には，客観的かつ公正不偏の態度をとることが求められている．内部監査の組織上の独立性は，管理上は最高経営者，職務上は取締役会や監査委員会等への直接の報告経路をもつことで保たれる．職務上の報告とは取締役会等が内部監査計画や監査報告書，内部監査部門長の人事権などをもつことである．これによって，例えば，「聖域」がつくられて監査に入れない，あるいは，業務部門にとって都合の悪い発見事項がもみ消されてしまうことなどを防ぐことができる．なお，内部監査人は客観性を保つために過去1年に職責を有していた職務への監査を実施しない．もし，内部監査の客観性が阻害されることがあれば，それは取締役会等に報告しなければならない.

- 内部監査人の熟達した専門的能力を表すものとしては，表3.3で紹介した監査資格が挙げられる．もし，監査のリソースの問題で，専門業務の監査を実施する能力がない場合には，外部のリソースを使うことを検討してもよい.

- 内部監査人は業務の実施に当たって，専門職としての正当な注意を払う

---

1)　https://www.iiajapan.com/guide/ippf.html を参照のこと.

表 3.2　「内部監査の専門職的実施の国際基準」の番号とその概要

番号	項目	主な内容
1000 ～	目的，権限および責任	• 内部監査基本規程に「必須のガイダンス」を反映すること
1100 ～	独立性と客観性	• 内部監査部門の組織上の独立 • 取締役会への職務上の報告 • 内部監査人の客観性
1200 ～	熟達した専門的能力および専門職としての正当な注意	• 専門的な能力を備える. • 継続的教育の必要性 • 正当な注意
1300 ～	品質のアシュアランスと改善のプログラム	• 継続的内部評価 • 外部評価(最低でも 5 年に 1 度)
2000 ～	内部監査部門の管理	• 内部監査部門の計画の策定 • 計画等の伝達と承認 • 監査資源の管理 • 方針と手続
2100 ～	業務の内容	• ガバナンス • リスク・マネジメント • コントロール
2200 ～	内部監査の個々の業務に対する計画の策定	• 業務の範囲 • 作業プログラム
2300 ～	内部監査の個々の業務の実施	• 分析および評価 • 情報の文書化 • 業務の監督
2400 ～	結果の伝達	• 伝達の基準 • 基準への適合性の表明 • 総合意見
2500 ～	進捗状況のモニタリング	• 進捗状況をモニタリングする仕組みの構築
2600 ～	リスク受容についての伝達	• 経営管理者のリスク受容状況の伝達

第3講　内部監査の基準

表3.3　監査資格

区分	種類
IIA が認定する国際資格	公認内部監査人，内部統制評価指導士，公認公的部門監査人，公認リスク管理監査人
一般社団法人日本内部監査協会が認定する国内資格	内部監査士，情報システム監査専門内部監査士，金融内部監査士
その他	経済産業省が認定するシステム監査技術者，ISACA が認定する公認情報システム監査人

　　　必要がある．これは決してミスを犯してはいけないという意味ではないが，検証に当たっては事実誤認等がないように慎重に行うべきである．また，見落としを防ぐために CAATs（コンピュータ支援監査技法）を検討してもよい．

- 基準への適合性の評価を行うため，継続的な内部評価と最低でも5年に1度の外部評価をすることが求められている．内部評価では，主に監査実施後に監査調書のレビューをするのが一般的である．しかし，監査実施中（例えば，計画段階が終わった後など）に内部評価を実施すると，基準に外れた活動を修正することができるのでより効果的である．

(b) **実施基準のポイント**

- 内部監査は，年間計画や方針と手続を策定する必要があると記載されている．年間計画はリスク・ベースで策定し，取締役会・監査委員会の承認を得ること，方針や手続も規程化しておくことが望ましい．
- 内部監査が評価する対象はガバナンス，リスクマネジメント，コントロールである．
- 具体的な内部監査の手順について説明している．
- 「リスク受容が不可能であると評価されるリスクがあるにもかかわらず，業務部門がそのリスクを受容していると思われる場合，それを伝達しなければならない」と定めている．組織体において受容不可能と評価されるリスクを発見したときに，内部監査部門はそのリスクを低減，あるい

は移転可能となるような改善提言を行い，その実施を強く推奨すべきである．しかし，その独立性と客観性を保つためにも，業務部門の実務に関与することは避けるべきであり，そのため受容されたリスクを解決することは内部監査部門の責務ではない．

（4）　一般社団法人日本内部監査協会「内部監査基準」

「内部監査基準」は，表3.4 に示す構成になっている．IPPF は IPPF への準拠を求めているが，「内部監査基準」においては，わが国の監査部門がその組織体ごとの性質を鑑みた内部監査手法を構築してきているという背景もあるので，基準への遵守を強く求めてはいない．内部監査部門が所属する組織体と内部監査基準とを照らし合わせ，合理的かつ実施可能な範囲での遵守をすればよ

第3講　内部監査の基準

表3.4　一般社団法人日本内部監査協会「内部監査基準」の構成

章	タイトル	内容
第1章	内部監査の本質	アシュアランス業務とアドバイザリー業務
第2章	内部監査の独立性と組織上の位置づけ	組織上の独立性と監査人の客観性，責任と権限の明確化
第3章	内部監査人の能力および正当な注意	専門的能力，専門職としての正当な注意
第4章	内部監査の品質管理	プログラムの作成と評価，基準への適合と逸脱の表明
第5章	内部監査部門の運営	基本方針/計画の策定と承認，外部委託・最高経営者等への報告
第6章	内部監査の対象範囲	ガバナンスプロセス，リスクマネジメント，コントロール
第7章	個別の内部監査の計画と実施	実施時の留意事項，計画の承認，監査調書
第8章	内部監査の報告とフォローアップ	内部監査報告書
第9章	内部監査と法定監査との関係	内部監査と法定監査の相互補完関係

いとされている.

　その他,「内部監査基準」と IPPF の内容については,次の点を除いて基本的に大きな差異はない.

- 取締役会,監査委員会の他に,監査役(会)への報告経路を確保するよう求めていること(「内部監査基準」第2章)
- コンサルティング活動ではなく,アドバイザリー業務という用語を用いている.アドバイザリー業務は,特定の経営諸活動を支援することであり,その結果は最高経営者および取締役会に報告する義務があり,三者間の関係となっていること(「内部監査基準」第8章)

3.4　基準の必要性

　品質と保証のプログラムを実施し,外部評価において「おおむね合致」の評価結果を受け取ることができた内部監査部門は,「内部監査の専門職的実施の国際基準に適合している」と監査報告書に記載するなどして表明できる.基準に適合していると表明することで,社内外に監査が一定の水準で行われていることを示すことができる.

　内部監査にとって基準に則った監査の実施は最低限達成すべきラインであり,基準に則っていることが必ずしも高度な監査を実施していることの証明にはならない.そのため,常に監査技術を向上させていく努力が必要になる.

第4講 内部監査の品質評価

4.1 内部監査の品質評価とは

内部監査の品質評価は，正式には，「品質のアシュアランスと改善のプログラム」とよばれるものであり，内部監査の品質を評価し，内部監査の品質を維持・改善する活動である．

内部監査は，独立性と客観性をもちつつ，組織体の目標達成に貢献し，組織体に価値を付加するために行われる．そして，それを実現させるために，内部監査の品質を一定に保ち，さらに向上させて，内部監査の顧客からの信頼を得なければならない．このような取組みが，内部監査の品質評価である．

それでは，内部監査の品質とはどのようなものだろうか．一般に，製品やサービスの品質は，「製品やサービスの品質が，顧客の期待や目的に適合している度合い」といえるが，内部監査の品質も，内部監査に対する「顧客」の期待や目的に適合する度合いと考える．内部監査の「顧客」は，取締役会，最高経営者(社長)，外部監査人，監査対象部門の管理者などの内部のステークホルダー(利害関係者)であり，さらに，株主，監督機関，規制当局，政府機関などの外部のステークホルダーも含まれる場合がある．内部監査の品質のアシュアランスと改善のプログラムは，このような内部監査の「顧客」の期待や目的に適合する度合いである品質を評価し，維持・改善する活動といえる．

ここで重要なことは，単に内部監査の品質を評価するだけでなく，内部監査の品質を維持・向上するために実施されるものであるという点である．また，内部監査の品質の維持向上は，「内部監査の専門職的実施の国際基準」に適合する専門職としての責任から求められるものだといえる．

内部監査の品質評価に関する文献

内部監査の品質評価に関し，参考になる文献としては，次のものがある.
　①　「新　内部監査の品質評価マニュアル」(Quality Assessment Manual for the Internal Audit Activity)
　　　日本内部監査協会 Web ページより入手可能.
　②　「内部監査品質評価ガイド」日本内部監査協会
　　　日本内部監査協会 Web ページより，ダウンロード可能. 日本の制度，環境，風土を考慮し，日本の内部監査の品質評価の実施を推進するために策定したもの.
　③　プラクティス・ガイド「品質のアシュアランスと改善のプログラム」
　　　『月刊監査研究』，2016 年 9 月号(日本内部監査協会 Web ページ. 会員ログイン要)よりダウンロード可能.

4.2　品質評価での評価事項

品質のアシュアランスと改善のプログラムでは，次の事項について評価する.
　①　内部監査部門の「内部監査の専門職的実施の国際基準(基準)」への適合性，および内部監査人による「倫理綱要」の適用.
　②　内部監査部門の効率性と有効性.
さらに，品質評価では内部監査部門の改善の機会を明らかにする.

なお，基準とよばれるものには，IIA (Institute of Internal Auditor：内部監査人協会)の定めた「内部監査の専門職的実施の国際基準」と，一般社団法人日本内部監査協会で定めた「内部監査基準」がある. この 2 つの基準には基本的な考え方に差異はないが，ここでは IIA 国際基準を中心に説明する.

4.3 基準への適合性の評価

内部監査部門の，IIA 国際基準の精神や基準の意図する実務への適合性のレベルを評価する．適合性の程度は，次の３つで評価する．

① 「一般的に適合している」(GC = Generally Conforms)
② 「部分的に適合している」(PC = Partially Conforms)
③ 「適合していない」(DNC = Does not Confirm)

なお，評価は，IIA 国際基準で定められている個々の基準ごとに行われる．具体的には，100 番ごとのカテゴリーおよびセクション(属性基準と実施基準)，さらに全体の評価が行われる．なお，適合性評価規準の詳細については，4.1 節末で示した文献①を参照されたい．

4.4 内部監査の品質のアシュアランスと改善のプログラムの概要

IIA 基準では，「内部監査の品質のアシュアランスと改善のプログラム」について，次のように定めている(**表 4.1**)．

① 内部監査部門長は，品質の改善を推進する仕組みである品質のアシュアランスと改善のプログラムを整備し，運用する責任を負う(IIA 国際基準 1300)．

② この品質のアシュアランスと改善のプログラムには，社内の者が実施する内部評価と，社外の独立かつ適格な外部の評価者によって実施される外部評価があり，両方とも含めなければならない(IIA 国際基準 1310)．

③ 内部評価には継続的モニタリングと定期的自己評価の２つがあり，両方とも含めなければならない(IIA 国際基準 1311)．

④ 継続的モニタリングは，内部監査の個々の業務(監査)ごとに，内部監査の品質を確保するためのプロセスが有効に機能していることをアシュアランスするものである．

⑤ 定期的自己評価は，組織体内の評価者が，定期的に「新 内部監査の品質評価マニュアル」(**4.1 節末で示した文献①**)と「内部監査品質評価

表 4.1　内部監査の品質評価の種類

内部監査の品質評価(内部評価と外部評価)					
構成要素	評価対象	評価者	実施時期	報告先	報告時期
内部評価・継続的モニタリング	個々の内部監査の業務(計画, 実施, 報告)	組織体内の者(内部監査部門の管理者など)	日々の内部監査の管理業務に組み込んで実施	社長取締役会監査役会	年に一度
内部評価・定期的自己評価	内部監査部門の全業務 ・内部監査体制 ・内部監査要員 ・内部監査部門運営 ・内部監査の個々の業務プロセス)		定期的に実施(年に 1 度)		
外部評価		組織体外の者(独立かつ適格な外部の評価者)	定期的に実施(少なくとも 5 年に 1 度)		実施後速やかに

ガイド」(**4.1 節**末で示した文献②)に沿って, 内部監査部門の全業務を対象として評価を行い, 内部監査部門の基準, 倫理綱要への適合性の水準について結論を出すものである. この内部監査部門の全業務には, 内部監査体制, 内部監査要員, 内部監査部門運営, 内部監査の個々の業務のプロセスが含まれる. 定期的自己評価は年次で実施することが望ましいが, 小規模な内部監査部門の場合はもっと低い頻度で実施される場合もある.

⑥　外部評価は, 組織体外の適格にしてかつ独立した評価実施者または評価チームにより最低でも 5 年に 1 度実施されなければならないものである(IIA 国際基準 1312). 評価の対象は内部監査部門の全業務である.

⑦　内部監査部門長は, 品質のアシュアランスと改善のプログラムの結果を, 経営者および取締役会に伝達しなければならない(IIA 国際基準 1320).

4.5 内部評価・継続的モニタリング

　内部評価の一つである継続的モニタリングは,「内部監査の個々の業務ごとに,品質を確保するプロセスが有効に機能していることをアシュアランスすること」である. そして,これは,内部監査部門の管理者(部長,チームリーダーなど)により,主に個々の監査の各段階における業務に組み込まれた継続的なモニタリング活動を通じて達成される. 具体的には,**表4.2**に示すような活動が含まれる.

表4.2　継続的なモニタリング活動

項番	活動	内容(例)
①	計画段階のレビュー	・監査の目標と範囲は妥当か. ・主要なリスクの識別と評価は適切か. ・リスクを低減する主要なコントロールの識別とその整備状況の評価は適切か. ・コントロールの運用状況のテストプラン(監査手続)は適切か. ・監査の資源(人員,時間数),監査のスケジュールは妥当か.
②	実施段階の指導監督	・テストプランに従って監査が実施され,その結果の記録と結論は妥当か. ・発見事項は適切か(事実の確認,記録,リスクの内容やリスク度,根本原因分析など) ・改善のための提言は適切か(実現可能性,付加価値の提供,根本原因の考慮など). ・監査の進捗状況が管理されているか. ・監査証跡として必要な証跡が収集されファイリングされているか.
③	報告段階での レビュー	・監査対象の評価,監査の結論(含む,レーティング)は適切か. ・結論を裏づける監査証跡は適切に収集されているか. ・報告書の文章はわかりやすく,簡潔で,論旨は明確か. トーンは適切か. ・発見事項,改善のための提言は適切か. ・監査対象部門からの改善措置の計画(マネジメントレスポンス)が含められているか.

第4講　内部監査の品質評価

表 4.2　つづき

項番	活動	内容(例)
③	報告段階での レビュー	• 改善措置の計画の内容は，当該リスクを低減するものとして適切か．監査の進捗状況の管理は適切か．
④	個々の監査に関連した内部監査部門の管理	• 監査対象からのフィードバック分析は適切か． • 部門内の第三者による監査調書のレビューは適切か. • 個々の監査の計画に対する予算・実績(時間，経費など)分析は適切か. • フォローアップ状況の管理は適切か.

4.6　外部評価と定期的自己評価

　定期的自己評価は，内部評価の一つである．外部評価と定期的自己評価は，基本的に同じプロセスであり，評価者が異なる．外部評価の評価者は，独立かつ適格な外部の者であり，内部評価のうちの定期的自己評価の評価者は，組織体内の者である．ここでは，外部評価と定期的自己評価について説明する．

（1）　評価の対象

　両評価とも，評価の対象は，内部監査のあらゆる側面になる．評価の実務は，内部監査を次の4つに分けて実施される．

- 内部監査体制：内部監査基本規程，報告系統，内部監査の役割，品質向上の取組みなど
- 内部監査要員：内部監査人の専門性，教育・研修，育成など
- 内部監査部門運営：年間計画，経営トップとのコミュニケーションなど
- 個々の監査の業務のプロセス：個々の監査業務の計画，実施，報告，フォローアップなど

（2）　評価者

(a)　外部評価の場合

　外部評価は，組織体外の者によって実施される評価である．適切な外部評価者を選任することは，外部評価を成功に導くカギである．外部評価は「組織体外の適格にしてかつ独立した評価実施者または評価チーム」によって実施され

なければならないとされており，「適格な」評価者，および「独立した」評価者という2つの要件が求められている(IIA 国際基準 1312).

- 「適格な」評価者は，内部監査を専門職として実施する能力と，外部評価を実施する能力の両方を保有する評価者という意味である.
- 「独立」した評価者は，事実としてまたは外観としての利害の衝突(利益相反)がなく，また，対象となる内部監査部門の属する組織体の一部，または支配下でないことを意味する.

外部評価は，評価を受ける内部監査部門から見ると，内部監査に関して疑問に思っていることや相談したいことを聞くチャンスでもある．そのためには，外部評価者には内部監査の実務に精通した人で，外部評価のオンサイト期間中ずっと来てもらえるような人を選定することが重要である.

なお，4.1 節末で示した文献②の「内部監査品質評価ガイド」に，外部評価者選任時の留意事項，および外部評価者選任のため適格性と独立性のチェックリストが掲載されているので参考されたい.

(b) 定期的自己評価の場合

内部評価は，内部監査部門内の者，または組織体内の内部監査部門以外の者で内部監査の実務について十分な知識をもつ者によって実施される．内部監査の専門的実施の国際フレームワークについての十分な知識が必要である.

(3) 評価のプロセス

評価のプロセスには，準備，実施，報告の3段階があり，それぞれ次の作業を行う．これらの作業は，4.1 節末で示した文献①の「新　内部監査の品質評価マニュアル」にその詳細が記載されており，また，そのためのツール(書式)も収録されているので詳細はそれらを参照されたい．各段階の作業は，表4.3に示すとおりである.

第4講　内部監査の品質評価

表4.3　品質評価のプロセス

フェーズ	内容
準備段階	①　評価者の選任 ②　契約の締結(外部評価の場合) ③　事前提出資料の作成 　内部監査部門についての基本情報や，内部監査の体制，要因，部門運営，個々の業務のプロセスについての質問事項に回答し，評価者に提出する． 　また，組織図，内部監査基本規程，内部監査部門の戦略計画とビジョン，内部監査マニュアル，内部監査要員の略歴など評価に必要な文書を提出する． ④　サーベイ(匿名アンケート)の実施 　役員および監査対象部門長，内部監査部門スタッフに対するサーベイを実施する．このサーベイは，4択の質問と自由コメントから構成される．外部評価では匿名性を維持するため，回答は回答者から評価者宛に直送される．
実施段階	①　インタビューの実施 　内部監査部門長，最高経営者，取締役会メンバー，監査役，監査対象部門長，内部監査部門スタッフ，外部の監査人，その他のモニタリングを行う部門に対して，インタビューを実施する．通常7，8名程度にインタビューを行う． ②　監査調書等の閲覧と「評価プログラム」の実施 　サンプル抽出した個々の監査の調書(その監査に関連する書類一式)を閲覧し，内容を確認する．その際，4.1節末で示した文献①「新内部監査の品質評価マニュアル」に収録されている「評価プログラム」を使用する． ③　所見と改善のための提言の作成 　課題や改善の機会，または優れた実務があればそれを記載する．内容について，評価者と監査部門が十分にディスカッションを行うことが重要である． ④　基準および倫理綱要への適合性レベルの評価 　基準の番号ごと，および倫理綱要について，その精神や意図する実務についての適合性の程度を評価し，一覧表が作成される．適合性の程度は3段階で評価する． 　評価は個々の基準ごとに行われ，100番ごとのカテゴリーおよびセクション(属性基準と実施基準)，さらに全体の評価が行われる(適合性評価規準の詳細については，4.1節末で示した文献①「新　内部監査の品質評価マニュアル」を参照されたい)．

表4.3 つづき

フェーズ	内容
報告段階	① 最終意見交換会の実施 評価者より評価の結果が説明され，意見交換が行われる． ② 評価報告書(ドラフト)の作成 評価者が評価報告書(ドラフト)を作成し，内部監査部門に送付する． • 改善措置の計画 　内部監査部門は，評価報告書(ドラフト)に記載された所見について，改善措置の計画を作成し，評価者に送付する． • 評価報告書(最終)の作成 　評価者は改善措置の計画を含めた最終報告書を作成し，内部監査部門に送付する．評価報告書には，通常，サマリー，発見事項，改善のための提言，内部監査部門による改善措置の計画，基準番号ごとの評価結果の一覧表，評価の定義が含まれる．優れた実務が含まれる場合もある． • 役員への報告 　内部監査部門長は，品質評価の結果を最高経営者および取締役会に伝達する．外部評価者から直接役員への報告が行われる場合もある．

外部評価における注意点

　内部監査の外部評価は，「どのような実施者に委託するか」によって，そのメリットも大きく変わる．セミナーなどで外部評価について相談を受けることがあるが，その際には，優れた内部監査の実務経験を有する者に委託することをお勧めしている．もちろんIIA国際基準や「新　内部監査の品質評価マニュアル」で求められていることであるが，内部監査の優れた実務経験者は限られているのが現状である．

　そこで，外部評価の委託先を決める際には，内部監査の実務経験者が中核者として参加していることが必須要件になる．外部監査経験者は，外部監査に優れているが，内部監査を評価する際に適切な評価が行えるとは限らないからである．また，内部監査の実務経験者といっても，内部監査実務を経験した業界や企業が，外部評価を受ける企業と大きくかけ離れてい

る場合には，的確なアドバイスを得られない可能性がある．

　なお，外部評価を受けるためには，一定の費用がかかることも忘れてはならない．経営者や予算担当部門に外部評価の必要性を理解してもらえるような取組みをしておくことも大切である．

外部評価のメリット

　外部評価では，内部監査部門や監査対象部門に対してインタビューするだけでなく，経営者にもインタビューすることになっている．内部監査に対する認識が十分ではない経営者に，内部監査の重要性や課題を認識してもらううえで絶好のチャンスである．内部監査に対する要望や課題についてインタビューを受けることになれば，経営者は，事前に内部監査の現状を把握することになる．つまり，外部評価は経営者の内部監査に対する認識を高めるというメリットがある．

　ところで，外部評価は，内部監査の改善や内部監査人のスキルアップにもつながる．外部評価によって，「今まで行ってきた内部監査が適切だったのか」「内部監査の進め方で改善する点はないか」という懸念に対する答えをもらえるからである．外部評価を受けることによって，内部監査の改善の契機にできることが大きなメリットである．

第5講 会計業務の監査

5.1 会計業務

（1） 会計業務とは

企業における会計業務とは，会計基準や税制などの制度に対応するための財務会計業務と，企業内部の経営の意思決定などを支援するための管理会計業務に大別できる．ここでは，財務会計業務を中心に述べることにする．

企業の規模などによって，財務会計業務は，集中経理体制ですべて経理部が行う場合や，分散経理体制（例えば，事業部などの経理担当部署が行う）場合がある．規模が小さい関係会社などでは集中経理体制の場合が多く，上場企業では，本社の経理部とは別に事業部などに経理を担当する部署を配置し，分散経理体制をとる場合がある．

内部監査においては，監査対象となる組織によって必要な経理の専門性が異なる．例えば，集中経理体制の経理部を監査する場合には，経理業務経験者や経理に関する高い専門性をもつ人材が必要となるが，分散経理体制のもとでの関係会社や支店などの拠点の監査であれば，経理業務経験がなくても十分に監査を行える場合がある．

また，多くの部門では小口現金の管理など何らかの会計業務を行っているケースが多いので，内部監査においては会計業務の監査の知識とスキルは必要不可欠なものといえる．

（2） 会計業務の監査の進め方

会計業務の監査は，会計を業務と捉えて業務の適切性に関する監査と，行われている会計処理などの適切性に関する監査に大別できる．前者については，

内部監査が主となる．一方，後者については，公認会計士監査などが行われている場合には，外部監査と内部監査の役割を整理して実施することになる．ここでは，主に前者について説明する．

　会計業務の適切性については，まず，「誤謬や不正防止のリスクに対するコントロールとして実質的な内部統制がしっかりと組み込まれているかどうか」確かめなければならない．例えば，「現金の出納と現金出納帳の記録は別の担当者が行っているか」「ファームバンキングの利用可能者は誰であり，入力者と承認者は別々になっているか」など職務分離がきちんと行われているか確かめる必要がある．また，勘定科目などの訂正処理について，「誰がどのように承認しているか」「きちんと再発防止策が検討されているか」などについて確かめることも忘れてはならない．

　また，「会計業務が経営の役に立っているか（会計情報が活用されているか）」という管理会計の視点，「会計業務が効率的に行われているか」という効率性の視点からも監査を行う必要がある（図 5.1）．

（3）　会計業務の監査の落とし穴

　会計業務の監査においては，会計処理の妥当性に焦点が置かれがちだが，会

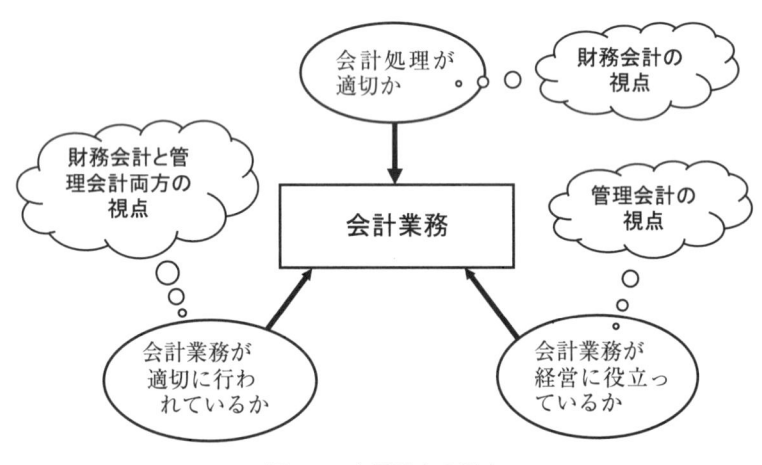

図 5.1　会計監査の視点

計業務の適切性に関してもしっかりと確かめる必要がある．経理での職務分離などの確認はもちろんのこと，事業部などにおいて事実を正確に把握し，「事実が取引記録として適時・適切かつ効率的に残すプロセスになっているか」内部監査で確かめなければならない．

また，上場企業の経理部の監査に当たっては，「決算体制がしっかりと構築されているか」確認する必要がある．東京証券取引所などの取引所が求める決算短信の内容は，有価証券報告書の開示のベースに近いものまで求めている．経理部が有価証券報告書の作成責任をもち，投資家対応を行うインベスターリレーションズ(IR)部門が決算短信の作成責任をもっているような組織では，決算短信の正確性のチェックが有効に行えないおそれがある．そこで，「開示に関する機能が統合化されているか」確かめることが重要である．また，内部統制の重要な欠陥として決算体制の不備が多く指摘されている．「決算体制が十分なものになっているか」を今一度，しっかりと確認しておく必要がある．

また，「経営者が求める会計情報を経営者に提供しているか」という視点や，会計業務の効率性の視点から監査を行うことも忘れてはならない．公認会計士監査とは異なり，経営にとっての有効性や効率性の視点から会計業務プロセスを点検・評価することが内部監査で行う会計監査の目的だからである．

5.2 会計の基礎と内部監査

(1) 会計の基礎と内部監査のポイント

会計は，企業等の経済活動を貨幣価値で測定・報告するものである．例えば，販売，仕入，経費支払などの取引を，仕訳という行為を通じて，貨幣価値で表わし，「どの程度の利益を上げることことができたのか」，あるいは「どの程度の損失が発生したのか」(経営成績)を集計する．また，「どの程度の資産や負債があるか」など，企業等の財政状況を把握する．

簿記は，経済活動を一定のルールに従って会計帳簿に記録・計算していく手続であり，経理担当者が必ず学ぶ知識である．簿記では，勘定科目を用いて，さまざまな取引を仕訳する．また，簿記には，企業等で用いられている複式簿記と行政等で用いられている単式簿記があるが，複式簿記を用いれば，未回収の売上代金(売掛金)や未払いの仕入代金(買掛金)などを把握できる．単式簿記

の場合には，現金の入出金しか記録しないので，現金残高はわかるものの売掛金や買掛金などの資産・負債の残高を把握することができない.

さらに，最近の会計では，まだお金が動いていない状況でも将来の損失を取り込んで計上していくが，この点が会計について実感のない部分であるといえる. 減損会計がその典型である. 固定資産の会計処理では，従来より固定資産を支出した金額(取得原価)で測定し，帳簿へ計上するという取得原価主義で行われているが，減価償却の手続を通じて計画的・規則的に償却して費用化される. ところが，減損会計が適用されると，その固定資産がもたらす将来の収入(キャッシュ・フロー)の見積を基礎とした割引現在価値を計算し現在の簿価とを比較して，前者のほうが小さければ簿価を割引現在価値まで引き下げる処理が加わる.

なお，減損会計のほかにも見積や予測を使った計算を多く含む会計基準として，退職給付会計，税効果会計，金融商品会計などが挙げられる.

(a) 事実の認識と会計上の認識

売上や仕入などの事実は，比較的理解しやすいが，倉庫にある商品や原材料の価値を評価することは難しい. 商品や原材料の受払の記録は，商品在庫管理表などで管理されているが，仕入金額は変化するので，適切な方法で商品等を評価することが求められる. これを棚卸資産の評価といい，会計業務において重要な業務の一つになっている.

在庫台帳としての原材料受払台帳は，期末に行う実地棚卸で帳簿の在庫数量と実際の在庫数量との差異を分析し，適正な数量に修正を行う. 期末評価額は，「先入先出法などによる正しい単価が使用されているか」確認しつつ，再評価として収益性の低下による簿価切り下げ額の必要性も検討する.

ところで，金融商品取引法が求める財務報告に係る内部統制では，内部統制の要点(実在性，網羅性，権利と義務の帰属，評価の妥当性，期間配分の適切性，表示の妥当性など)の確保が，正確な財務報告に必要とされている. 例えば，期末棚卸の在庫数確認は，実在性を保証するものであり，期末の棚卸資産の再評価は，棚卸資産の価値の適切な評価を保証するものである.

また，会計記録や財務諸表への計上時に取引の計上漏れが生じないようにす

るためのコントロールは，網羅性を確保するために必要である．例えば，購買に関する検収記録や仕入明細を受領しても，検収報告が経理部に届くのが遅延すれば，すべての仕入が買掛金元帳や総勘定元帳に反映されないので，未検収の取引をチェックする仕組みが必要になる．

内部監査人は，事実の正確な認識(事実の認識)，事実にもとづく正確な取引記録の作成，取引記録にもとづく正確な会計記録の作成(会計上の認識)，会計記録の財務諸表への適切な表示・開示というさまざまな視点から，それぞれの適切性・妥当性についての監査を行うことが重要である．

内部監査は，「事実の認識にもとづき会計記録が適切に作成され，会計上の認識が正しく行われているか」，また，「事実を適時・的確に捉え，迅速に会計報告する業務体制が構築されているか」確かめる役割を担っている．

(b) 会計の基礎と内部監査のポイント

会計処理の妥当性の監査では，主に**表5.1**に示すような事項を確かめる．

なお，分析的手続は，内部監査のプロセスで収集した情報を能率的かつ効果的に評価するための重要な監査手続である．会計情報の相互の関連性や財務的な情報と非財務的な情報との関連性を調査し，「情報相互の整合性がとれているか」「矛盾するところや異常なところがないか」などを確かめる．

具体的には，比率分析，推移分析，回帰分析，合理性テスト，期間比較，予算・見通しや外部の経済情報との比較などを実施する．例えば，当期と前期，当期と予算または年間見通しとの比較，財務的な情報と非財務情報との比較(例えば，平均年間給与と従業員数など)，他の事業部などとの比較，類似業種との比較などを行い，予想されない差異や予想された差異がない場合などの異常値を抽出し，監査対象部門に質問手続を実施してその原因を確かめる．

（2） 財務会計の基礎

(a) 財務会計と管理会計

会計は，その目的から財務会計と管理会計に分けられる．財務会計は，投資家や債権者などの企業外部の利害関係者に企業の財務内容を提供して，彼らの経済的意思決定を支援するための会計なので「外部報告会計」ともよばれる．

第5講 会計業務の監査

表5.1　会計処理の妥当性に関する監査項目の例

監査項目	内容
期間対応(計上日の正確性)	・取引記録にもとづいて会計の計上日が正確に記録され，会計上の認識が正しく行われているか. ・例えば，3月決算の企業において3月末までに行われた取引が翌期である4月分として処理されていないか.
会計残高の正確性	・貸借対照表の残高が正確か. ・例えば，中間科目として期中に計上した仮科目の残高が年度末にきちんと精算されて，年度末の貸借対照表上の残高がゼロになっているか.
会計残高の妥当性	・発生した会計残高が妥当か(会計残高の比較などを通じて確かめる). ・例えば，月次決算を行っていれば，月次決算の金額データを勘定科目ごと・月ごとに並べて「残高が一定であるべきか」「変動があってもよいのか」などの視点から異常残高がないか.
勘定科目の正確性	・勘定科目が正確に処理されているか. ・例えば，資本的支出と修繕費の計上が正確に行われているか.
会計基準などへの準拠性	・企業会計原則，各種業法，社内経理規程などに従って経理処理が行われているか. ・また，社内経理規程などが企業会計原則，各種業法等の改定に合わせて見直されているか.

　外部報告会計として作成される会社の成績表には財政状態を表す貸借対照表や経営成績を表す損益計算書などがあるが，これらの書類の総称として一般的には「決算書」あるいは「財務諸表」とよばれている．これらは，企業外部の利害関係者へ財政状態や経営成績を報告するために作成され，社会的・公共的な性格をもち，会社法，金融商品取引法，税法などで規制される．

　一方，管理会計は，企業内部の経営管理を目的として行われる会計であり「内部報告会計」ともよばれる．具体的には，予算管理や業績評価が挙げられる．管理会計は，企業内部向けの会計であり，財務会計と異なって，部門やプロジェクト別の会計実績などを把握・管理を目的として企業独自に自由に決定

することができる.

(b) 会社法決算の基礎

会社法は,規模が大きくとも小さくとも企業として従わなければならない法律である.したがって,会社法の決算書類の作成は,個人企業などを除いて不可欠である.会社法では,第2編第5章計算(第431条〜第465条)などにおいて株式会社の会計について規定している.また,会社計算規則などの法務省令などで詳細が定められている.

会社法決算においては,まず利害関係者への情報開示として事業年度ごとに「計算書類」として,貸借対照表,損益計算書,株主資本等変動計算書,個別注記表,事業報告および附属明細書を加えた「計算書類等」を作成しなければならない.また,大会社で有価証券報告書の提出を行う会社は,連結計算書類も作成しなければならない.

計算書類等は,「株式会社の会計は,一般に公正妥当と認められる企業会計の慣行に従うものとする」(第431条)とされている.これは後述する企業会計の諸基準を会社法が尊重するという立場を明確にしたものと介されている.したがって,基本的には,会社法の計算書類は企業会計の諸基準に従って作成することが必要となる.

もう一つ,会社法による会計の特徴としては,剰余金の配当規制が挙げられる.債権者を保護するため,剰余金による株主への配当などは剰余金の分配可能額を算定し,その範囲内で行うという財源規制のことである.内部監査では,「企業がきちんと分配可能額を算定しているか」,また「その範囲内で配当などを行っているか」確かめる必要がある.

(c) 金融商品取引法の基礎

金融商品取引法は,投資者の保護に資することを目的としている(第1条).投資者の保護に資する会計とは,投資の意思決定のために役に立つ企業経営の内容に関する情報の開示を行うことである.また,金融商品取引法の対象となる企業は,東京証券取引所など金融商品取引所への上場会社などである.

上場会社などは,事業年度ごとに事業年度経過後3カ月以内に「有価証券報

告書」を内閣総理大臣に提出しなければならない(第24条1項). また, 四半期経過後 45 日以内に四半期報告書も提出しなければならない.

　有価証券報告書に掲載する財務諸表は, 「連結財務諸表の用語, 様式及び作成方法に関する規則(連結財務諸表規則)」と「財務諸表等の用語, 様式及び作成方法に関する規則(財務諸表等規則)」に従って作成する. 具体的には, 連結ベースでは, 連結貸借対照表, 連結損益計算書, 連結株主資本等変動計算書, 連結キャッシュ・フロー計算書, 連結附属明細書である. 単体ベースでは, 貸借対照表, 損益計算書, 株主資本等変動計算書, キャッシュ・フロー計算書(連結を作成している場合は不要)となっている.

(d)　税法の基礎

　税法は, 会社法や金融商品取引法と異なり, 納税を目的としたものであり, 投資家等への情報公開や, 経営管理のために作成される財務諸表とは異なった計算を行う. 税法による企業の課税所得の計算は, 課税の公平性を目的として定められている法人税法(同施行令, 同施行規則や同基本通達などを含む)にもとづいて計算を行う.

　課税所得の計算においては, 会社法会計で確定した利益または損失を基礎として税法固有の規定にもとづいて調整計算を行う(確定決算主義). 具体的には, 企業会計上の収益・費用にそれぞれの調整項目を加算または減算し, 税法上の収益・費用に相当する益金・損金を計算する. この際, 収益は, 売上債権が確定したときに計上し(権利確定主義), 費用は, 債務が確定したときに計上(債務確定主義)しなければならない.

　例えば, 財務会計上, 発生した費用の未払分を「見積」計上しても, 税法の債権確定の要件を満たさなければ債務が確定しないとみなされ, 税法上の費用に相当する損金の計上は認められない. また, 交際費のように, 財務会計上は費用であっても, 税務上, 損金として認めない費目があるので, 損金不算入としての調整が必要になる. このような税法独特の取扱に留意しながら, 最終的に税務申告書を適切に作成しなければならない.

(e) 適時開示の基礎

東京証券取引所などの証券取引所に株券が上場された会社は，決算情報の適時開示制度にもとづき，「決算短信」を公表しなければならない．現在では，開示する内容が複雑多岐にわたっており，開示の期限も短くなっている．つまり，決算短信で公表する連結財務諸表は「連結財務諸表規則」，個別財務諸表は「財務諸表等規則」にもとづいて作成することが求められている．また，これらの内容は有価証券報告書で報告される連結財務諸表（財務諸表など）と同じになっている．

「決算短信」→「計算書類」→「有価証券報告書」という一般的な開示の順序から考えると，上場会社では，決算短信の開示時点において実質的に連結財務諸表（財務諸表など）が完成していなければならないことになる．

（3） 会計基準などの基礎

2001 年 7 月 26 日，民間・独立の機構として（財）財務会計基準機構（FASF：Financial Accounting Standards Foundation）が設立され，そのなかに企業会計基準の開発を主体的に推進する企業会計基準委員会（ASBJ：Accounting Standards Board of Japan）が設置された．企業会計基準委員会は，各種専門委員会から構成されており，公表されている企業会計基準などに関しては，企業会計基準委員会の Web ページに掲載されている．

これらの財務会計基準機構や企業会計基準委員会が設立された背景は，2001 年 に 国 際 会 計 基 準 委 員 会 （IASC：International Accounting Standards Committee） が 国 際 会 計 基 準 審 議 会 （IASB：International Accounting Standards Board，以下 IASB）に改組され，常設の委員会になったという国際会計基準の策定に係る世界の動きがある．

IASB が 発 行 す る 一 連 の 会 計 基 準 は，国 際 財 務 報 告 基 準 （IFRS：International Financial Reporting Standards，以下 IFRS）とよばれている．IASB の前身である国際会計基準委員会（IAS）が発行していた国際会計基準（IAS：International Accounting Standards）と合わせて国際会計基準とよぶこともある．日本は，2009 年 6 月に企業会計審議会から「我が国における国際会計基準の取扱いに関する意見書（中間報告）」が公表された．この中間報告を

第5講 会計業務の監査

踏まえ，2009年12月に「企業内容等の開示に関する内閣府令」および「連結財務諸表規則」などの関係内閣府令が改正され，2010年3月期から，指定国際会計基準(IFRS)に準拠して作成した連結財務諸表を金融商品取引法に規定する連結財務諸表として提出することが認められた．

その後，企業会計審議会は，2012年7月に「国際会計基準(IFRS)への対応のあり方についてのこれまでの議論(中間的論点整理)」，2013年6月に「国際会計基準(IFRS)への対応のあり方に関する当面の方針」を公表し，そのなかで「IFRSの任意適用の積上げを図ることが重要である」との考えを示した．

また，2015年6月には，企業会計基準委員会から修正国際基準が公表されている．これは，IFRSの日本における受け入れ可能性を判断し，一部の会計基準を削除または修正するエンドースメント手続を行ったものである．指定国際会計基準の指定とは別の制度として行われている．

日本では，まだIFRSの強制適用は行われていないものの，IFRSの改訂などの影響は少なからず日本の会計基準への影響も与えるものである．したがって，引き続きIFRSの動向から目が離せない．

5.3　現金及び預金

（1）　現金及び預金とは

会計上の現金は，一般的にいわれている現金とは異なり，通貨(紙幣・硬貨)および通貨代用証券(他人振出小切手，送金小切手，期限到来後の公社債の利札，郵便為替証書，配当金領収証など)がある．また，預金には，普通預金，当座預金(自己振出小切手含む)，通知預金，別段預金などがある．なお，先日付小切手は期日前でも法的には換金できるが，通常は紳士協定で期日前に換金しないので「受取手形」に計上する必要がある．

（2）　現金及び預金の監査の進め方

内部監査では，現金及び預金について，次のような事項を確かめるとよい．

　①　現金の実際有高は現金出納帳の帳簿残高と一致しているか．

　②　支店または営業所など事業部などに不要な現金及び預金を置かず，所定の残高を超えている場合は本社口座などへ適時振替を行っているか．

③　現金は金庫に保管されているか．金庫の鍵が誰でも持ち出しできるようになっていないか(鍵の持ち出し者は限られているか)．

④　現金出納帳への入金・出金の記録は適切か．

⑤　現金の日計表を作成するなど，帳簿残高と現金実際有高を照合し，上席者が確認しているか．

⑥　銀行預金残高(通帳の残高，残高証明証書の残高)は，預金勘定の残高と一致しているか．

⑦　小切手帳や印鑑の保管は，経営者層の責任であると自覚して，金庫または鍵のかかるキャビネットで厳重に管理しているか．

⑧　職務分掌を明確にし，各担当者の権限・責任が明確になっているか．
- 出納および財務担当者と，記帳担当者との職務が分離されているか．
- 現物にアクセスできる者を限定しているか．
- ファームバンキングへのアクセス権限者の制限と暗証番号などの厳格な管理がされているか．

⑨　担当者に任せたままにしないで，支店長などが現金及び預金を適切な頻度で直接チェックしているか．

　なお，現金及び預金は，不正の問題が起こりやすい領域なので，有効な内部統制が整備・運用されていることを確かめることが肝要である．小さな組織では，「内部統制を効かすような人員配備ができない」という意見が出ることがある．その場合には，組織のトップが担当者の業務に対して積極的かつ直接的な監視・監督に当たらなければならないことを改善提言するとよい．

（3）　現金及び預金の監査の落とし穴

　現金及び預金の監査は，現金を直接確認するとともに，換金性の高い有価証券なども同時に現物を確かめる．また，預金残高については，勘定照合表にもとづき帳簿残高と銀行残高の差異を分析し，残高の妥当性を検証する．いずれにしても，内部監査人が現物を直接確かめることが重要である．なお，現金預金等に関する不正調査については，**第16講**を参照されたい．

第5講　会計業務の監査

5.4　売掛金および売上高

（1）　売掛金および売上高とは

⒜　売上高の計上

　売掛金および売上高では，売上高の計上基準が重要である．現在，企業会計原則　第二3のBにおいて，「売上高は，実現主義の原則に従い，商品などの販売又は役務の給付によって実現したものに限る」としており，売上高を実現主義で計上するように定めている．

　実現主義とは，①財貨又は商品の引渡しと②現金又は現金等価物による対価の取得という2つの要件があるとされている．2017年7月20日に，企業会計基準委員会（ASBJ）は，企業会計基準公開草案第61号「収益認識に関する会計基準（案）」および企業会計基準適用指針公開草案第61号「収益認識に関する会計基準の適用指針（案）」（以下，「公開草案」）を公表している．公開草案は，まだ会計基準として決定されているものではないが，この公開草案の動向をしっかりと見据えて対応していく必要がある．

　なお，売上高（収益）が計上されたときに，現金による収入が行われず掛けにより行われる場合は，売掛金（資産）が売掛債権として計上されることになる．

⒝　貸倒引当金の計上

　売掛金残高の期末評価額を決めるためには，貸倒を見積り，貸倒引当金を計上する．企業会計基準では，まず売掛債権を区分した後，それぞれの分類に応じた貸倒見積高を算定するように定めている．

企業会計基準第10号「金融商品に関する会計基準」

Ⅴ．貸倒見積高の算定

1．債権の区分（第27項）

　貸倒見積高の算定にあたっては，債務者の財政状態及び経営成績などに応じて，債権を次のように区分する．

(1)　経営状態に重大な問題が生じていない債務者に対する債権(以下「一般債権」という).

(2)　経営破綻の状態には至っていないが，債務の弁済に重大な問題が生じているか又は生じる可能性の高い債務者に対する債権(以下「貸倒懸念債権」という).

(3)　経営破綻又は実質的に経営破綻に陥っている債務者に対する債権(以下「破産更生債権等」という).

2．貸倒見積高の算定方法(第28項)

　債権の貸倒見積高は，その区分に応じてそれぞれ次の方法により算定する.

(1)　一般債権については，債権全体又は同種・同類の債権ごとに，債権の状況に応じて求めた過去の貸倒実績率等合理的な基準により貸倒見積高を算定する.

(2)　貸倒懸念債権については，債権の状況に応じて，次のいずれかの方法により貸倒見積高を算定する．ただし，同一の債権については，債務者の財政状態及び経営成績の状況などが変化しない限り，同一の方法を継続して適用する.

　　① 債権額から担保の処分見込額及び保証による回収見込額を減額し，その残額について債務者の財政状態及び経営成績を考慮して貸倒見積高を算定する方法

　　② 債権の元本の回収及び利息の受取りに係るキャッシュ・フローを合理的に見積ることができる債権については，債権の元本及び利息について元本の回収及び利息の受取りが見込まれるときから当期末までの期間にわたり当初の約定利子率で割り引いた金額の総額と債権の帳簿価額との差額を貸倒見積高とする方法

(3)　破産更生債権等については，債権額から担保の処分見込額及び保証による回収見込額を減額し，その残額を貸倒見積高とする.

第5講　会計業務の監査

（2）　売掛金および売上高の監査の進め方

　売掛金および売上高の監査では，業務プロセスのなかでも特に重要な販売プロセスの理解が欠かせない．例えば，「各事業部における販売プロセスのなかで，どのような状況，どのようなタイミングで売上高を計上しているか」を理解する必要がある．内部監査では，売掛金および売上高について，例えば，次のような事項を確かめるとよい．

- 今後の収益認識に関する公開草案の動向を把握し，「自社のビジネスにどのような影響があるのか」継続的にフォローしているか．
- 経営層に早期に収益認識に関する公開草案の動向を伝達するために，公開草案の動向を十分に研究しているか．
- また，税務上の取扱についても同時に調査しているか．

（3）　売掛金および売上高の監査の落とし穴

　売掛金および売上高の監査では，発生額だけではなく，残高についても証憑 などでチェックして確かめることが重要である．また，会計監査だけでなく税務調査でも指摘されることが多いが，「売上高の計上時期が期間対応しているか」を売上伝票などの証憑などを用いて確かめる（カットオフ・テスト）．さらに，「長期滞留の売掛金があるか」，また，「その発生防止のための管理が適切に行われているか」，売掛金管理台帳等を用いて内容を確かめていく．

5.5　棚卸資産

（1）　棚卸資産とは

　棚卸資産には，商品や原材料などがある．棚卸資産は，仕入，売上，製造によって在庫が変動する．また，仕入価格や購入価格が変動するので，棚卸資産の価値の評価（棚卸資産の評価）が重要になる．日本では，企業会計基準第 9 号「棚卸資産の評価に関する会計基準」にもとづいた評価を行うことになる．

> **企業会計基準　第9号　「棚卸資産の評価に関する会計基準」第7項**
>
> 　通常の販売目的（販売するための製造目的を含む）で保有する棚卸資産は，取得原価をもって貸借対照表価額とし，期末における正味売却価額が取得原価よりも下落している場合には，当該正味売却価額をもって貸借対照表価額とする．この場合において，取得原価と当該正味売却価額との差額は当期の費用として処理する．

（2）　棚卸資産の監査の進め方

　内部監査では，棚卸資産について，例えば，次のような事項を確かめるとよい．営業サイドは，棚卸資産の評価減を積極的に行おうとしない傾向にあり，経理サイドは，報告書類などにもとづき形式的な判断をする傾向があるので，内部監査では，「基礎資料が適正に作成されているかどうか」確かめる必要がある．

① 「商品台帳」などの補助簿と「受入」「払出」などの計上額が一致しているか．

② 製造・受入数，払出数は事実にもとづき正確に記録されているか．

③ 払出額は「出庫票」や「棚卸表」などの証憑と一致しているか．

④ 実地棚卸および棚卸の立会の重要性を認識し，所定の手続にもとづき定期的に実施しているか．

⑤ 棚卸した残高は「商品台帳」など補助簿と一致しているか．

⑥ 外部保管在庫がある場合，保管証明などを入手しているか．

⑦ 陳腐化・破損品の処理は適切に行われているか．

⑧ 簿価と正味売却価額とを比較できる明細表を整備しているか．また，情報システムの構築によって正確かつ迅速に把握できるようにしているか．

⑨ 実地棚卸の結果，帳簿残高と実際有高に差異がある場合に原因究明が適切に行われているか．

（3）　棚卸資産の監査の落とし穴

棚卸資産の監査では，現物の確認が重要になる．例えば，「実施棚卸を定期的に実施しているか」「棚卸方法は，現物を確実に把握するうえで適切か」確かめる．また，「社内または外部委託先の倉庫担当者が行う棚卸に立ち会って，棚卸作業が適切に行われているか」確かめる．さらに，必要に応じて実際に棚卸を実施する．いずれにしても，内部監査人が自分の目で見て確かめることが重要である．

なお，「棚卸資産の評価が適切に行われているか」だけではなく，「棚卸資産の評価が効率的に行われているか」という視点から，会計業務を点検・評価することも忘れてはならない．

5.6　固定資産と建設仮勘定

（1）　有形固定資産と建設仮勘定とは

日本には，有形固定資産に関して体系だった基準書はないが，実務上は税法に関連する規則等が利用されることが多い．なお，国際財務報告基準（IFRS）では，国際会計基準（IAS）第 16 号「固定資産（Property，Plant and Equipment）」が固定資産の基準書となっている．

有形固定資産は，取得するまでに時間がかかることが少なくない．例えば，建物や製造設備は，工事を始めてから事業のように供するまで数カ月，場合によっては数年かかることがある．つまり，工事費等を支払ってすぐに有形固定資産として取得するのではなく，工事費等の支払の都度，建設仮勘定に計上して，建物や設備の工事が完了し，事業の用に供したときに有形固定資産に計上する．

有形固定資産は，長い期間使用するので，毎年，減価償却費が計上され，有形固定資産の簿価（有形固定資産の価値）が減少していく．減価償却費の計上は企業の損益に影響するので，設備投資に当たっては，企業の事業計画にもとづく厳密な予算管理が求められる．さらに，固定資産台帳を作成し，減価償却費計算，事後の資本的支出の計上，現物管理，資産の異動や除却や売却など，有形固定資産が処分されるまでの一連の状況を記録して管理する．

なお，建物や設備などは，使用し続けていくために修繕が必要になる．この

修繕に要した費用(修繕費)の処理が問題になることが少なくない。修繕費は，すべて費用として計上されるわけではない。有形固定資産の使用可能期間を延長させたり，資産価値を増大させたりするような場合には，資本的支出とされ，有形固定資産として計上しなければならない。

（2） 有形固定資産の監査の進め方

内部監査では，有形固定資産について，例えば，次のような事項を確かめるとよい。

- 固定資産取得時の計上額は，固定資産台帳などの補助簿と一致しているか。
- 取得時期，金額，取得科目，資本的支出としての計上が妥当か。
- 現物管理の管理基準が定められ，定期的な現物管理が行われているか。
- 固定資産ごとに固定資産番号のラベルなどを貼付して現物管理を実施しているか。
- 建設仮勘定に計上されている支出で，長期滞留している件名について完成が遅れている理由や振替えが遅れている理由が妥当か。
- 事業供用の時期が適切か。
- 主要な資本的支出や修繕費が予算に照らして適切か。
- 不適切な部門間の異動や除却や売却がないか。
- 売却の場合には，買戻しの条件などがないか。
- 廃棄すべきもの，陳腐化・破損品などはないか。これらの処理がすでに行われている場合，その処理は適切か。
- 除却が行われている場合，除却時期にもとづいて除却数量・金額が適切に帳簿に反映されているか。
- 貸出しを行っている資産はあるか。貸出しを行っている資産がある場合，定期的な現物の有無のチェックを行うなど，その管理は適切か。

5.7 交際費とその隣接科目

（1） 交際費とは

交際費とは，「交際費，接待費，機密費その他の費用で，法人が，その得意

第5講 会計業務の監査

先，仕入先その他事業に関係のある者等に対する接待，供応，慰安，贈答その他これらに類する行為のために支出するもの」(租税特別措置法61条の4)である．交際費は，会計上は費用であっても，税務上の費用である損金とはならない．大企業では交際費のうち接待飲食費を除き，その全額が税務上の費用(損金)とならず，損金不算入として取り扱われる場合がほとんどである．したがって，交際費の計上を税法に従って適切に行う必要がある．

　また，2014年4月1日からは，交際費等のうち飲食その他これに類する行為のために要する費用で，法人税法上で書類の整理および保存が義務づけられている飲食費は接待飲食費とされ，50%に相当する額は税務上の費用である損金として認められている．さらに，従来どおり5,000円以下の飲食費で，書類の保存の要件を満たしていれば交際費等には該当しない．

　交際費の科目判定においては，まずは交際費等の定義を正確に理解し，交際費とその隣接科目である会議費，福利厚生費の勘定科目判断を行う必要がある．さらに，飲食費については，「5,000円以下か」などの判断が必要であり，その他の交際費とは税務上の処理が異なることにも注意しなければならない．

（2）　交際費と隣接科目の監査の進め方

　関係会社，事業部などの拠点でとりあげられることが多いテーマの一つに交際費と隣接科目の監査がある．

　内部監査では，資本金1億円以下の中小法人かどうかを把握する．中小法人の場合には，「800万円までの交際費の損金算入」または「接待飲食費の50%相当額の算入」のいずれを選択しているかを把握する(租税特別措置法61条の4②，租税特別措置法施行令37条の4，法人税法66条⑥二・三)．

　交際費と関連科目の監査では，「交際費に計上すべき取引が，会議費，広告宣伝費，福利厚生費等の勘定科目に計上されていないか」「接待飲食費等の裏づけ書類への記載および保管が適切に行われているか」確かめる．

　具体的には，例えば，次のような事項を確かめるとよい．

- もっぱら従業員の慰安のために行われる運動会，演芸会，旅行などのために通常要する費用(福利厚生費)以外の交際費に該当する費用が，福利厚生費として計上されていないか．

- 茶菓, 弁当その他これらに類する飲食物を供与するために通常要する費用(会議費)以外の交際費に該当する費用が, 会議費として計上されていないか.
- 飲食費の支出に関する書類には, 飲食を行った年月日, 飲食に参加した得意先, 仕入先などの氏名または名称とその関係, 飲食費の額および飲食店などの名称および場所, その他飲食費であることを明らかにするために必要な事項が適切に記載された書類が存在し, その整理・保存が適切に行われているか(租税特別措置法61条の4, 租税特別措置法施行令37条の5①, 租税特別措置法施行規則21条の18の4, 法人税法施行規則59条, 62条, 67条).
- 飲食費は, ①交際費(損金不算入), ②接待飲食費(50%損金算入), ③1人当たり5,000円以下の飲食費で書類の保存要件を満たしているもの(損金)に区分して税務上の処理が行われているか.
- 手帳, 扇子, うちわ, 手ぬぐいその他これらに類する物品を贈与するために通常要する費用以外の交際費に該当する費用が, 広告宣伝費などに計上されていないか.

5.8 管理会計業務

(1) 管理会計業務とは

管理会計とは, 会計情報を経営管理者の意思決定や組織内部の業績測定・業績評価に役立てることを目的としており, 一般的には予算編成および予算執行管理や原価配賦に関連する業務のことをいう. 企業規模や企業内の組織の役割分担によって, どの組織が管理会計業務を担当するかは異なる. 例えば, 経理部門が財務会計業務に加えて管理会計業務として予算編成および予算執行管理を行っている場合や, 経理部門とは別の組織である企画部門が経営計画の策定という役割分担から予算編成を行っている場合もある.

(2) 管理会計業務の監査の進め方

管理会計業務の監査は, 会計情報の活用状況の監査が中心となる. 例えば, 「予算が適切に編成され, 予算に対する実績が差異分析とともに月次などで把

握されているか」「それが経営の意思決定者に定期的に報告されているか」などを確認する.

　上場企業においては四半期ごとに業績見通しの開示が行われるので,「予算と実績との比較だけでなく, 予算と年間見通しの比較が適切に行われているか」は適時開示の観点から重要な点となる.

　さらに,「本社が支店の業績を定期的に測定し, 業績評価を行う制度があるかどうか」, あるとすれば「適切に実施されているかどうか」も業務改善の提言を行ううえでの大事なポイントとなる.

（3）　管理会計業務の監査の落とし穴

　管理会計業務で大事なことは,「予算など管理会計の数値は経営の羅針盤である」という意識をもつことである. 単に前年予算と横並びの数値を編成するのでなく, 経営の環境変化の動向などを踏まえた数値を編成し, それを経営管理の一環として定期的に管理することが大切である.

　ところで, 新設された関係会社などにおいては, 財務会計の数値を作成するのが精一杯で予算対実績の定期的な進捗管理が行われず, 会計情報がうまく活用されていないケースが存在する場合がある. あるべき経営管理に向けて会計情報の活用状況を中心とした改善提言を行うことが内部監査の付加価値を高めることを忘れてはならない.

第 **6** 講

営業・販売業務の監査

6.1　営業方針

（1）　営業方針とは

　営業方針は，企業における営業の進め方や考え方のことであり，企業の営業活動の基本となるものである．営業活動における他社との差別化の進め方を示したものといってもよい．例えば，「薄利多売を目指すのか」「高付加価値の商品やサービスの提供を目指すのか」という方針や，「個人顧客をターゲットにするのか」「法人顧客をターゲットにするのか」「サブユーザをターゲットにするのか」という方針である．

　また，「営業対象地域をどこにするのか」という方針も重要である．「日本国内すべてを対象にするのか」「東日本あるいは西日本を営業対象の地域とするのか」「海外展開も行うのか」というように営業対象地域も営業方針によって決められる．さらに「営業品目・サービスをどのようにするか」を決める必要もある．

　このように営業方針は，業種，ビジネスモデル，企業規模などによってさまざまであり経営理念の影響を強く受けている．

（2）　営業方針の監査の進め方

　営業方針は企業の営業活動の成否を決定する重要なものである．また，組織的に営業活動を行ううえで欠かすことができない．営業方針を簡単にいえば，「誰に，何を，どのように販売するか」という方針のことであり，ブレイクダウンすると，図6.1のようになる．

　内部監査人は，営業方針が企業の売上と利益の基礎になっていることを念頭

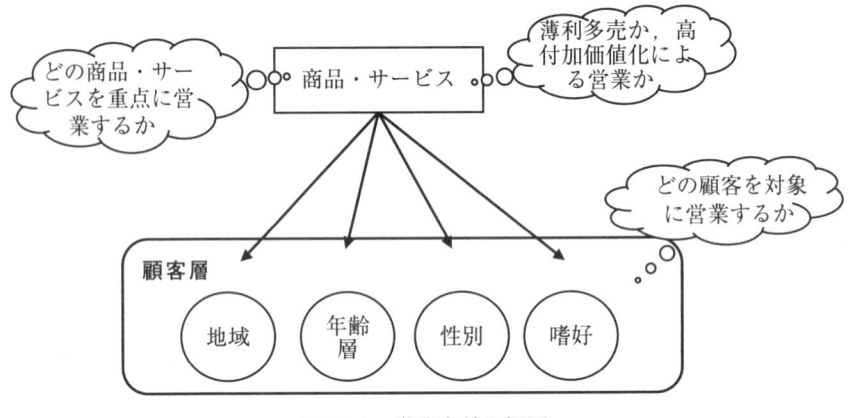

図 6.1　営業方針の概要

において，「その決定過程が適切かどうか」を監査することが重要である．例えば，「営業部門が独断で営業方針を策定していないか」「市場分析や競合他社の状況を分析して営業方針を策定しているか」「顧客ニーズを把握して営業方針を策定しているか」といった点がチェックポイントになる．

　また，他社との差別化で納期短縮が重要であれば，営業部門と物流部門の連携が重要になる．低価格戦略の場合には，営業部門と調達部門や製造部門との連携が重要になる．そのためには，営業方針を全社に周知・徹底し，部門間の連携を密にすることが不可欠である．内部監査人は，このような視点から営業方針について監査を行う必要がある．

　営業方針に従って営業活動を進めるためには，営業体制を整備し，営業人材を育成しなければならない．例えば，法人営業の場合には法人ごとに営業チームを設置し，個人営業の場合は地域ごとに営業チームを設置するというように，営業体制は異なる．また，営業に必要なノウハウも異なるため，営業人材の育成のための教育方法も異なる．内部監査人は，こうした点を考慮して営業方針に関する監査を行うことが重要である．

（3）　営業方針の監査の落し穴

　営業方針は，企業の業績を左右する重要なものである．内部監査人は，「営

業方針が策定され周知されているか」という形式的な面だけの監査で満足してはならない．営業方針の策定に際して，「競合他社の状況や市場動向も含めてさまざまなリスク分析が行われているか」についても監査する必要がある．また，「営業資源（営業人材，営業予算，営業拠点，営業用車両，タブレット端末などの営業用ツール等）の制約を十分に考慮して，営業方針が策定されているか」についても確かめる必要がある．「他の方針や戦略と，営業方針・営業戦略の整合がとれているか」という視点で監査することが重要である．

　組織体内における営業部門の影響力が強大な企業は少なくない．こうした企業では，営業部門が営業部門の都合で営業方針を策定してしまうリスクがある．営業方針の落とし穴，つまり内部監査人が営業方針の監査で留意しなければならない点は，「組織体全体が一丸となって営業方針を策定しているか」である．

6.2　営業活動

（1）　営業活動とは

　営業活動は，営業方針・営業戦略・営業計画に沿って，その目標を達成するための活動である．営業活動は，顧客を直接訪問したり，電子メール，電話，DMなど，さまざまなツールを使いながら自社の商品やサービスを売り込み，販売につなげていく活動である．営業活動は，表6.1のように整理できる．

（2）　営業活動の監査の進め方

　営業活動の監査は，営業活動自体に関する監査と，他の活動との連携に関する監査の両方の視点から行うとよい．

(a)　営業活動自体の監査

　営業活動自体の監査では，表6.1に示した項目が適切に行われているかどうかを確かめる．すなわち，「営業管理の仕組みやプロセスが適切か」確かめることになる．J-SOX対応で行われる内部統制の有効性評価の場合には，「売上などの営業活動の結果が財務報告に適切に反映されているか」評価する．しかし，内部監査では，財務報告の信頼性に加えて，売上や利益につながるように「営業活動が効果的・効率的に行われているか」確かめる．

表6.1　営業活動の概要

項目	内容
訪問計画	営業方針・営業戦略・営業計画に合わせて，訪問予定の顧客を日別，月別などに計画する．
営業日報	日々の営業活動の結果(訪問先(企業・部門・担当者)，訪問目的・内容(商品・サービスの紹介・説明，提案書・見積書の提出，契約など)，訪問結果(顧客の感触)，今後の対応などを営業日報に記録する．管理者は，それをチェックし，内容の確認，必要な指示や助言・支援を行う．
営業案件管理	案件管理は，引合い情報，見積・提案，契約というように，営業案件ごとの進捗管理を行う．
見積・提案	見積・提案は，顧客からの見積依頼や提案依頼などにもとづいて，商品，サービスなどに関する金額，内容，その他の受注条件などを顧客に対して提示する．
受注と契約	顧客から受注すると，正式な契約を締結する．契約書だけではなく，注文書と注文請書を取り交わす場合も少なくない．基本契約を締結している場合もある．FAXや電話で受発注が成立する場合もある．商品，サービスなどの種類，金額などによって契約方式はさまざまである．
顧客分析	訪問計画の策定などや日々の営業活動を有効に進めるためには，顧客分析が重要となる．例えば，購入顧客層(年齢，性別，職業など)，売れ筋商品・サービス，地域，季節，時間帯などに関する分析を行う．
情報共有	営業活動を組織として有効に行うために，顧客情報，商品・サービス情報，営業担当者のスケジュールなどを共有する．

具体的には，**表6.2**のような事項を確かめる．

⒝　**他の活動との連携に関する監査**

　顧客から受注するためには，在庫管理や生産管理との連携が欠かせない．商品を調達できなければ顧客へ納品することはできない．また，生産が間に合わなくても納品することはできない．商品の配送や設置工事などの手配も必要な場合がある．内部監査では，営業活動に関連する業務との連携について，関係部門へのインタビュー，欠品リスト，生産遅れの一覧表などの資料をレビューして，「営業活動に支障を来している事象が発生していないか」「発生している

表6.2　営業活動の監査項目の例

監査項目	内容
訪問計画	訪問計画が適切に策定されているか. 例えば, 「市場分析や顧客分析の結果を反映しているか」「営業担当者の1日当たりの訪問件数を考慮しているか」「効率的な訪問計画になっているか」「訪問計画の見直しが行われているか」など
営業管理	営業日報やSFA(Sales Force Automation：営業支援システム)などを用いて, 営業担当者の活動を管理しているか. 例えば, 訪問計画の進捗状況, 販売見込み情報(顧客の感触), 顧客の各種情報(キーパーソン, 調達権限者, 予算計上時期など), 受注に結び付けるための課題, 営業部門の管理者による指導・助言, など
営業案件管理	案件の進捗を管理しているか. 例えば, 「顧客からの引合いに対して, タイムリーに説明を行っているか」「見積依頼があった場合にタイムリーに提案書を提出しているか」「契約の締結漏れや遅れが発生していないか」など
顧客分析・市場分析	「顧客分析や市場分析が行われているか」「顧客の嗜好や市場変化に適切に対応しているか」など
情報共有	「営業情報を組織として有効に活用しているか」「特に, 営業担当者がそれぞれ営業情報を抱え込んでしまっていることがないか」など

場合にはその原因は何か」などを確かめる.

　こうした課題を洗い出すことによって, 営業活動を円滑に行うことができるようになり, 顧客の満足度を高めるための改善提言を行うことができる.

（3）　営業活動の監査の落とし穴

　営業部門には, 成績が高い者と低い者が必ずいる. そして, 営業成績の高い者を褒め, 低い者を叱咤するといった対応がとられることが少なくない. 営業成績の高い者からその理由を聞いて, それを営業部門内に広めて, 組織全体としての業績を向上させることも大切である. 内部監査人は, 「営業担当者のヤル気が出て, 営業部門全体としての業績が向上するような取組みを行っているか」という視点からも監査したいものである.

　また, 受注に至らずに失注した案件の原因分析を行って, それを次の営業活

第6講　営業・販売業務の監査

動につなげているケースは多々あるが，成功した案件の勝因分析も忘れてはならない．つまり，内部監査では，成功と失敗の両面から営業活動を監査することが重要である．

6.3　見積書・提案書

（1）　見積書・提案書とは

見積書・提案書は，顧客からの見積・提案依頼に対して，案件の受注に向けて商品・サービスの内容，金額などを提示するものである．見積書は，顧客が仕様を決めて依頼してきたものに対して，主として金額を提示するものだといえる．提案書は，顧客から案件の概要が示され，それに対して具体的な仕様を含めて提案するものである．工事，システム開発，コンサルティングサービスなどの場合には，依頼を受けた企業の専門性などを反映させて，競合他社よりも安く顧客を満足させるように提案書を作成する．

見積書・提案書の内容は，この内容・金額・納期で商品やサービスを提供することになるので，内容に誤りがあってはならない．また，組織体として提示するものなので，組織体のなかで正式に承認を得たうえで顧客に提出されなければならない．これらは，見積算定を誤ったために，赤字で受注したり，納期が間に合わなくなったりするリスクの回避につながる．また，金額を間違えて高く提示したために，失注してしまうリスクも避けられる．このように，見積書・提案書は，受注を獲得するために非常に重要な役割を担っている．

（2）　見積書・提案書の監査の進め方

見積書・提案書の監査は，受注獲得の視点から行うことが重要である．J-SOXで行われる内部統制の有効性評価の場合には，財務報告の信頼性確保の視点から評価される．つまり，見積書の項目（商品やサービスの別）や金額などが中心になる．一方，内部監査の場合には，顧客獲得の視点のほうがより重要になる．見積書・提案書の内容の正確性に加えて，例えば，**表6.3**に示すような事項を確かめるとよい．

表6.3　見積書・提案書の監査項目の例

監査事項	内容
作成・提出時期	見積書が顧客からの求めに応じて適時に作成され提出されているか．案件管理システムのデータ分析や案件管理表などがレビューされているか．
内容チェック・承認	見積書，提案書が顧客へ提出される前に，金額や内容などがチェックされ，承認される仕組みがあり，実施されているか．見積書・提案書作成システムがある場合には，システムチェック機能が有効か．
提案書の顧客満足度	提案書が顧客の関心を引くものにするための工夫がされているか．顧客先でのプレゼンテーション時の顧客の反応などを記録し，それを改善に生かすような仕組みがあるか．
作成・提出作業の効率性	見積書・提案書が効率的に作成されているか，作成に要した日数・時間を分析する．例えば，部門別，事業所別，担当者別，顧客別などに比較して，異常値がないか．
見積書・提案書の受注率	案件管理システムのデータを分析して，見積書・提案書に関する受注率を分析する．例えば，部門別，事業所別，担当者別，顧客別などに比較して，異常値がないか．受注率の高い部門や事業所などを発見した場合には，その理由を分析するとよい．また，営業部門がこうした分析を行っている場合には，それを利用する方法もある．一方，分析を行っていない場合には，それ自体が改善提言になる．

（3）　見積書・提案書の監査の落とし穴

　見積書・提案書は，「それを顧客に提出することによって，受注できるかどうか」がポイントである．営業部門長や経営者は，受注獲得に大きな関心をもっている．営業部門の業績評価が見積書・提案書の提出件数によって行われている場合には，単に件数稼ぎの見積書・提案書が顧客に提出されるリスクが高まる．また，提案書の場合には，「その内容が顧客の要望に合っているかどうか」「他社よりも優れた内容になっているか」が重要である．「提案書を提出した場合に，顧客の反応を把握し，それを次の提案書作成や顧客への売込みにつなげるような対応が行われているか」に留意して監査を行うことが大切である．

　なお，J-SOX の内部統制の有効性評価においては，このような視点は考慮

されていない．内部統制の有効性評価において，見積書・提案書の作成プロセスに不備がないからといって，それによってすぐに見積書・提案書の作成プロセスが適切だと判断してはいけない．

6.4 契　　約

（1）　契約とは

　顧客から受注した場合には，通常，何らかの書面を取り交わすことになる．契約書の締結，注文書（発注書）と注文請書の授受がその典型である．契約は，発注者と受注者の間で，提供する商品やサービスの仕様，金額，納入場所，納期，支払方法などを明確にするために行うものである．これらの書面がない場合，あるいは内容に不備がある場合には，商品やサービスの内容，金額などで問題が発生するリスクがある．

　商品等の販売の場合には，商品の仕様，金額，納期，納入場所などが明確になっていれば，後で大きな問題が発生するリスクは小さい．しかし，工事，システム開発，コンサルティングなどの場合には，工事，システム開発，コンサルティングの内容を明確にして，顧客との間で内容に関する共通認識をもっていなければ，大きな問題が生じるリスクがある．これらの契約には，請負方式と出来高払い方式がある．請負方式は工事等の総額を定めて受注する方式であり，出来高払い方式は作業量などに応じて金額が決まる方式である．請負方式の場合には，受注案件ごとの利益管理の必要性が高くなる．売上金額は，契約で定められているため，「費用（原価）をいかに下げるか」が重要になるからである．一方，出来高払いの場合には，顧客から指示された仕事を行えばそれに対応する売上が上がるので，費用管理の重要性は相対的に低くなる．

　契約は，組織体として正式に締結するものなので，権限のある者が契約を締結する．つまり，組織体の公印を適切に管理して，定められた手続にもとづいて公印を押さなければならない．

　なお，契約は法的な問題が生じるリスクが高いため，通常，法務部門による契約内容のチェック（リーガルチェック）が行われる．顧問弁護士にチェックを依頼するケースもある．

（2） 契約の監査の進め方

契約が適切に締結されなければ，自社に損害が発生するリスクがある．また，顧客に迷惑をかけ，顧客からの信頼を失うことにもつながりかねない．内部監査人は，契約に関する問題が発生しないように，つまり問題発生の未然防止の視点から監査を行う必要がある．

契約の監査は，契約ごとにその内容を確かめる方法（サンプリング調査を含む）と，契約全体の傾向分析を行う方法などがある．例えば，**表6.4**のような項目について監査を実施する．

（3） 契約の監査の落とし穴

営業部門が受注するために顧客に有利なことを約束してしまうリスクがあるが，こうした場合には受注内容と契約内容に差異が生じる．内部監査人は，こうした点にも留意して契約の監査を行う必要がある．

6.5 与信管理

（1） 与信管理とは

与信管理とは，顧客と取引を行うに際して，顧客の信用調査を行い，所定の取引限度額を設定し，その範囲内での取引を認めるように管理することである．顧客に商品やサービスを提供した後に，顧客が倒産して代金を回収できなくなるリスクを低減するための対策である．

与信管理では，取引を始めるに当たって，顧客の財務状況や評判などを分析して，取引の金額の上限を決定する．財務状況などの良い顧客の場合には上限額が高く，財務状況などが良くない場合には，上限額が低くなる．つまり，顧客の代金支払能力についてのリスク評価を行って，リスクに見合った限度額を設定することになる．

与信管理が適切に行われていない場合には，顧客が大量の商品を納品し，売上が増えたと喜んでいても，顧客が倒産して代金が支払われなくなるリスクがある．倒産の事実に気づいたときには，顧客は行方不明になり納品した商品が他に転売された後だったということも起こりかねない．営業部門にとっては，売上が上がれば嬉しいが，代金が支払われなければ大きな損失になる．

表 6.4　契約の監査項目の例

監査項目		内容
契約	契約の締結	契約が書面で締結されているか.
	契約の締結時期	契約が納品前, 製造や作業の着手前に締結されているか.
	契約内容の妥当性	契約内容が受注内容と同じ内容になっているか, 契約内容が自社にとって著しく不利な内容になっていないか.
	顧客の与信調査	契約締結前に顧客の財務状況を確かめているか.
	リーガルチェック	法務部門, 顧問弁護士などによって, 契約内容のチェックを受けているか.
	承認手続	契約金額などに応じて適切な権限者による承認を受けているか.
	契約業務の効率化	契約書の雛型の作成, 承認権限の移譲などを行って, 契約業務の効率化を図っているか.
	契約管理	契約の開始から終了まで契約の管理を行っているか, 契約書の原本管理は適切に行われているか.
傾向分析	契約件数の推移	契約件数が増加しているか, 商品やサービスの種類ごと, 部門ごと, 事業所ごとに, 契約件数に大きな差異はないか. ある場合には, 契約の締結漏れがないか.
	契約内容の比較	同じような商品やサービスの契約について, 契約内容を比較する. 内容に不備なものがある場合には, 契約書の雛型の作成を改善提言する.
	契約書の作成・締結の工数分析	契約書の作成・締結に要する工数を商品やサービスの種類ごと, 部門ごと, 事業所ごとに比較分析する. 工数が少ない部門, 事業所があれば, それをベストプラクティスとして, 工数の多い部門・事業所などに改善提言を行う.
	ボトルネック	契約締結までのプロセスを分析し, ボトルネックがあれば, それを改善するための改善提言を行う.

　また, 顧客の財務状況は常に変化する. 先月までは良かったのに今月は急に悪くなるということもある. そこで, 与信管理では, 顧客の財務状況を定期的に分析することが大切である. また, 取引額も日々あるいは月々で変化するた

め，与信限度額の見直しと取引額のタイムリーな把握が重要である．

（2）　与信管理の監査の進め方

与信管理の監査では，例えば，表6.5のような事項を監査するとよい．

（3）　与信管理の監査の落とし穴

与信管理の仕組みは，ただあれば安心というわけではない．与信限度額が遵守されずに気づいたときは多額の商品を販売してしまったというケースもある．特に，ある顧客に対して商品やサービスを社内の複数の部門が販売している場合には，当該顧客に対する売上や売掛金残高の総額をリアルタイムで把握しにくいことがある．そこで与信管理では，与信限度額の設定のほかに，売上高や売掛金残高を顧客ごとにリアルタイムで把握する仕組みが必要となってくる．内部監査人は，こうした点についても監査を行うことが重要である．

表6.5　与信管理の監査項目の例

監査項目	内容
与信管理規程	与信管理規程やマニュアルが策定され，周知されているか．
与信管理体制	与信管理の責任者，与信限度額の付与責任者・担当者などが明確になっているか．また，営業担当者との職務の分離が行われているか．
与信限度額の定期的な見直し	与信限度額が定期的に見直されているか．
顧客の信用情報の収集	顧客の信用情報を把握する仕組みが構築されているか．営業担当者からの顧客の情報を収集しているか．外部の信用調査機関を活用しているか．
設定された与信限度額の遵守	設定された与信限度額を遵守して取引が行われているか．
与信限度額の妥当性	与信限度額の決定方法が定められ，遵守されているか．与信限度額の算定方法は適切か．
信用調査機関の利用	社外の信用調査機関や信用調査用のデータベースなどを利用して，財務状況などを把握しているか．コストを考慮して，新たに取引を開始する場合や取引金額の大きな場合に外部の信用調査機関に調査を依頼する方法などをとっているか．

第6講　営業・販売業務の監査

なお,「与信管理が一元的に行われる体制になっているかどうか」についても確かめるとよい. 例えば, 事業部ごとに与信管理を行う仕組みになっている場合には, 顧客に対して全体でどの程度の売上高あるいは債権額になっているか把握し難いからである.

6.6 クレーム対応

（1） クレーム対応とは

クレーム対応は, 苦情処理あるいは苦情対応ともいわれる. 自社が提供する商品やサービスについて顧客から来る苦情対応のことである. クレーム対応が適切に行われなければ, 商品やサービスに対する顧客の満足度が低下し, 企業への信頼が大きく揺らいでしまうことにもなりかねない.

クレームには, **表6.6** のようなものがある. クレームは, 業種, 企業, ビジネスモデルなどによってさまざまである. 企業にとっては, クレームは嫌なものだが,「クレームは宝だ」と考えて対応している企業もある. これらのクレームに適切に対応することによって, 商品やサービスの品質を向上させ, 価格を下げ, 保守サービスを向上させることも可能である. 最終的に, 企業への信頼の向上につなげられるのが, クレーム対応なのである.

表6.6 クレームの分類の例

分類	内容
接客に関するクレーム	「店員の態度や言葉遣いが悪い」「電話での対応が悪い」など
商品やサービス自体に関するクレーム	「商品の性能が良くない」「使い勝手が悪い」「故障する」「工事・保守・作業などのサービスの内容が悪い」「品質が悪い」など
注文に関するクレーム	「注文した商品やサービスと実際に提供された商品・サービスが異なる(数量, 型式, 色など)」「注文した日時, 場所などに納品されない」など
配送に関するクレーム	「配送中に商品が汚損・破損した」「配送員の対応が悪い」など
保守サービスに関するクレーム	「すぐに修理してくれない」「修理してもまた故障する, 保守費が高い」など

（2） クレーム対応の監査の進め方

　内部監査人は,「クレーム対応が適切に行われ, 顧客満足度や企業への信頼向上につながっているか」を監査する. 例えば, **表6.7** のような項目を監査する.

表6.7　クレームに関する監査項目の例

監査項目	内容
クレーム対応体制の整備状況	クレームの受付窓口を明確にして, 顧客が不満に感じたことを速やかに受け付け, 素早く適切な対応を行える体制が整備され, 機能しているか. 責任者が明確になっており, クレームのすべてについて責任をもって対応できる体制になっているか.
クレーム対応手順の策定・遵守状況	クレームの受付から対応, 再発防止策の構築までの手順が明確になっており, それが遵守されているか.
クレームごとの適切な対応の実施	発生したクレームのすべてについて, 内容に応じた対応が行われているか. 特に, 「顧客が何を求めているのかを的確に把握して, 対応しているか」がポイントになる.
クレームの記録	クレームのすべてが記録され保管されているか. 記録の網羅性(もみ消されているクレームがないか)を確かめる. クレームの内容, 受付者, 受付日時, クレーム対応部門, 担当者, 対応結果(再発防止を含む), 原因分析など, クレームを商品やサービスの改善に生かすことができるような記録内容になっているか.
クレーム分析	クレームを定期的に分析し, クレームの再発防止, 商品やサービスの改善などに生かしているか. 例えば, クレームの種類別, 商品・サービス別, 部門別, 地域別, 年代別などの分析を行っているか.
商品やサービス改善への反映	クレーム記録やクレームの分析結果などをレビューして, 商品やサービスの改善へつなげているか. クレームが減少傾向にあるか.
エスカレーション	クレームの報告経路を定めて, 少なくとも重要なクレームについては経営者に報告されているか.

第6講　営業・販売業務の監査

（3）　クレーム対応の監査の落とし穴

クレームと似たものに顧客からの問合せや要望，意見がある．商品やサービスに関する問合せ，改善要望などはクレームとは異なる．ちょっとした顧客の改善要望に対して過剰対応してしまうと，顧客にとっても迷惑であり，社内でも混乱が起きるかもしれない．一方，単純な問合せだと思っても，その対応が不十分であればクレームへと発展する可能性もある．

内部監査では，「顧客からの問合せ，要望，意見などについての対応手順，対応方法などがルール化され，企業内全体に周知・徹底しているか」確かめることが重要である．

6.7　CRM

（1）　CRMとは

CRM（Customer Relationship Management：顧客関係管理）は，ITを利用して企業が保有する個人情報を活用し，顧客ニーズに合ったサービスを提供したり，ヒット率の高い営業活動を行ったりする手法のことである．企業が顧客との良好な関係を構築・維持することによって，顧客満足度を向上させ，自社の商品やサービスの売上を持続的に向上させる手法といえる．CRMでは，CRMパッケージソフトを利用したり，クラウドサービスを利用したりする．

CRMは，ITの進歩によって実現可能となった顧客管理手法である．もともとCRMパッケージソフトが提供される以前から，顧客台帳（カード）を作成して，顧客への販売・修理・訪問履歴などを記入して，アフターサービスや機器の取替え営業に活用されてきた．また，顧客の嗜好や家族構成などを把握して，営業活動に生かしていたのである．「ITを利用することによって，それをシステマティックに行えるようになったこと」「リアルタイムに情報を収集・分析できるようになったこと」「膨大な顧客データや取引データを処理できるようになったこと」などが大きな違いである．

CRMシステムには，さまざまな製品がある．SFA（Sales Force Automation：営業支援）システムやERP（Enterprise Resource Planning）パッケージソフトなどの製品と組み合わせたものも多数提供されている．CRMパッケージには，顧客情報の一元管理，問合せ対応，顧客分析，市場調査などの機能がある．最

近では，クラウドサービスによる CRM ソフトが提供されているので，中小規模の会社でも導入されつつある．

（2） CRM の監査の進め方

CRM の監査は，顧客管理や営業活動の監査と共通する部分が少なくない．CRM は，顧客管理を行う手法であり，顧客の情報を活用して営業活動を行うからである．CRM の監査は，以下に示すような2つの視点から進めるとよい．

(a) 顧客情報の活用

「CRM の導入目的が達成されているか」確かめる．例えば，「顧客情報の一元管理が行われているか」「問合せ対応などが適切に行われるようになったか」「顧客分析や市場分析が行われ，それを営業活動に生かしているか」などを確かめる．CRM パッケージの利用件数を部門別・担当者別などに分析して調べてもよい．「必要な顧客情報が入力されているか」，そして「その情報が最新のものになっているか」などを確かめることも重要である．

(b) 個人情報の保護

CRM では，顧客情報を取得する．個人顧客の場合には，個人情報保護法の適用対象となるため，個人情報保護法やマイナンバー法，個人情報保護ガイドラインへの遵守状況を確かめる必要がある．例えば，個人情報の適正な取得（利用目的の周知・公表），個人情報の目的内での利用，CRM データベースの適正管理について確かめる．

（3） CRM の監査の落とし穴

CRM を導入するときには，さまざまな顧客情報を取得しようとする傾向になる．CRM パッケージには，多様なデータ項目があるが，利用しない顧客情報を取得しすぎると，無駄な業務が増えてしまう．また，個人情報保護の負荷も増える．内部監査人は，こうした点についても考慮して監査を行うべきである．

第6講 営業・販売業務の監査

6.8　マーケティング

（1）　マーケティングとは

　マーケティングの定義にはさまざまなものがある．市場調査や販売促進の意味で使われることもあるが，もっと幅広い意味で捉えられている．例えば，公益社団法人日本オペレーションズ・リサーチ学会は，「マーケティングとは，個人や組織が製品の創造を行い，市場での交換を通じて自らのニーズや欲求を満たすために行う様々なプロセスのことである」としている．また，公益社団法人日本マーケティング協会は，「マーケティングとは，企業および他の組織がグローバルな視野に立ち，顧客との相互理解を得ながら，公正な競争を通じて行う市場創造のための総合的活動である」と説明している．

（2）　マーケティングの監査の進め方

　マーケティングの監査は，業種や企業によって多種多様である．いろいろな組織体の内部監査人と話をしていると，随分と監査内容が異なっていることがわかる．例えば，表6.8のような視点を参考にして，自社に合った内容の監査を進めるとよい．

表6.8　マーケティングの監査項目の例

監査項目	内容
マーケティング戦略	・企業戦略(提供する商品やサービス，ターゲットとする顧客など)を十分に検討して決めているか． ・他社との競争戦略(例えば，「価格競争か非価格競争か」「専業化か多角化か」など)が明確になっているか． ・商品やサービスの計画が策定されているか． ・新商品の開発計画が策定されているか(デザインや商品のライフサイクルを含む)． ・アフターサービス(修理，部品供給など)の方針や体制を決め，実施しているか．
市場調査，販売計画	・市場調査，需要予測を行って，マーケティング戦略に反映しているか． ・販売チャネルの設定が適切に行われているか．

表6.8　つづき

監査項目	内容
市場調査，販売計画	・価格政策が策定されているか. ・販売計画(短期および中長期，販売促進計画，特別販売計画など)が策定されているか. ・商品の物流計画が策定され，適切に実施されているか. ・販売戦術(店頭販売，キャンペーン，リベートなど)が検討され実施されているか.
販売管理	・販売管理(販売員の割当て，目標管理，業績評価など)が適切に行われているか. ・販売員に対する教育訓練が適切に行われているか. ・販売情報の収集・処理・伝達(売れ筋情報の活用，市場の声の新製品開発へのフィードバックなど)が適切に行われているか. ・取扱商品に適合した流通経路が選択されているか. ・販売方法(「現金販売か割賦販売か」「直接販売か委託販売か」「店頭販売か通信販売か」など)が検討され，実施されているか.
販売促進	・広告宣伝を行って，顧客への販売促進を図っているか. ・見本市などに参加して販売促進を図っているか. ・展示会の開催，実演，消費者教育などを行って，販売促進を図っているか. ・リピーター営業を促進するための「ポイント制度の導入」「顧客の組織化」「プレミアム販売」などが行われているか. ・販売店に対する営業指導，経営指導，資金援助，経営上の助言，従業員教育などが行われているか. ・リベート支払，プレミアム供与などの販売店向けの販売促進が行われているか. ・各種販売促進策について，事前および事後評価が行われ，販売促進策の改善に生かしているか.

第6講　営業・販売業務の監査

（3）　マーケティングの監査の落とし穴

　内部監査人は，マーケティングを幅広い意味で捉えて監査を進めるべきである．ただし，監査を実施する場合には，監査対象部門や監査対応者がマーケティングを市場調査などの狭い意味で捉えていることもある．したがって，監査を進める際には，マーケティングの定義について共通認識をもってから監査を進めるようにすべきである．

　なお，マーケティングは範囲も広く常に変化するため，マーケティング部門

では，マーケティング戦略の不備を市場や顧客動向の変化を原因にして，十分に反省しないことも多々ある．こうしたことのないように，事前，事後の評価を行うような仕組みの整備とその実施が重要になる．

6.9　CS（顧客満足）

（1）　CSとは

CS（顧客満足度）とは Customer Satisfaction のことであり，「商品やサービスに対して顧客が満足しているかどうか」ということである．CS は，概念的にはよくわかるが，それを的確に把握することは必ずしも容易ではない．

よく用いられる方法としては，アンケートや電話などによる調査がある．最近ではインターネットや SNS を利用して把握することも少なくない．ホテルに宿泊すると，客室の広さ，清潔度，食事，接客態度，料金などに関するアンケートが置いてあるが，これも CS を把握する一つの方法である．機器の修理や各種工事の結果について，「訪問日時を守ったか」「説明を適切に行ったか」「仕事のやり方は丁寧だったか」といったことに関するアンケート葉書を顧客に渡して返信してもらう方法もある．調査会社を使って，顧客に電話でアンケートを行うこともある．

CS で収集する情報には，例えば，表6.9 に示すものがある．

表6.9　CS 調査の調査項目の例

分類	項目
企業	企業イメージ，好感度，信頼度，成長性，社会貢献など
商品仕様	性能，操作性，色，形，大きさ，重量，故障率など
作業内容	作業品質，作業手順，作業内容の説明など
価格	価格設定の妥当性，他社商品・サービスとの比較，保守料，消耗品の価格など
保守	対応の迅速性，対応内容の満足度など
店員	「店頭での対応が親切か」「説明能力・スキルが妥当か」「信頼できるか」など
問合せ対応	電話対応が親切か．電話の接続状況，対応スキル，電子メールでの対応の迅速性・的確性など

（2） CS の監査の進め方

CS の監査では，「企業経営の向上や業務改善などに役立つような CS 把握の仕組みがあり，CS 調査が行われているか」確かめる．例えば，**表 6.10** 記載の項目について監査を実施するとよい．

（3） CS 調査の監査の落とし穴

CS 調査は，あくまでも調査である．そのすべてを信用しすぎてもいけないし，調査結果が好ましくないので信用しないというのもよくない．CS 調査は，ある時点で，ある顧客層を対象に，限られた調査項目で把握した，顧客の満足

表 6.10　CS の監査項目の例

監査項目	内容
CS 調査の実施	CS 調査が定期的に実施されているか．実施されていない場合には妥当な理由があるか．
調査目的	調査目的が明確になっているか．調査自体が目的化していないか．
調査対象	調査対象が十分に検討されているか．例えば，経営戦略と調査対象が適合しているか．
調査項目	調査項目が十分に検討されているか．例えば，調査結果を経営改善や業務改善に生かせるような調査項目になっているか．
調査時期	調査の実施時期が適切か．例えば，営業戦略の策定や新製品の企画・販売などに間に合うようなタイミングで実施しているか．
調査頻度	調査目的に合わせて，数カ月に 1 回，年に 1 回，数年に 1 回，あるいは随時実施というように調査頻度を十分に検討しているか．調査が必要以上に頻繁に行われていないか．
調査方法	Web，電話，メール，携帯，訪問，郵送，店頭などの調査方法(調査場所を含む)を検討しているか．
費用対効果	調査費用が十分に検討されているか．例えば，外部委託の場合には見積合せや提案のコンペ(企画競争)を実施しているか．効率的な調査方法を選択しているか．
調査結果の活用	調査結果が経営改善，商品やサービスの向上，業務改善などに活用されているか．また，活用される仕組みがあるか．
定期的な見直し	CS 調査について内容や調査方法などの定期的な見直しが行われているか．

第6講　営業・販売業務の監査

度である．質問の方法によって正反対の答えが出る可能性もある．調査結果を
十分に検証したうえで，「経営改善や業務改善に活用されているか」という視
点で監査を実施することが重要である．

6.10　販売業務

（1）　販売業務とは

　販売業務とは，本書では，店舗で物品を販売する業務のことをいい，営業担
当者が顧客に出向いて物品やサービス等を売る業務と区別している．ここでは，
一般的な小売業を想定して説明するが，他の業態（通信販売，訪問販売など）で
も同様に考えてもらえればよい．

(a)　販売業務のリスク

　販売業務では，次のように大きく3種類のリスクが考えられる．

　①　営業上のリスク

　　　販売業務において最大のリスクは，仕入れた（製造した）商品が売れな
　　いことである．販売は，企業において最も重要な利益の源泉となる売上
　　をつくる業務である．提供する商品・サービスが販売できてはじめて売
　　上が計上される．

　　　売れない要因には，例えば，「商品・サービスが認知されない」「提供
　　する商品・サービスが顧客のニーズに応えていない」「価格が適正では
　　ない」ことが考えられる．

　②　不正リスク

　　　販売の現場は，商品や金銭を直接に取り扱うところである．商品や金
　　銭は，多くの人が業務のなかで触れる機会があるため，いろいろなリス
　　クが生じる．なかでも横領・着服などの不正リスクは，販売業務では重
　　大なリスクである．このほかに，万引き，恐喝，強盗などのリスクもあ
　　る．

　③　コンプライアンスリスク

　　　商品・サービスの購入者，一般消費者を保護するために，例えば，独
　　占禁止法，不正競争防止法，特定商取引法，割賦販売法，消費者基本法，

消費者契約法，景品表示法，食品表示法，食品衛生法，JAS法などさまざまな法律が制定されている．これらの法令への違反は，企業にとって大きなリスクになっている．

(b) 販売業務のコントロール

販売業務では，上述のリスクに対応して，**表6.11**のようなコントロールを構築する．

(c) 販売業務の監査の進め方

販売業務の監査では，最初に，販売のスキームを適切に理解しておく必要がある．ここでスキームとは，利益を生み出す仕組みのことをいう．販売スキームは，商品などの製造や仕入れから，物流，在庫保管，販売，代金の回収までのプロセスを，商品の流れとお金の流れの両面から把握する（**図6.2**）．

販売スキームを把握する際には，例えば，次のような点に留意する．

① 商品が顧客に届くまでにかかわる関係者の把握（メーカー，卸，物流，倉庫，店舗，顧客）

② 関係者間の取引関係の理解（売買契約，業務委託契約などの契約関係

表6.11 販売業務のコントロールの例

項目	コントロール
予算実績管理	・年度，月次の売上予算・販売目標の設定 ・日次，週次，月次の実績管理 ・予実差異分析と対策
販売業務プロセスの整備	・販売管理システムの構築・導入 ・規程・マニュアルなどの策定
検品，棚卸，実査	商品などの検品・棚卸，金銭の実査
記録と保管	仕入れ，在庫，販売に係る記録物，伝票類の作成と保管
防火・防災，防犯体制の整備	自然災害や犯罪の防止対策の整備
コンプライアンス体制の整備	・適用法令の洗出し ・全社的コンプライアンス体制への組入れ ・コンプライアンスを組み入れた業務プロセス

第6講 営業・販売業務の監査

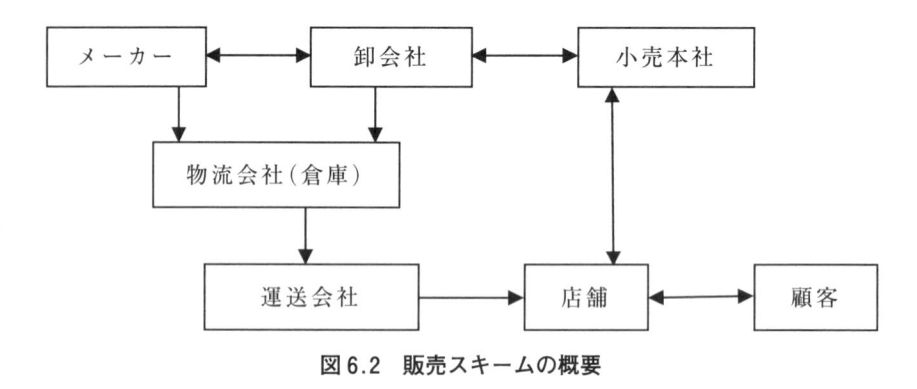

図6.2　販売スキームの概要

　　と，値入率，手数料率などの経済条件）

③　取引データの流れの理解(受発注データ，販売データ)

④　リスクの識別の確認(各取引に係るリスクの洗出しと評価)

⑤　リスクへの対応の確認(内部統制，サプライチェーンマネジメント)

⑥　コンプライアンス体制の確認の一環として，独占禁止法や下請法に抵
　　触する可能性のある取引の把握

　販売業務の監査に当たっては，販売スキームを十分に理解して，想定される
リスクを洗い出し，それぞれのリスクに対応した内部統制などの対策の有効性
などを確かめることが重要である．

　子会社とりわけ販売子会社の場合，販売スキームは事業スキームそのもので
ある．子会社監査では，事業スキームを理解して，効果的・効率的なリスクア
プローチ監査を行う必要がある．

（2）　販売業務の監査の落とし穴

　販売業務の監査では，売上や利益目標の達成度が低い部門や事業所を対象に
注目して監査を行いがちであるが，目標達成度の高い部門や事業所についても
注視する必要がある．目標設定に問題があるかもしれないからである．

　また，人材育成が図られているかについても点検・評価するとよい．特に専
門の知識が必要な商品やサービスの場合には，「人材育成計画が策定され，そ
れに従って教育・研修が行われているか」も監査するとよい．

6.11 業績管理

（1） 業績管理とは

業績管理とは，売上目標や利益目標を設定し，それを達成しているかモニタリングして，問題があれば改善して，目標を達成することである．売上高の達成は，事業計画・事業目標を達成するうえで最重要事項である．

売上高予算には，全社予算を店舗等の各販売現場に割り当てるトップダウン方式と，各販売現場が立てた売上達成可能（見込み）数値を積み上げて全社予算とするボトムアップ方式がある．現実的には，両方式の予算数値を調整して決定しているのが一般的である．

売上予算設定で問題となるのは，販売現場が納得できないほどの，達成困難な数値を押し付けることである．このようなことは，現場の士気を低下させたり，不正な手段で予算達成しようとする動機になる．

売上目標の達成状況を的確に把握するためには，売上実績を適時に適切に把握する必要がある．店舗などの販売現場は，日次，週次，月次で実績数値を出し，予算達成状況を把握し，予算実績管理を行っている．未達成の場合には，その要因分析を行い，対策を立案し実行することになる．

（2） 業績管理の監査の進め方

監査では，店長や所長などの現場の責任者や従業員へのインタビューによって，「販売現場にとって達成困難な，無理な予算ではないか」「皆が納得して達成しようとしている数値か」確かめる必要がある．無理な数値と判断できる場合には，架空売上や循環取引などの不正リスクの可能性を想定しておくことも重要である．なお，粉飾決算などの会計不正の原因は，多くが売上予算の達成に係るものである．

また，実績を監査する場合には，店長や所長などの現場の責任者や従業員へのインタビューによって，例えば，次のような事項を確かめる．

- 適正な予算実績管理が行われているか．
- 未達成の場合には，原因・要因分析を行い，適切な対応策をとっているか．

- それらの情報は従業員に周知されて，全員で予算達成に取り組んでいるか．

なお，不正な売上計上のリスクがあれば，その発生の可能性を想定した監査を，また不正の兆候を発見したら，それを明らかにする監査を実施する．

（3）　業績管理の監査の落とし穴

業績管理が厳しい（予算達成へのプレッシャーが強い）企業や部門では，不正の発生する可能性が高まる．近年の企業不祥事を見ると，業績管理が厳しい企業で，業績の粉飾が行われている．業績管理が厳しすぎると，架空の売上や受注を計上して，翌年度に取消し処理や返品処理を行うリスクや，パワーハラスメントのリスクが高まる．労務管理の視点も忘れないようにしなければならない．

内部監査人は，監査対象の企業や部門における業績管理の厳しさを把握して不正リスクを想定した監査を行うことが重要である．

6.12　商品管理

（1）　商品管理とは

商品管理とは，商品の発注・品揃え，商品の品質管理，在庫管理などを行う業務である．顧客のニーズに高いレベルで応えていくためには，最適な売り場，最適な品揃えを達成する必要がある．

販売される商品は，高い品質が求められ，品質の管理が重要である．また，品質管理の不備によるリスクは，顧客・一般消費者に与える影響が大きい．販売現場において，品質管理を適切に行うことが非常に重要である．仕組みや記録の確認と同時に，現物商品を実際に確認する．

商品は，入荷受入から販売するまで，適切に保管管理する必要がある．適切に保管されていなければ，破損・劣化といった品質上のリスクや，紛失・盗難といった不正のリスクが増大するからである．

商品管理のなかでも重要な業務に棚卸がある．棚卸が正確に行われなければ，決算数値にも影響するので，定期的に棚卸を実施する必要がある．

（2）　商品管理の監査の進め方

　商品管理の監査では，例えば，表 6.12 に示すような事項を確かめる．商品の品質の保持を妨げるリスクや紛失・盗難のリスクへの対応状況も確かめる．

表 6.12　商品管理の監査項目の例

監査項目	内容
発注・品揃え	• 全社の商品戦略，商品計画，販売計画と整合しているか． • 発注権限は明確か．また，権限どおり運用しているか． • 品揃えの仮説・検証を行っているか．
品質管理	• 品質管理の仕組みを整備しているか． • 仕組みに沿って日々の運用を行っているか． • 鮮度(物的鮮度，季節性，流行・話題性など)を適切に管理しているか． • 販売許可が必要な商品を販売する場合，販売許可を取得しているか． • 次に挙げるような必要な販売資格者を配置しているか． 　　──食品：営業許可，食品衛生責任者 　　──酒類：酒類販売業免許，酒類販売管理者 　　──医薬品：販売業態別の免許，薬剤師，登録販売者 • 表示は法令に従って適正に行っているか． • 季節経過商品，旧型商品などの適正な処理を行っているか． • 発注担当者や販売担当者は必要な商品知識を有しているか．また，そのための教育を適切に行っているか．
商品の保管状況	• 荷捌き場，保管場所は，商品の特性に応じた適正な場所か． • 温度，湿度などが適切に維持された状態で商品を保管しているか． • 適切な防犯対策を施しているか． • 入出庫管理はルールどおり実施されているか． • 入出庫の記録物を適切に保管しているか． • 返品商品の保管管理を適切に行っているか．
棚卸の実施状況	• 棚卸体制を整備しているか． 　　──棚卸規程，棚卸マニュアルの整備 　　──実施体制(実施時期，実施者) • 棚卸への立会いにより，実施状況を確かめる． 　　──棚卸台帳 　　──実施方法 　　──正確性の確保(サンプリングの実施など) 　　──棚卸差異への対応

第6講　営業・販売業務の監査

（3）　商品管理の監査の落とし穴

商品管理の監査では，賞味期限，産地表示などが適切に行われていることをチェックする仕組みの有無を監査することを忘れてはならない．このようなコンプライアンス上の問題は，企業の社会的な信用を失墜させてしまうことになり，場合によっては企業の存続にも影響するからである．

また，棚卸差異にも注意が必要である．「棚卸差異がなぜ発生したのか」「それが増加傾向にあるのか減少傾向にあるのか」「特定の商品に集中していないか」なども点検・評価するとよい．

さらに，内部監査人は，商品管理の効率化にも目を向ける必要がある．業務は正確に実施するだけではなく，効率的に実施することも重要だからである．「バーコードの利用をはじめ，IC タグの利用，ハンディターミナルの利用など IT を活用しているか」，または「IT の動向に注意して業務効率化を推進する体制が整備されているか」についても監査することを忘れてはならない．

6.13　金銭管理

（1）　金銭管理とは

販売に伴う売上金などの現金は，紛失のリスクが高く，とりわけ盗難のリスクが非常に高い．一般的には，金銭管理の規程やマニュアル類が整備され，取扱手順や管理手順が決められている．店舗では，現金販売を行うので，現金収入，つり銭などのために，金銭を取り扱うことを避けられない．売上高と現金残高が必ずしも一致しないことがある．つり銭の誤りが一定の確率で発生するからである．

（2）　金銭管理の監査の進め方

従業員などの内部者による金銭の不正は，金額の多寡にかかわらず，多くの組織で発生している．往査によって，現金を取り扱う販売現場の実態を確かめることが重要である．金銭管理の監査では，例えば，次のような事項を確かめる．

① ルール，手順が策定され，周知されているか
　・規程，要領，手順書，管理書式まで一貫したルールを定めているか．

- 内部牽制(業務の分担，相互チェックなど)を組み入れたルールになっているか.
- 関係する従業員全員にルールを周知しているか.
② 金銭(金券類も含む)を金庫などの定められた場所に保管しているか.
③ 金庫などを開閉できる従業員は特定されているか.
④ 現金実査はルールどおりに実施されているか.
⑤ 金庫の開閉や実査は記録管理台帳などに記録し，保管しているか.
⑥ 販売システムやレジスターなどのイレギュラー操作を確認できるようになっているか.
⑦ 売上金の回収，釣銭の設定はルールどおりに行われているか.
⑧ 違算(現金過不足)の発生頻度やその額を確かめているか.
⑨ 過去の不正に対する再発防止策は有効であるか.

（3） 金銭管理の監査の落とし穴

金銭管理の基本は，金銭の取扱者と記帳担当者の職務の分離が適切に行われていることである．内部監査人は，「職務の分離が適切に行われているか」確かめることが重要である．また，金銭の取扱と関係が深い領収証の取扱についても注視しなければならない．領収証の不正使用が起きないよう未使用の領収証綴りの保管管理状況を確かめることも必要である．

なお，金銭に係る問題の発生を防止するためには，金銭を直に取り扱う業務を削減することが有効である．「監査対象の業務プロセスのどこで金銭が取り扱われているか」「金銭が取り扱われている部門や事業所はどこか」という視点で現状を把握し，「金銭取扱業務を，振込みや立替払いなどに置き換えられないか」という視点で監査を実施すれば，業務改善につながる改善提言を行うことができる．

6.14 労務管理

（1） 労務管理とは

店舗などの販売の現場で直接採用する従業員は，多くがパートタイマーやアルバイトである場合が多い．パートタイマーやアルバイトなどの有期労働契約

(契約期間の定めのある労働契約)は，労働基準法などの規制に加えて，労働契約法(労働基準法の補完法)の規制がある.

労働基準法の規制は，就業規則などによる労働条件の明示，労働時間，休日，年次有給休暇，賃金などの規制である．また，労働契約法の規制は，「無期労働契約への転換」「有期労働契約の反復更新等での雇止めの禁止」「有期であることによる不合理な労働条件の禁止」である.

また，雇用関係にはないが，派遣労働者の管理も重要な業務である．派遣労働者を受け入れている場合には，労働者派遣法上の派遣先(事業所単位)において，派遣先責任者の選任，派遣先管理台帳の作成・保存，派遣期間制限，均衡待遇の確保，キャリアアップ支援，雇入れ努力，などの措置を講じなければならない.

この他に，多くの職場では，勤怠管理システムを使って勤怠管理を行っている．そこで，「勤怠管理システムが適切に利用されているか」確かめる必要がある．入力された勤怠データの調整などの不正が行われないようにするために，アクセス管理や変更履歴の記録などのコントロールが必要になる.

（2）　労務管理の監査の進め方

労務管理の監査では，「労働基準法などで定められた法的規制を遵守する仕組みがあるか」確かめる．特にサービス残業や過重労働の問題が発生しないように「従業員などの労働時間管理が適切に行われているか」監査する．監査では，「労働時間が長いか」という視点だけではなく，「労働時間を適切に把握し，必要な措置を講じているか」確かめる必要がある.

また，情報システムに着目した監査技法も有効である．例えば，勤怠管理データをチェックして時間外勤務や年少者の深夜勤務など違法勤務の有無を確かめる．また，「勤怠管理システムは不正操作の余地がない仕組みになっているか」確かめる．不正操作の余地があれば，労働時間や休憩時間などの勤怠データの改ざんのリスクがある.

この他に，派遣労働者管理の監査では，「派遣先の講ずべき措置が適切に行われているか」，各事項について確かめる．その他，「違法派遣(禁止業務への従事，無許可事業主からの派遣，期間制限の違反，偽装請負)が行われていな

いか」監査する．過去に偽装請負の問題がマスコミで取り上げられたことがあり，多くの企業が当局から指摘されていた時期があったので，注意が必要である．

（3） 労務管理の監査の落とし穴

労務管理の監査では，社会的に指摘されているテーマで監査を実施することがある．例えば，サービス残業，過重労働，偽装請負などがテーマになる．しかし，内部監査では，「社会的に注目される前に，自社の問題点を指摘し，社会の注目を集めたときには，自社の問題は改善されている」というのが理想である．内部監査人は，常に感度を高くして組織内の状況に注意して監査を行う必要がある．

なお，労務管理の監査で難しい問題は，ハラスメントである．パワーハラスメント，セクシュアルハラスメントの存在を監査で見つけることは難しい．そこで，「ハラスメントが発生しないように，管理者をはじめ担当者に至るまで教育・指導を徹底している」ことを確かめることが重要になる．また，「内部通報制度が有効に機能しているか」「従業員満足度調査の結果に問題がないか」などについても確かめることが重要である．

6.15 販売促進

（1） 販売促進とは

販売促進とは，自社の商品やサービスが売れるように講じるさまざまな促進策のことである．キャンペーンやイベントの開催，値引き，ポイントの割り増し，景品の付与などさまざまな方法がある．こうした販売促進策は，販売促進計画や販売計画に従って実施されるものもあれば，売上状況を見て，臨時に行うものもある．また，本社が主導して，全社的に行う販売促進策もあれば，各店舗で独自に行う販売促進策もある．

（2） 販売促進策の監査の進め方

販売促進策は，売上高の増加，在庫削減などを目的としている．内部監査人は，販売促進策の目的を把握したうえで，有効で効率的な販売促進策になって

いるか監査する．例えば，次のような事項を確かめる．

(a) **店舗を対象にした監査**
- 本社の年度販売促進計画に沿ったものか．
- 実施時期・期間，対象商品の選定，販売促進方法を適切に検討しているか．
- 景品表示法や著作権法などに違反していないか．
- 費用対効果の検証は行われ，その結果を以降の販促に活かしているか．

(b) **本社を対象にした監査**
- 本社の作成する販売促進物などが景品表示法や著作権法などに違反しないようにリーガルチェックが行われているか．
- 本社が店舗に対する指導・監督を行っているか．
- 店舗のニーズを把握して販売推進策を策定しているか．
- 費用対効果の検証が行われ，その結果を次の販促促進策に生かしているか．

(c) **顧客対応状況の監査**

　販売は，消費者・利用者の声(意見・要望やクレーム)を聞く場でもある．「店舗等には声を聴く仕組みはあるか」，また，「そうした声を本社などに伝達する仕組みはあるか」「その声がどう生かされているか」を確かめる．また，販売情報などの顧客の購買行動に係る情報を収集分析し，顧客のニーズによりきめ細かく対応することによって，自社や自店，商品のファンになってもらう仕組みがCRMである．CRMについては，**6.7節**を参照されたい．

6.16 販売施設・設備など

(1) 販売施設・設備とは

　商品やサービスの販売のためには，販売施設や設備などが必要になる．例えば，店舗建物，陳列棚，冷蔵・冷凍設備，空調設備，POS レジを含む POS システム，倉庫，顧客用トイレなどさまざまな施設や設備が必要になる．これら

の施設や設備を適切に管理することは，販売業務において重要である．

　使いにくい施設や設備では，顧客が来店しがたくなる．また，清掃が行き届いていない店舗にも顧客は来ないかもしれない．そこで，立地条件，駐車設備，顧客の動線を考えた店舗内レイアウト，清潔感を保つための定期的な清掃など販売施設や設備の管理が重要になる．

　また，日本では，さまざまな自然災害や人的災害が発生しているので，地震対策，風水害対策，津波対策，火災対策などの対策も必要になる．さらに，強盗などは，人命に直接かかわる重大事件になることがあるので，適切な対策を講じておく必要がある．

（2）　販売施設・設備の監査の進め方

　販売施設や設備の監査では，顧客の視点から現地を視察して監査を実施する必要がある．例えば，次のような事項を確かめる必要がある．

- 腐敗・劣化しやすい商品の場合，適切な温度・湿度管理ができる設備で保管・陳列しているか．
- 温度・湿度を，基準値内に管理しているか．
- 破損や水濡れなどの危険のないところに商品を保管・陳列しているか．
- 販売場所を含む事業所内に，人の安全を脅かす場所や死角はないか．
- 適切な安全対策が講じられているか．
- 建築基準法や消防法など，建物・設備の防災に係る法令は遵守されているか．例えば，消防法では，消防設備の設置と定期点検，消防組織(防火管理者の選任，自営消防組織の設置など)を求めているが，適正に行われているか．
- 災害時に被害を最小限にするために，防災訓練などの組織的な対策が講じられているか．
- 人的警備，防犯カメラ・防犯ベルなどの警備システムの設置，警察との連絡体制などが整備・運用されているか．

（3）　販売施設・設備の監査の落とし穴

内部監査人は，販売施設や設備を維持するためのさまざまな規程やマニュア

第6講　営業・販売業務の監査

ルが策定されているからといって，安心してはならない．ルールがあってもそれが遵守されていなければ，コントロールが有効に機能していることにはならないからである．例えば，非常口や避難階段があっても，そこに商品が積まれていたら，避難時にお客様や従業員は脱出することができない．そこで，内部監査人は，店舗施設や設備の管理規程やマニュアルを確認したら，それが実際に遵守されているか否かを裏づける書類をレビューして確かめる必要がある．

　また，書類のレビューやインタビューだけで店舗施設や設備の管理状況の適否を判断するのではなく，実際に現地を視察して実態を確かめることが重要である．

第 **7** 講

購買業務の監査

7.1 購買手続

（1）購買手続とは

　企業は，さまざまな種類の物品やサービスを購入し，それに付加価値をつけて販売することによって利益を計上する．企業活動において，必要な物品やサービスを購入することを購買という．企業では，購買に関する手続が定められ，より良いものあるいは一定水準以上のものを，安定的に安く買うための工夫や，不正防止の仕組みなどが購買手続のなかに組み込まれている．購買は，企業活動において，販売と並ぶ企業経営の根幹をなすプロセスである．一般的な購買手続は，**図7.1**のとおりである．もちろん，企業の規模や業態によって一部の手続を他の手続と統合している場合や，ある手続自体が存在しない場合（例えば，入札を行わない企業）もある．なお，官公庁や地方自治体では，購買のことを調達とよんでいる．組織体によって呼び方が異なることも知っている

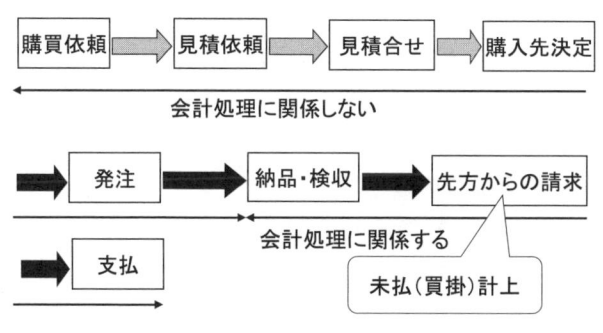

図7.1　一般的な購買手続

とよい.

　購買は，供給元との取引であるので，契約行為が行われる．企業間取引であることから口頭契約で行われることはなく契約書が締結される．購買案件は件数が多いため，契約書を個別に締結する手間を省くために基本契約を締結し，注文書と注文請書の授受により契約を成立させる方式による場合もある.

　なお，購買業務と会計処理の関係については，**図7.1** に示すように，会計事象として認識される時点が異なることに注意して監査するとよい.

（2）　購買手続の監査の進め方

　購買手続の監査は，購買依頼，相見積や入札などの発注，受入・検収の3つに大別できる．企業規模によって資材部や購買部などのような独立した部門が購買（発注）部門になっている場合もあれば，購買依頼部門が購買部門を兼ねている場合もある．また，対象品目によって組織的には扱いが異なる場合もある．例えば，ある品目は，まとめて大量に購入するほうが購買効果を得やすいので，本社の購買部門による一括発注になっていることがある.

　内部監査人は，購買手続の全体像を理解したうえで，「当該部門の業務が購買手続のどの部分に当たるのか」把握する．次に，それぞれの購買手続におけるリスクを評価して，監査のポイントを明らかにしていく．例えば，購買契約が基本契約を締結したうえで注文書と注文請書を用いる方式の場合，「購買契約が基本契約書に沿って実施されているか」の確認が必要である．特に，基本契約書なしで注文書と注文請書によって契約を成立させているケースが問題となる．基本契約書で結ぶような支払条件や責任分担が不明確なまま取引が行われるリスクがあるからである．もし支払条件や品質問題で訴訟等が起こった場合には十分な証拠がない状況で対応しなければならない可能性がある.

（3）　購買手続の監査の落とし穴

　購買規程には，承認手続が組み込まれており，一見すると完璧なコントロールが実施されていると判断しがちである．しかし，実際には，承認者の承認内容（購入品の必要性，購入業者の適切性，購入価格の妥当性など）が具体的に定められておらず，購買の内容が十分に確認されずに購買手続が進んでいること

がある．そこで，内部監査人は，「規程やマニュアルのレビューだけではなく，購買規程や購買マニュアルに従って業務が実施されているか」書類のレビュー等も実施して購買手続の適切性を判断しなければならない．

注文（契約の申込み）は，口頭やメモによる契約の申込みでも有効になる．基本契約で，調達部門の正式な注文書によるもの以外は，会社からの正式な注文ではない旨を定めていることがある．しかし，口頭やメモによる注文でも十分な効力をもつので，購買依頼前に購入先に対して「これとこれを X 円で購入するからよろしく頼む」などと伝えると，注文と同じ効力をもってしまう．

このような事前に業者選定や価格決定を行う行為（購買の事後承認）が頻発すると，調達部門の基本的な機能を失ってしまい，職務分離が形骸化し内部統制が崩れてしまう．内部監査人は，調達部門以外からの注文行為に対して厳しい態度で臨む必要がある．

7.2 購買依頼

（1） 購買依頼とは

購買依頼とは，調達を必要とする部門が，社内の決裁権限にもとづいて購買部門に対して購入手続の実行を依頼する行為である．多くの企業では，伝票（紙や電子データ）を用いて購買依頼が行われる．特に，購入品の必要性は，依頼部門の管理者（依頼者とは別の者）が承認を行い，購買部門へ送付すべきである．

（2） 購買依頼の監査の進め方

購買依頼手続の監査では，「社内の決裁権限にもとづいて購買の依頼が正しく行われているか」「購入品の必要性が正しく判定されているか」確かめる．

例えば，社内の決裁権限が対象品目とその金額を基準にしている場合，「購買依頼を行うべき品目と金額であるにもかかわらず，購買依頼を行わずに購買を行っていないか」確かめる．また，購買依頼において，特殊な物品の購買や請負契約による購買の場合には，購買仕様書が必ず作成されているので，購買仕様書のレビューが購入物品の必要性などを確かめるために有効な監査手続となる．

（3）　購買依頼の監査の落とし穴

　購買依頼では，「納期が迫っている」「購買依頼の手続が煩雑である」「購買担当部門の処理が遅い」などの理由から，一つの件名を分割して購買依頼が行われること（分割購買）がある．分割購買は，意図的に購買部門への依頼を避けることを目的として，購買依頼部門の決裁権限内に収まるように品目を分割して購入することである．まとめて購入して単価を引き下げるのが購買の意義であることから，「意図的な分割購買の行為が行われていないか」確かめる．

　また，購入品の必要性を確認した証跡として依頼部門の管理者の承認が残される．しかし，承認印だけでは「本当に必要性を確認したか」についてはわからない．特に大量の購買依頼を行っている部門では何のチェックもしないまま承認を行う管理者がいる．承認印の確認だけを安易に行うのでなく，「どのように承認しているのか」についてヒアリングなどで確かめることも重要である．

7.3　コスト削減

（1）　購買とコスト削減

　購買手続によってコスト削減を図ることが，利益を確保し，より良い商品をより安く供給していくことにつながる．コスト削減の具体的な方法としては，相見積や入札がある．相見積とは，複数の調達先に見積書を提出させて競争させることによって価格交渉を進めていく方法である．一方，入札とは，調達品の仕様を公開し，より多くの調達先に価格や品質，供給体制などを提出させ，そのなかで最も良い条件の調達先と契約を行う方法である．

　入札は，複数の事業者に価格や品質を競争させて購入先を決定する方法である．入札は，要求仕様の開示から，入札結果の発表まで相当の時間と手間がかかるため，入札は，公共性の高い企業や，ステークホルダーから業者選定や価格査定の根拠が求められるような重要な購買案件で多く行われる．

（2）　コスト削減の監査の進め方

　コスト削減の監査においては，発注部門（購買部門）のコスト削減への取組み状況を確かめる．小規模企業では，購買依頼部門が購買部門を兼ねている場合もあるかもしれない．内部監査においては，要求された品質のものをより安く

購入する方法として相見積や入札が適切に行われ，その結果，「コスト削減が確実に行われているか」確かめる．

　例えば，相見積の場合には，次のような事項を確かめる．

- 商品の多様化および複雑化に対応して調達品の仕様が決定されているか.
- 調達先が適切に選定され複数の調達先から見積書を出させているか.
- 価格競争や価格交渉が行える状況ができているか.

　また，入札の場合には，次のような事項を確かめる．

- いつも同じ調達先しか参加していないか.
- 落札できるノウハウを持ち合わせてない調達先が参加していないか（入札事業者の経験やスキルなどに問題がないか）.
- 入札手続が形骸化していないか.

（3）　コスト削減の監査の落とし穴

　コスト削減を適切に行うためには，購買手続を適切に行う必要がある．例えば，複雑な物品の購買では，購買依頼部門が事前に購買の可能性を確認しておく必要がある．もちろん，購買の可能性を事前に確認しておかなければ，購買ができないことから，それ自体に問題はない．しかし，購買可能性の確認の際に，発注をしたかのような行為（事前購買，事後承認）を行うと，調達先が注文を受けたものと考えて準備を進めてしまう可能性がある．

　発注権限をもつ部門（購買部門）しか発注できない社内のルールにしていても，購買依頼部門から注文ととられるような行為を行うと，それが口頭であっても契約とみなされることがある．このようなことが慣習として行われると，購買依頼手続が形骸化し，調達先の選定が適切に行われず，調達先との癒着が発生したり，コスト削減が起こりにくくなったりするので，注意が必要である．

　内部監査人は，「発注行為が書面で行われているか」「発注日と納品日の期間が常識的に考えて短くないか」という視点で監査を行う必要がある．

7.4　購買仕様（スペック）と価格交渉

（1）　購買仕様と価格交渉とは

価格交渉は，購買依頼部門ではなく，本来購買部門が行うものであるが，企

第7講　購買業務の監査

業規模や購入する物品やサービスの特徴から，独立した購買部門があるとは限らない．しかし，価格交渉は，企業において必須の購買手続である．価格交渉は，調達価格の低減だけでなく調達元との仕様の確認にもなるので，価格交渉に関する手続を定めて，それを実行し，その結果を購買依頼部門へフィードバックする．価格交渉の段階では，価格だけではなく，購買依頼を受けた仕様との間に差がないようにしなければならない．

（2）　購買仕様と価格交渉の監査の進め方

購買仕様と価格交渉の監査では，最初に購買仕様と調達数量の適切性を確かめる．「購買仕様が過剰なスペック（オーバースペック）になっていないか」「調達数量が過大になっていないか」などを確かめる．商品の仕入における価格交渉では，原価率を考えながら監査を行うとよい．原価率が高ければ，仕入価格が高すぎた可能性があるし，原価率が低すぎれば必要な品質を満たしていないかもしれない．また，購入先に不適切な価格での納入を強要（購入先が下請業者に該当すれば下請法違反のおそれがある）している可能性がある．

しかし，実際には，価格交渉を行いにくい物品やサービスがある．例えば，システム開発の委託である．システム開発の委託では，通常のサーバやパソコンのように機能が明確になっていないので，価格査定が難しい．このため，システム開発委託の価格査定では，購買依頼部門に価格査定が委ねられてしまい，購買部門では価格査定を行うことができないことが少なくない．購買依頼部門が価格交渉を行っているような場合には，購買業務の職務分離（依頼権限と購買権限）が不十分なために，調達先との慣れ合い，癒着などが起こりやすくなり，場合によっては不正が発生するおそれがある．内部監査人は，こうした点に留意して監査を行わなければならない．

（3）　購買仕様と価格交渉の監査の落とし穴

価格交渉が行われ，見積価格から10%価格が下がっても，それが適切な価格交渉の結果か否かはわからない．なぜならば，最初から10%分を高くした見積を出しているかもしれないからである．したがって，価格交渉では，価格の妥当性を判定した資料が重要になる．複数の調達先から見積書を入手して，

価格競争をさせることによって，価格の妥当性を判定することになる．1カ所の調達先からだけしか見積書を入手していない場合には，コスト削減が図られているとはいえない．

7.5　受入・検収

（1）　受入・検収とは

受入とは，購入する物品やサービスが納入された際に，物品やサービスを受領する行為のことをいう．また，検収とは，納品された物品やサービスが発注したとおりの仕様（機能や数量など）であることを確かめる行為のことをいう．法律では，納入後，遅滞なく検収することを求めているので，受入および検収処理の日付は，債権・債務の確定においても大きな意味をもっている．

受入・検収業務では，通常，購買依頼者や発注者と異なる者が行う．購買依頼者や発注者が調達先と共謀して納品されていないのに納品されたことにするような不正を行えないようにするためである．検収を行った者と別の者が受入を行うことは，不正防止のために有効な対策である．

（2）　受入・検収の監査の進め方

受入・検収は，債権・債務の確定行為であり，受入日や検収日が変わると，会計の計上時期が変わってしまう．つまり，受入日や検収日の改ざんは，購買業務上の問題に留まらず，不適切な会計処理につながることがある．また，受入・検収は支払に直結しているので，不正な支払が行われるリスクもある．ただし，通常の購買手続では，受入が行われなければ検収できないルールとなっているので，入手していない物品やサービスを検収することができない．したがって，内部監査人は，調達そのものの妥当性と調達時期の妥当性を中心に受入・検収の監査をするとよい．

「受入・検収が内部統制としての要件を満たしているか」も重要な確認ポイントである．そのためには，「受入・検収がどのように行われているか」把握する必要がある．受入・検収業務が形骸化して現品と納入書を確認していなかったり，受入・検収者が購買依頼者と同一であったりする場合には，期待した内部統制が機能しないことになる．内部監査人は，こうした事実をきちんと

確認していかなければならない.

（ 3 ）　受入・検収の監査の落とし穴

　ソフトウェアのように無形のものや顧客へ直送するものは，受入部門が現物を確認できないケースも多々ある. こうしたケースでは，「購買依頼部門に質問して実際に調達物が納入されたか」を確かめて，受領した旨の回答があれば，「物品を受領した」と判断する. しかし，購買依頼部門の回答だけで判断しないようにしなければならない. 必ず根拠となる資料等を入手して確かめるようにしなければならない. 特にソフトウェアのように目に見えにくいものの受入では，納品されている成果物のレビューなどによって，判断する必要がある.

　検収は，「受入時の通常調達品が良品か」の検査終了後，速やかに行われる必要がある. ハードウェアであれば，専門の検査部門が「外観だけでなく機能も満足しているか」確かめる. 購買依頼部門とは別の部門が検査することによって不正行為が起こりにくい仕組みが構築される. しかし，ソフトウェアの検査方法は確立しておらず，機能の確認は購買依頼部門が行っているのが現状だといえる.「納入物が本当に機能を満足しているか」「ソフトウェアが本当に作成されているか」については購買依頼部門にしかわからないのが現実だといえる. 内部監査人は，ソフトウェアの受入・検査の妥当性について，ハードウェア以上に厳しい目で確かめる必要がある.

7.6　調達先管理

（ 1 ）　調達先管理とは

　企業では，調達方針を徹底するために調達先を事前に選定し調達先と基本契約を結び管理する. 個人が物品を購入するときは，「刺身を買うときはあそこが安くてうまい」という情報を自分自身が認識していれば事足りる. しかし，企業では多くの人が同じようなものを購入する可能性があるので，「これを買うならここかここ」という情報を共有する仕組みが必要となる. そのために購買部門では，調達先を登録・管理し，きちんと評価する必要がある.

　特に調達方針に従って調達先の選定を行っている場合には，「調達先登録の理由である調達先の強み（品質や安定供給，価格など）が変化していないか」に

ついて常に気を配る必要がある．したがって，調達先を定期的に評価し，その結果を調達先登録の見直しに反映させなければならない．

（2）　調達先管理の監査の進め方

　調達先の管理と評価の監査では，「購入先の評価が実施されているか」が重要なポイントになる．「調達先管理が有効に行われているか」は，「調達先の評価が適切に行われているか」で決まる．調達先の管理と評価の監査では「定期的な評価を行う制度があるか」「定期的な評価を実際に行っているか」「どのような項目で評価しているか」がポイントになる．

　調達先の評価結果資料を見れば，「適切な評価が行われたか」判断できるはずである．「評価結果をどのように実際の調達先管理に結び付けているか」を監査することを忘れてはならない．調達先評価をもっている企業は多数あるが，調達先登録の抹消につなげている話は実際にはあまり聞かない．内部監査人は，評価の実施状況の確認だけでなく，「評価結果を取引先の見直しにつなげるための定めがあるか」についても監査を行う必要がある．

　また，調達先管理の監査では，下請法違反が発生しないように「調達先登録の際に下請業者をきちんと区分しているか」「登録された調達先の件数が適切か」「架空業者が存在しないか」確かめる．登録された調達先の数が多すぎると，管理負担が重くなるうえに，購買に関する規律が守りにくくなる．反対に少なすぎれば必要なものが調達できなくなってしまう．架空業者の有無のチェックは不正の発生を防ぐための監査となる．

（3）　調達先管理の監査の落とし穴

　調達先(取引先)管理では，優良な調達先が数多く登録されているほうが競争を促進でき価格が下がるように思える．しかし，登録数が多ければよいというわけではなく，購入する物品やサービスを分散して購入することになり，価格が高止まりする傾向が生じる．このため，下請企業の数を減らそうとする企業も多くある．しかし，ただ登録数を減らせばよいというものではない．調達先数は，本来その企業の将来像を描きながら増やしたり減らしたりして調整していくべきものである．内部監査人は，調達先管理の本質を理解したうえで，

「調達先数の管理や調達先登録が適切に運用されているか」確かめる必要がある.

　また, 調達先評価においては, 「納期遵守や価格などが評価項目にきちんと網羅されているか」確かめる. 品質や納期遵守, 価格などの指標が悪化すれば, 信頼して仕事を発注できる業者とはいえなくなるからである. 特に, 品質面の評価は仕事をさせてみて初めてわかることから「継続的にしっかりと評価しているか」がポイントとなる.

　この他, 調達先の財務状況についても注意が必要である. 調達先も企業であるから, どのように良い技術をもっていても, 資金がショートして倒産してしまう可能性がある. もしも倒産すれば, その瞬間に調達計画が崩れてしまう. したがって, 内部監査人は, 「調達部門が調達先の経営状況にも十分に配慮しているか」についても確かめる必要がある.

7.7　購買プロセスの効率性

（1）　購買プロセスの効率性

　より良いものを安く購入できても, 購買プロセス全体が非効率な場合には, 購買の効果は限定的になってしまう. 購買プロセスは, 購買依頼, 発注, 受入・検収の3つに大別できるが, 企業規模によっては, 発注を独立した部門で行っている場合や, 発注を購買依頼の部門が兼ねている場合もある. したがって, 購買プロセスの効率性は, 部門にまたがった確認が必要な場合もある.

　また, インターネットによる電子購買（e-procurement）が導入されているケースもある. 紙ベースでの購買業務が電子化されたことによる効率性を確認していくことになる. 将来的には, AI（Artificial Intelligence：人工知能）を応用した購買業務が行われる可能性もある. 例えば, AIを利用して, これまでわからなかった購買に必要な情報のデータ間の関係性やパターンを認識することにより自動的にコスト削減を行い, 購買プロセスの効率性の向上につなげることが考えられる.

（2）　購買プロセスの効率性監査の進め方

　購買プロセスの監査においては, 購買依頼から納品までの期間や1案件当た

りの工数の比較により，まず購買プロセス全体の効率性について確かめる．購買効果があまり得られない調達品に多くの時間や工数が割かれている場合は，「非効率になっている原因の分析と業務改善の余地がないか」確認していく．

次に，購買プロセスにおける購買依頼，発注，受入・検収の各プロセスの効率性も購買の期間や1案件当たりの工数を比較しながら確認していく．さらに，電子購買を行っている場合には，電子購買の効率性の確認とともに情報セキュリティの視点からの監査が極めて重要になってくる．

（3）　購買プロセスの効率性監査の落とし穴

購買プロセスの効率性監査の落とし穴は，購買プロセスの効率性を追究しすぎるあまり購買プロセスにおいて必要とされる内部統制が十分に組み込まれなくなるリスクの存在である．「購買プロセスにおける各段階（購買依頼，発注，受入・検収）において，しっかりとコントロールが整備され運用されているか」が不正防止の観点から重要になる．例えば，購買プロセスの効率性を目的として購買担当者の削減が行われ，同一部門で購買依頼と受入・検収を同じ担当者が行った場合，商品の横流しや架空発注といった不正リスクが発生する．このように効率性とリスクは裏腹の関係にあるため，購買プロセスにおける内部統制の確認が重要である．

なお，購買プロセスの効率化を監査する際には，購買情報システムのログを分析するよい．例えば，「購買プロセスで1案件当たりどれくらいの工数，期間がかかっているのか」「課長や部長のところで案件が止まっているなどのボトルネックが発生していないか」などを確かめる．

7.8　購買業務と不正防止

（1）　購買業務と不正防止とは

購買業務で扱う金額は大きなものもあり，いったん不正が生じると企業に経済的かつイメージや評判に大きなダメージを与える可能性がある．購買業務を通じて「購買担当者が特定の業者と癒着していないか」「詐欺や横領を行っていないか」などを十分に確かめる必要がある．購買業務における不正は，主に購買プロセスの内部統制の脆弱性に起因するものである．購買における専門的

な内容の承認過程や購買システムのリスクに対して「コントロールが十分に行われているか」を把握しておく必要がある.

　特に，購買業務における不正防止としては，購買を行う担当者の利害関係の衝突に着目するとリスクの最小化につながるものと思われる. つまり，「購買を行う過程で特定の業者を優遇し，その見返りを個人に対して求めていないか」など「企業として行うべき行為が個人的な利益と結び付いていないこと」を担当者の行動を中心に確かめるというものである.

（2）　購買業務における不正防止の監査の進め方

　購買手続と不正防止監査で重要なことは，「職務分離が適切に行われているか」確かめることである. 職務分離が適切に行われていない場合，つまり1人の担当者だけで購買手続のすべてが行われている場合には不正行為の有無を十分に確かめる必要がある. 購買手続は金銭が絡むことから，「詐欺や横領などの不正行為を防止するためのコントロールが内部統制として組み込まれているか」をしっかりと確かめる必要がある. 職務分離が行われていない場合には，不正行為を防止するほかの手続の有無について確かめる必要がある.

　また，特定の業者との癒着については，お中元・お歳暮などの贈答品の有無や業者との懇親会の頻度と内容などについても質問などで確認しておくとよい.

（3）　購買業務における不正防止の監査の落とし穴

　担当者が購買金額を水増しして，その分を業者から担当者に金銭を戻させるキックバックは発見が難しく内部監査においては十分な留意が必要である. 購買の証憑類がきちんと整えられていたとしても，職業的懐疑心をもって不正行為の有無を質問手続などにより確かめることが重要である. また，購買担当者が急に高級車を乗り回したり，高級マンションを購入したりするなど生活行動に変化があった場合にも十分な注意が必要である. 実際に，購買業務により水増しした金額を個人の収入としていたケースがあるからである.

8.1 生産計画

（1） 生産と製造

　生産と製造という言葉は，厳密には同じ意味ではない．生産とは生活に必要なものをつくることであり，製造とは材料を加工し，組み立てて製品をつくり出すことである．したがって，製造は生産の一部と考えていいだろう．本講で扱う生産業務の監査は，原材料や粗製品を加工し，組み立てて製品をつくり出す製造業務の監査をイメージして説明する．企業にとって生産業務は，販売に必要な商品をつくり出す重要な役割を担っている．生産業務と一口にいってもさまざまな業務があるため，ここでは，生産計画，資材管理，作業管理，工程管理，原価管理，設備管理，スクラップ管理，安全衛生管理，品質管理といった生産業務のなかでもリスクが高く，内部監査の対象となることが多い領域について解説する．

（2） 生産計画とは

　製造会社にとっては，ものづくりは付加価値の源泉である．しかし，闇雲にものをつくっても売れなければ利益を出すことはできない．そこで，どれだけ利益を出すか利益計画をつくり，それを達成するために生産活動の計画を立てることになる．これが生産計画である．生産計画を立てるポイントは，良い品質のものを，安く，お客様の必要なときに提供することであるのは言うまでもない．これらの３つの要件は，利益計画の達成という目標とは相反するもののように見える．しかし，製造コストを必要以上に下げたり，納品を急ぐあまり品質を悪化させたり，リコールなどをしなければならなくなったりすると，結

果的に企業の利益を減らすことにつながる．したがって，販売計画との整合を
とると同時に，実際につくられるものの品質も考慮した生産計画の策定が求め
られるのである．

（3）　生産計画の監査の進め方

　生産計画の監査は，生産計画を策定（変更も含む）する際に決められた社内手
続に従って行われているか確かめる．ただし，生産計画に関する監査で一番多
いのは，計画に対して生産が遅れている場合のその原因究明である．「販売に
生産が追いついていないせいで，せっかくのビジネスチャンスを逃している」
「工場の現場に行って監査してきてくれ」と経営者から指示がくる場合がある．
計画に対して生産が遅れている原因には，生産上の何らかのトラブルや無理な
生産計画などが考えられる．生産上のトラブルでは，材料不足や設備の故障，
品質事故による工程の後戻り，設計上の問題などさまざまな原因が考えられる．
これらの原因は，内部監査で指摘するまでもなく，生産部門から経営者に対し
ていち早く報告されているものである．したがって，内部監査では，なぜその
ようなトラブルが起きてしまったのか根本原因を調べること，生産部門からの
報告の妥当性，「トラブルの原因はそれがすべてか」などを究明することが求
められる．

　無理な生産計画も生産遅れの主要な原因の一つである．つまり，実現不可能
な計画を立ててしまうことである．材料の手配時期が早まり，作業者も確保さ
れ，顧客からの受注もとっていながら，ものができないので出荷ができないと
いう状況が起こる．この場合には，内部監査人としてもその根本原因を見つけ
る必要がある．生産部門で働く人たちは，受注があるにもかかわらず，自分た
ちが責任をもつ生産業務によって販売の足を引っ張ることを極端に嫌うもので
ある．したがって，内部監査人は，営業や開発，購買部門などさまざまな関係
者の立場を踏まえながら，生産計画の策定プロセスを深く理解し，その根本原
因を見つけ出さなければならない．

（4）　生産計画の監査の落とし穴

　生産計画に対して実際の生産が遅れていなくても，問題なしと判断するのは

危険である．生産計画に対して生産が大きく先行している場合は，お客様の要望よりも早くものがつくられて，不要な製品が在庫として会社に置かれるからである．つまり，何の利益も生まない形で，在庫という資産が社内にとどまっているため，滞留している在庫品の品質劣化も懸念される，現金収入に結びつかないために会社の資金繰りにも影響を及ぼす．過剰にものをつくる計画を策定してしまう原因には，やはり部門を横断したさまざまな問題が考えられるため，内部監査人は監査対象である生産部門だけの問題と捉えるのではなく，会社全体の問題として捉えて，監査を行うべきである．

8.2 資材管理

（1） 資材管理とは

資材管理は，生産に使う原材料や部品の購入，購入後の在庫管理，外注加工などを含む典型的な生産管理業務の一つである．資材管理業務では，まずタイムリーに資材を製造現場に供給し，最小限に在庫を抑えることを目的とした資材計画を策定する．加工業務を外部に委託する場合には，外注計画を策定し，その計画に従って外注加工業務が行われるように管理する．また，資材の在庫管理も重要な業務である．品質や数量，保管状態など詳細な管理項目を作成し，適切な在庫管理を行うことが求められる．

（2） 資材管理の監査の進め方

まず，資材計画が適切に策定されているか確かめる．資材計画は，生産計画と整合がとれていなければならない．したがって，材料の区分や所要時期，所用量など細かい点も含めてその整合性を確かめる．「資材の歩留まり率を材料別や工程別に把握しているか」確かめるべきである．業務を外部委託している場合には，稟議書や経営会議の資料を入手して「その意思決定に至ったプロセスになっているか」確かめる．委託先との契約書の有無も確かめる．また，在庫管理については，在庫の保管管理担当部署の組織図や業務分担表などを確かめる．実際に，在庫置場に行って在庫の保管状況を確かめることも重要な監査手続である．工場の資材置場に足を運ぶと，セキュリティ対策が甘く，誰でも簡単に資材を持ち出せるような状態になっていることがあるため，在庫管理の

監査には十分注意を払う必要がある.

（3）　資材管理の監査の落とし穴

　工場などで使われる生産管理手法の一つに MRP（Materials Requirements Planning：資材所要量計画）がある. MRP は，必要な部品や原材料の所要量を計算し，計画どおりに生産が進んだ場合に，決められた所要量が，決められた生産現場に，決められた時間に届くため，コストの削減に貢献する.

　MRP では，大量の部品の発注を，決められた期日に確実に行うために，情報システムによってコントロールされている. 情報システム内には必要な部品の一覧がデータとして保管されているが，MRP を利用した発注でシステム内のデータ一覧に載っていない部品が購入されていたら，不正の可能性も考えられる. 特に，換金性の高いものであれば，不正の可能性は高まる. このような状況では，「購入先が特定の事業者に偏っていないか」「購入理由は明確か」「購入品が現在どこにあるのか」，不正調査の観点で監査を進める必要がある. 内部監査人に不正調査の知識や経験がない場合には，不正調査の専門家に委託することも一つの方策である. 不正調査については，**第16講**も参照されたい.

8.3　作業管理

（1）　作業管理とは

　作業管理とは，生産現場の生産性の向上を目的とした生産管理の基礎をなすものであり，作業の標準化，現場作業員の労務管理や教育・訓練，作業の改善などが含まれる. 前述のとおり，生産計画は良い品質のものを，安く，お客様の必要なときに提供することを目的に策定されているため，計画どおりの生産ができるよう現場の作業を適切に管理していく必要がある. 大量生産によってものをつくれば売れる時代は終わり，お客様の要求を的確に把握し，タイムリーに適切な量を生産することが求められるような状況下では，生産現場における作業管理の役割は，特に重要になっている.

（2）　作業管理の監査の進め方

　作業管理の監査でまず確認すべきポイントは作業の標準化である. 生産現場

では，誰がやっても同じくらいの時間で同様の品質のものがつくれるように作業の標準化が進んでいる．したがって，まず，作業の順序や作業方法，標準作業時間，注意すべき点などが記載された業務処理基準書や業務マニュアルを確かめる．次に，実際にその内容が作業員に周知徹底されているか確かめる．作業員の誰もが業務処理基準書を見られる状態になっており，かつ，最新のものになっていることが重要である．その他に，「作業標準時間と実績の差異分析が行われ，経営層に報告されているか」「差異分析が実際の業務に反映されているか」などを確かめる．労務管理についても「合理的に作業員が配置され，適切な時間管理がなされているか」，業務処理基準書やマニュアルをもとに確かめる．作業員の教育・訓練についても「適切な計画が立てられ，実施されているか」，計画書と研修の出席者リストを入手して確かめる．

（3） 作業管理の落とし穴

作業管理をまったく行っていない生産現場はないであろう．しかし，実際に作業が改善されたことを測定するのは難しい．作業改善の監査となると，さらに難しくなる．生産業務の経験がない内部監査人が，現場で作業が改善したことの説明を受けてから，「それは改善したとはいえない」と生産現場で長年経験を積んできた人に対して反論しても，「そんなことはない！」「何を根拠に改善していないと言えるのか?」と反論されてしまうだろう．したがって，内部監査では，「どのような作業改善活動をしているのか」「改善の成果について，管理者などのチェックを受けているのか」「経営会議で議論されているか」などをできる限り多くの資料を入手して検証することが重要である．また，必要に応じて，生産部門出身者(現在，生産部門には所属していない)に協力を要請し，共同で監査を行うことも有効である．なお，改善状況については，裏づけ資料を示しながら数字で説明してもらうとよい．

8.4 工程管理

（1） 工程管理とは

原材料を購入してから製品になるまでの工程のことを生産工程という．材料，設備，人を管轄しながら，生産計画に合った生産活動ができるよう生産工程を

第8講 生産業務の監査

統制・管理する業務が工程管理である．工程管理は，効率的な生産によって利益を出すために欠かせない業務であり，通常，工程管理表をもとに行われる．工程管理は，「実際の工程の進捗が把握できるため製品の納期が守られる」「製造原価が正確に把握できるため有効な原価低減活動へとつながる」「適切な在庫量がわかる」などのメリットがある．

（2）　工程管理の監査の進め方

　工程管理を有効に行うためには，工程管理で管轄する材料，設備，人に関する正確な情報の入手が不可欠である．したがって，内部監査では，「どのような情報が，どのような形式で，正確かつタイムリーに工程管理関係者に報告されているか」確かめる．各部門での作業状況が記載されている作業日報を確かめるのは有効な監査手続である．作業日報にインシデントの記載があれば，「どのような対策がそのインシデントに対して講じられ，どこに報告されたか」追いかける．設備の稼働効率の管理状況も確かめる．操業度，稼働率，機械効率などの計算方法の妥当性やそのもととなるデータの内容も確かめるべきである．また，生産工程の終わりにある完成品の入出荷管理も監査対象である．監査のポイントとしては，「品質検査基準に適合したものだけが在庫として保管されているか」「出荷の際の数量は立会者も交えて確認されているか」「すべての必要な承認が得られているか」「出荷の内容や数量は日次で報告されているか」などが挙げられる．

（3）　工程管理の監査の落とし穴

　完成品の出荷作業は，工場や倉庫にいる物流部門が行っていることが多い．出荷指示があった品物を，すべて定められた期限内に出荷することが物流部門の仕事である．四半期末や年度末になると，何とか販売計画を達成しようと営業部門からの出荷指示が増えることがよくある．したがって，物流部門の仕事量も急増する．また，当該年度の販売実績にするために，年度末の数日間は出荷作業が深夜に及ぶことも少なくない．そのような状況下では，工程管理の業務処理基準書やマニュアルどおりに作業が行われない可能性も高くなる．したがって，出荷作業にミスが出る可能性も高い．売上のカットオフの基準を無視

して，出荷してしまうこともあり得る．内部監査としては，四半期末や次の四半期の始め，年末・年初の入出荷管理にはリスクが高いことを認識して，監査手続を進めるべきである．

8.5　原価管理

（1）　原価管理とは

　製造業において原価管理の主目的は，製造原価の低減である．原価管理ではまず，標準原価を設定する．これを原価企画という．次に，実際の原価を計算して標準原価との差異分析を行う．最後に，差異分析の結果を工場長や生産担当役員，経営者など経営陣に報告し，差異をなくすための対策をとる．一方，設計業務やソフトウェア開発が原価の大部分を決定するような製品群においては，原価の内訳の分析によって原価悪化の原因を究明することが難しいので，デザインレビューやソフトウェア開発の効率化，外注管理の強化などさまざまな手法と組み合わせて管理することが求められる．

（2）　原価管理の監査の進め方

　原価計算は，通常，原価計算システムで自動計算されるので，まず，適切な原価計算システムが採用されているか確かめる．当初は生産量も少なく製品の種類も少なかったため，簡易的な原価計算システムで十分だったが，生産量や製品群の増加に伴いシステム自体が機能しなくなっているケースも考えられる．新しい技術が詰まった生産設備の導入には積極的だが，直接生産活動に影響しない原価計算システムなどの導入に二の足を踏む経営者であれば，かなり古いシステムを使い続けている状況も考えられる．

　次に，原価計算のフローや規程，マニュアルの整備・運用状況を確かめる．製造品にもよるが，原価計算は複雑であり，同じ会社でも工場ごとに原価計算のやり方が違うこともある．そのため，原価計算の担当者も，豊富な原価計算の業務経験をもっていることが多い．そのような経験豊富な原価計算担当者とテクニカルな原価の計算方法などについて議論するよりも，「基準書やマニュアルに従って承認や報告などのコントロールが効いているか」「業務自体がスムーズに流れているか」などを確かめる．例えば，「標準原価と実際原価の比

較分析をもとに策定された原価低減策が適切か」確かめる場合，購入部品の単価が下がれば製造原価の低減にはなるが，その一方で「サプライヤーに下請法に抵触するような不当な圧力をかけていないか」についても確かめる．

（3）　原価管理の監査の落とし穴

原価計算の目的には，「財務諸表の表示」「価格計算」「原価管理」「予算編成・統制」「経営の基本計画の設定」の5つがある．内部監査人は，「原価計算の結果の数字に恣意性がないか」注意する必要がある．生産部門にとって原価低減は最重要タスクの一つであり，通常，高い原価低減の目標値が設定されている．原価低減活動でもそれがルールに沿って行われていれば問題はないが，ルールを逸脱してはならない．例えば，工場で使う消耗品費や工場の事務員の給与など，本来，製造間接費として分類・計上されるべき費用が，会社全体の一般管理費として分類され，製造原価から除外されていたら，内部監査人は，それを指摘しなければならない．勘定科目の違いなので会社全体としての利益に影響はないが，製造部門としての原価低減活動の成果として評価されてはならないからである．

8.6　設備管理

（1）　設備管理とは

工場の設備管理は，必要な設備や機器を効率的に活用することを目的として行われる．設備の新設や更新といった計画から，購入，運用，保全，廃止・廃却（あるいは再利用）までの一連の活動すべてが対象である．近年の製造設備は，精度が上がり，製品の品質向上に大きな影響を与えている．また，高速化や無人化も進み，製品原価の低減や納期短縮に大きく貢献するようになっている．したがって，設備の故障などのトラブルは，企業の収益を圧迫する原因となり，生産部門にとって設備の維持・保全管理は重要な業務の一つとなっている．一方，製造設備は物理的に大きなものであり，また高価なものである．製造設備の購入計画は，会社全体の設備投資として経営にとって重要な問題なのである．

（2） 設備管理の監査の進め方

監査のポイントとしては，まず，「設備機器の購入や廃却に関して，明確な方針と具体的な計画があるか」が挙げられる．次いで，「その方針や計画に従って業務が行われているか」確かめる．次に，設備の購入や廃却，あるいは譲渡する際の明文化されたルールや実際に購入や廃却を行う際の手続を記したマニュアルを入手し，「ルールやマニュアルに従って業務が行われているか」確かめる．年間で多数の設備機器が購入される場合は，サンプル調査で確かめるとよい．工場にあるすべての設備機器が載っている設備管理台帳（設備リスト）を入手して，そのなかからある程度の金額のものを無作為に抽出して，「ルールやマニュアルどおりに運用されているか」確かめる．設備管理台帳にある設備機器の合計金額は，財務諸表上の同項目の残高と一致しているべきである．一致していない場合は，担当者にその理由を聞き，設備管理台帳からやはりサンプルを選んで，内部監査人自らその実在性を実際に現場に行って確かめる必要がある．設備の実在性に関しては，実地棚卸の資料も併せて確かめるとよい．

設備機器は，長期間使用すると，生産性や品質が低下してくる．また，その設備機器を日々使っている作業員の労働環境にも影響を及ぼす．したがって，設備の維持・保全の管理業務も監査の対象である．「各設備の管理責任者が決められているか」「ルールに従って整備・点検が行われているか」などが監査のポイントとなる．

（3） 設備管理の監査の落とし穴

設備・機材の実地棚卸を毎年行っている会社は，意外に少ない．設備・機材は，巨大であったり，床に固定されていたり，棚卸資産と比べると帳簿と実物の数量に差が出ないというのが主な理由であろう．しかし，海外子会社で設備の棚卸をしたら，実物が存在しないこともある．工場の規模にもよるが，毎年，工場のラインを一斉に止めて設備や機材の実地棚卸を行うことは現実的に不可能であっても，循環棚卸（サイクルカウント）を行って管理することはできる．本社の経理部門や外部監査人とも連携をとりながら，全社的な活動として設備・機材の実地棚卸を行うことが重要である．

第8講　生産業務の監査

8.7　スクラップ管理

（1）　スクラップ管理とは

　スクラップとは，製造工程で生じる金属のクズや廃物のことである．スクラップは，通常，工場側でその重さを計量して，まとめて産業廃棄物処理事業者に売却されたり，自工場内で製錬や再生の原料として使用されたりする．循環型社会を築くうえでスクラップの再利用は重要であり，工場内での一連のスクラップ処理業務を円滑に進めるための管理業務の重要性も高まっている．

（2）　スクラップ管理の監査の進め方

　まず，スクラップ管理業務の責任部署や責任者が誰なのか，組織体制を把握する．組織体制を把握したら，責任部署がスクラップを買い取る産業廃棄物処理事業者に対して，「その業務内容をどのようにモニタリングしているか」確かめる（「委託した業務が丸投げになっていないか」など）．工場では通常，スクラップ管理業務を担当する部署が業務処理基準書やマニュアルなどをつくって管理しているので，それらの資料をもとに監査を進める．例えば，次のような事項について監査を実施するとよい．

① 産業廃棄物，一般廃棄物，売却可能なスクラップの分類が基準書に従って行われているか．

② 発生したスクラップは決裁権限表に従って上申および承認がなされているか．

③ スクラップはスクラップ置場で適切に保管されているか．

④ 盗難を防ぐ物理的なセキュリティ対策（セキュリティカメラの設置，産業廃棄物処理事業者の適切な入退管理など）が実施されているか．

⑤ スクラップの検量結果は責任部署によって承認されているか．

⑥ スクラップの外部への搬出は責任部署によって承認されているか．

⑦ 産業廃棄物処理事業者から報告される買取り結果についてその妥当性を検証しているか．

（3）　スクラップ管理の監査の落とし穴

　工場に往査すると，建屋の裏のほうにスクラップの重さを量る巨大な計量器が設置されているのを目にする．通常，工場はこの計測器の精度を管理する業務処理基準書をもっており，その基準どおりに計測器が管理されているかどうかも内部監査の対象となる．産業廃棄物処理事業者が彼らの計測器で量るから，それを信じて工場では特に重さを量らない．計測器の点検・整備も行っていない．これでは，スクラップ管理が有効とはいえない．特に，海外工場では，工場側と産業廃棄物事業者の一部の者が結託して，スクラップの一部をネットオークションにかけたりすることがある．スクラップ管理は，不正の温床になりかねないリスクの高い業務なのである．

8.8　安全衛生管理

（1）　安全衛生管理とは

　工場内にあるガス，粉塵などが原因で，あるいは作業そのものが原因で起こる労働災害を未然に防ぐための活動が工場の安全衛生管理である．労働安全衛生法によれば，「労働者を使用して事業を行う事業者(経営者)は，単に法律で定める労働災害の防止のための最低基準を守るだけではなく，快適な職場環境の実現と労働条件の改善を通じて職場における労働者の安全と健康を確保するようにしなければならない」としている．

　企業にとって労働災害が発生した場合には，経済上の損失が発生するだけでなく，企業のイメージダウンにつながる評判リスク(レピュテーションリスク)があり，会社の存続そのものを危うくする可能性もある．また，労働者の安全が確保されていない職場では，優秀な労働者が職場を離れていき，士気の低下にもつながる．したがって，労働災害が発生しないように安全管理を徹底することが，企業には強く求められている．

（2）　安全衛生管理の監査の進め方

　安全衛生管理業務は人事部などに安全衛生推進室といった名称の専門部署があり，そこが企業としての安全管理に対する方針やガイドライン，業務処理基準書やマニュアル類をつくって管理していることが多い．ときには，そのよう

な部署が「業務処理基準書どおりに安全衛生管理を行っているかどうか」について，工場に点検シートを送付して自己点検させたり，実際に工場に足を運んで監査をしたりするケースもある．そのようなケースでは，安全衛生推進室で実施した監査結果を事前確認することが，実地監査前の調査として有効である．

　実際の監査手続としては，安全管理に対する会社としての方針やガイドライン，業務処理基準書やマニュアルに従って業務が行われているか，安全衛生推進室とは独立した視点で確かめていくことになる．例えば，次のような事項について監査を実施するとよい．

①　適正な安全衛生管理体制が構築されているか．

②　一定規模以上の事業所では，「総括安全衛生管理者」が選任されているか．

③　「統括安全衛生管理者」の下には「安全管理者」や「衛生管理者」が配置されているか．

④　従業員の意見を反映させるための「安全委員会」や「衛生委員会」が設置されているか．

⑤　産業医が選任されているか．

⑥　従業員に対して関連する研修が行われているか．

⑦　従業員への健康診断は徹底されているか．

⑧　災害訓練は定期的に実施されているか．

⑨　災害が起きたときの報告ルートは確立されているか．

（3）　安全衛生管理の監査の落とし穴

　重大な災害や事故には至らないが，そうなってもおかしくない一歩手前の状態に気づくことをヒヤリ・ハットという．米国の損害保険会社に勤務していたハーバート・ハインリッヒが唱えた「ハインリッヒの法則」では，ヒヤリ・ハット300件に対し，軽症事故が29件，重症事故が1件の割合で発生するとされている．内部監査人がヒヤリ・ハットをすべて解決させるための対策をとるような改善提言を工場側に行えば，コントロールが強すぎて事業そのものが成り立たなくなる可能性も生じる．

　そこで，内部監査では，コントロールの内容や水準がコストにつながること

を理解したうえで，許容できるリスクを明確にしながらコントロールを強化するような改善提言を行うことが重要である．

8.9 品質管理

（1） 品質管理とは

ものづくりの基本は，「高品質」のものを「安く」お客様の「必要なとき」に提供することである．特に日本企業が利益を守りながら競争力を高めるためには，「高品質」なものをつくり続けることが重要な要素となる．品質管理とは，お客様の要求を満たす品質のものを，合理的な時間とコストでつくるための管理業務ということになる．工場の品質管理で重要なことは，不良品を出させないことであり，生産現場で不良品発生を抑制できれば，不良品の流出だけではなく，原価低減の効果やタイムリーなデリバリーにもつながる．

品質管理は，生産に関係する製造部門や品質保証部門，購買部門などを中心に行われる場合が多いかもしれない．しかし，不良品発生の原因が必ずしも製造現場の問題だけではない状況も踏まえ，全社的な視点から監査を行う必要がある．

（2） 品質管理の監査の進め方

品質管理は，それ自体がモニタリングの仕組みである．したがって，独立的な立場でのモニタリングを担う内部監査人としては，品質管理としてのモニタリングの有効性を確かめることになる．まずは，社内にあるさまざまな品質の基準書や規格の整備状況を確かめる．また，「基準書や規格をもとに，品質管理体制が構築されて計画・実行されているか」確かめる．品質管理のための教育計画も重要な監査のポイントである．その他，「品質検査が基準書にもとづいて実施されているか」「品質検査で異常が発見された場合の報告体制，不良品発生率を把握し再発防止策がとられているか」「お客様から意見や苦情が届いた場合の対応方法が整備されているか」なども監査のポイントである．

（3） 品質管理の監査の落とし穴

一般的に，品質に関連したクレームや事故については，統計的な分析を行っ

第8講　生産業務の監査

た資料や重要案件については詳細な調査資料が残されていることが多い．したがって，「実際に監査をしなくても内部監査の報告書を作成できる」と感じてしまうかもしれない．しかし，どのような製品を扱っている工場であっても，基準書や規格どおりにすべての業務が遂行されているとは限らない．内部監査人はさまざまなルートから入手した情報や資料を分析し，リスクを評価し，自らの目で品質管理の問題点を洗い出していくことが重要である．

物流業務の監査

9.1 物流業務

(1) 物流業務とは

(a) 企業活動と物流

商品が顧客や消費者の手に渡るまでには，原材料の輸入・調達から始まり，製造，保管，輸配送，販売という一連の活動が発生する．このなかで物資(原材料，部品，製品，商品)を時間的・空間的に移動させる業務が物流である．物の形のあるものを供給する事業には，必ずそのものを運搬する物流が発生する．

物流には，企業の一連の活動の局面において，調達物流，生産物流，販売物流，回収物流，社内物流などがある．物流は，企業活動の，また企業間の取引の全体にかかわっている．

企業活動にとって物流は，効率化やコスト削減の面から見られがちであるが，企業活動の各機能を結びつける物流は，社内の各部門の部分最適を全体最適の視点から改善し，全社的な業務効率化やコスト削減をする役割を果たすことができる．また，企業間の取引においても，各社ごとの最適を，顧客や消費者のニーズに応えるという顧客本位の立場で改善提言する役割を担うこともできる．

(b) 物流業務の位置づけ

物流業務は，物資を移動させるという面から機能別に見ると，輸配送，保管，荷役，包装，流通加工の5つに分けられる(物流の五大機能)．輸配送は，物資を拠点から拠点に移送する業務で，運送方法には陸送，海運，空輸がある．陸送手段には，トラックなどの貨物自動車や鉄道が用いられる．保管・荷役・包

装・流通加工は，一般的に物流センターで行われる業務である．

　また，物流業務の全体を企画・計画する部門，物流に係る予算の策定や物流コストの見直しをする部門，物流の五大機能のそれぞれの運用状況を管理する部門なども，物流業務を適切に行うために重要な部門である．

　荷主企業の多くは，物流の五大機能の一部または全部を専業の物流事業者に委託しており（物流アウトソーシング），物流専門の子会社をつくり，物流業務全般を担わせているところもある．そのため，社内では物流業務は目につきづらく，生産や営業，販売などに比べて注目度が低い場合がある．

　しかし，今日，社会経済の環境や IT などの技術革新の変化のスピードは速く，ますます競争も激しくなるなかで，顧客や消費者のニーズにいち早く応えるためにも，物流改革が重要な経営戦略課題となっている．サプライチェーンの強化，高度化を図る SCM（サプライチェーンマネジメント）は，物流業務の役割をいっそう高める．

（2）　物流業務の監査の進め方

　荷主企業の物流業務を監査する場合，対象の業務がアウトソーシングされている場合が多いことを考慮する必要がある．アウトソーシングされているとはいっても，そこでの業務は荷主企業の業務であり，監査では，アウトソーシング先も含めて物流業務の適正性を確かめる必要がある．

　荷主企業では，物流業務について，次のような事項を確かめるとよい．
　　①　物流部門
　　　・物流企画，物流計画，アウトソーシング契約の実施状況．
　　　・社内物流やアウトソーシング先の委託業務の管理状況．
　　②　物流業務
　　　・物流業務にかかわる各部門の業務を組織横断的に見て，全体最適の視点から業務が適切に行われているか．
　　③　アウトソーシング先
　　　　現地・現場・現物を重視する監査では，アウトソーシング先の監査も必要である．そのためには，アウトソーシング契約に監査条項を入れておく必要がある．

- 委託業務の運営・管理が適切に行われているか.
- 委託業務の品質は維持されているか.

次節以降で取り上げる項目は，相互に関連し合っているので，実際の監査では，監査対象の特性に合わせて必要な監査手続をとることになる.

（3） 物流業務の監査の落とし穴

物流業務は，その大部分または一部がアウトソーシングされていることが少なくない．そこで，物流業務の監査では，必ずアウトソーシング先を監査対象とすることが重要であり，現地を視察して実態を把握することを忘れてはならない．物流業務部門のアウトソーシング先管理資料だけを見て監査判断を行うことがないようにしなければならない.

9.2 物流計画

（1） 物流計画とは

(a) 経営戦略と物流戦略・物流計画

物流業務を遂行していくためには，適切な物流計画を策定しなければならない．物流計画策定の前提となるのは物流戦略である．物流戦略は，今後の物流のあり方を中長期の視点で，全社の経営戦略に沿って策定する.

物流戦略は，経営戦略の遂行や経営上の課題解決のために，物流面からの課題を明確にして，中長期の目標を設定し，施策を策定することである．例えば，経営戦略で新たな地域への進出やネット通販事業への進出を決めれば，物流拠点設置場所や施設の規模，物流網の構築を決めることになる．売上を上げるために販売機会損失をなくそうとすれば，在庫管理や着荷時間の厳守といった物流機能の向上が必要になる．また，CSR（企業の社会的責任）経営の推進が決まれば，物流業務における省エネや省資源の対策を策定することになる．さらに，物流を取り巻く環境（経済環境，社会環境，インフラ環境，立法・行政の動向，技術動向など）の変化に対応できるように，目標を設定し，そのための施策を策定する.

中長期の物流戦略にもとづいて，戦略を実現するための物流計画を策定する．物流計画では，目的・目標の設定，目標達成のために必要な資源の調達計画，

投資計画，経費計画，人材の確保・育成計画，アウトソーシング計画などを生産計画や販売計画，利益計画などとの整合をとって策定する．

(b)　**物流計画**

中長期，年次，半期，四半期，月次の単位で次のような事項を決める．

- 中長期計画

    物流システムの見直し，アウトソーシング計画，物流サービス水準，物流改革，物流拠点計画，IT 化投資計画，数値計画(取扱量，在庫計画，物流コスト，投資額，経費など)，人材育成計画など

- 年次計画

    年度物流方針，中長期(3〜5 年)計画で決めた施策計画と数値計画を年次ごとに落とし込む．

- 半期・四半期・月次計画

    年次計画を達成するために，季節変動要因を加味して半期・四半期・月次の計画を策定する．

なお，物流の現場では，週次や日次での作業計画が必要になる．

（2）　物流計画の監査の進め方

物流計画の監査では，例えば，次のような事項を確かめる．

① 物流上の課題の明確化

- 物流を取り巻く環境の変化を認識しているか．
- 物流上の問題点を整理し，解決すべき課題を明確にしているか．

② 経営戦略との整合性

- 物流計画は，経営戦略や物流戦略と整合しているか．
- 物流計画は，生産計画や販売計画など他部門の計画と整合しているか．

③ 計画の実現性，実行可能性

- 目標や計画に無理はないか．
- 計画を実現するための予算，人員，設備・機器，情報システムなどの経営資源は十分か．
- 課題や計画をアウトソーシング先と共有しているか．

- 関係者全員は物流上の問題点や課題を共有し，理解しているか.
- 関係者全員は物流戦略，物流方針，物流計画を共有し理解しているか.

9.3　物流管理

（1）　物流管理とは

(a)　物流管理の必要性

物流の役割は，顧客や消費者の求める商品をその手元に届けることである.
必要なものを・必要な分だけ・必要なときに・必要な状態で・必要な場所に届けるためには，その過程にかかわる業務を適切に行う必要がある.

それぞれの業務が適切に行われていないと，欠品や誤商品，劣化や破損，誤配送や着荷の遅延などを生じさせ，その結果，物流コストも上昇してしまう.
こうした問題を生じさせないように，物流サービスの品質を維持し向上させ，物流コストを適切に管理するのが物流管理の役割である.

物流管理を適切に行うことで，物流の現場における問題を発見し，物流サービスの品質を維持・向上させ，物流コストの削減を図ることができる.

(b)　物流管理の実施者

① 　アウトソーシング先（物流事業者）

物流管理は，物流事業者の必須業務である．物流の現場に近いところにいて，「日々の物流業務（輸配送業務や物流センター業務など）が適切に行われているか」管理する（**図 9.1**）.

② 　荷主企業

荷主企業の物流部門は，「委託した物流業務が適切に行われているか」を，アウトソーシング先の物流事業者との定期的な会議で確認し，また，物流業務が行われている現場に直接出向いて確かめる（**図 9.1**）.

(c)　物流管理の項目

物流管理では，次のような項目を管理する.

① 　物流の五大機能の管理

物流サービスの品質向上には，物流の五大機能の管理が重要である.

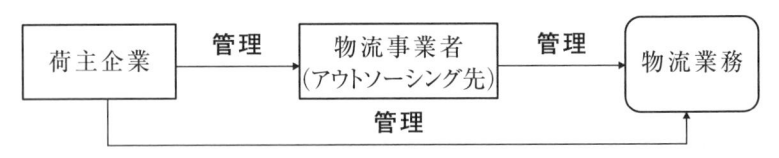

図9.1　物流業務の管理の関係

- 輸配送業務：定時着荷，誤配送，運送中の破損，安全運転，ドライバーの健康管理など
- 物流センター業務：欠品，在庫過多，不良在庫，誤入出荷，棚卸，品質管理(形状，温度，鮮度，賞味期限)，施設・設備の管理，物流センター内の事故など

② 予算実績管理：年度予算や業務委託契約で取り決めた数値の達成状況を，日次，週次，月次，年度で管理する．

③ 物流コスト管理：物流コストを管理・分析して，物流コストの削減を推進する．

④ クレーム管理：顧客などのクレームに適切に対処し，改善を進める．

⑤ 作業効率・生産性の向上への取組み：業務分析を行い，作業改善による生産性の向上を図る．

⑥ コンプライアンス：物流業務におけるコンプライアンス状況を確かめる．

（2）　物流管理の監査の進め方

荷主企業の物流業務監査では，例えば，次のような事項を確かめる．

① 物流部門
- 定期的にアウトソーシング先と会議を開催し，物流業務の管理状況を確認しているか．
- 管理指標の異常値の原因分析と対策は適切に行っているか．
- 物流部門自ら定期的にアウトソーシング先の管理状況を確認しているか．

② アウトソーシング先

> 物流センターなどの現場を視察し，契約したサービス品質レベルの状況を確かめる．

9.4 物流情報システム

（1） 物流情報システムとは

物資（原材料，部品，製品，商品）を顧客や消費者に届ける機能である物流は，情報システムの発展によって進化してきた．顧客企業（小売業など）と荷主企業（卸業やメーカー）および物流アウトソーシング先である物流事業者の間では，注文情報を授受する受発注システムが導入されている．このようなシステムをEOS（Electronic Ordering System）という．

物流事業者が導入している物流情報システムには，物流センターにおける入荷から出荷までの倉庫作業の効率化のための倉庫管理システム（Warehouse Management System：WMS）や，輸配送全体を効率的に管理する運送管理システム（Transportation Management System：TMS）がある．また，倉庫管理のサブシステムには，入出荷検品システムや在庫管理システムが，運送管理のサブシステムには，車両運行管理システムがある．

物流情報システムの目的は，物流におけるさまざまな課題を解決するための手段となることである．例えば，物流業務の効率化による物流コストの削減や，小ロット・多頻度の注文への対応，効率的な輸配送による定時着荷の実現は，物流情報システムがあって初めて可能になる．すなわち，物流情報システムは，物流の効率化と物流サービスの向上を図る手段といえる．

今日の物流は，サプライチェーンに組み込まれている．サプライチェーンに加わる企業間の取引を一元的に管理して流通コストや在庫コストを削減し，より高い付加価値を生み出す仕組みがSCM（サプライチェーンマネジメント）である．SCMを機能させるための企業間のデータの送受信の仕組みをEDI（Electronic Data Interchange）という．EDIがSCMを支える情報基盤である．

顧客のニーズに素早く応えるためには，調達，生産，在庫，物流，販売の各企業が，「何が・どこに・どのくらい・どういう状態にあって，いつ出荷できるか」という情報を共有している必要がある．これをサプライチェーンの可視化という．こうした物流情報の可視化によって，サプライチェーンや物流の効

第9講 物流業務の監査

率化とそれに伴う調達・生産・物流のコスト削減が可能になる.

　物流情報の可視化ができていないと，個別企業の部分最適になり，過剰在庫や欠品を生じさせる．物流情報システムの発展が企業間システムである SCM の高度化を促進してきたといえる.

（2）　物流情報システムの監査の進め方

　物流情報システムの監査は，物流部門の監査や情報システム監査のなかで実施する．物流情報システムの監査は，次のようなステップで進める.

① 物流にかかわるシステムを洗い出す.
② システム間の連動性を理解する.
③ 外部の企業とのシステム連携状況を確かめる.
④ やり取りする情報を確かめる.
⑤ システムの構築目的や業務改善指標，投資額を確かめる.

現状を把握したら，例えば，次のような事項を確かめる.

- システムの構築・導入の目的は達成されているか.
- 外部企業と共有しているシステムでは，「投資や経費の負担，責任区分は明確になっているか」「明確になっている場合，それは適正か」.
- システムの運用は適切か.
- 事業に支障をきたす障害は発生していないか.
- システム間，企業間のデータの連続性・連動性は確保されているか.
- 情報のセキュリティは適切か.
- サプライチェーンの可視化はできているか.
- 物流業務の効率化に貢献しているか.
- 物流サービスの向上に貢献しているか.

（3）　物流情報システムにおける監査の落とし穴

　物流情報システムは，物流業務を支える基盤なので，物流業務の監査を実施する際には，必ず物流情報システムも監査しなければならない．「情報システムは苦手だから」といって，監査対象から除外することがないように注意する必要がある．物流情報システムの監査では，「物流業務の円滑な遂行に役立っ

ているか」「効率化に寄与しているか」の視点から監査するとよい.

　なお, 情報システムの監査については, 第12講も参照されたい.

9.5　物流コスト

（1）　物流コストとは

　物流は, 顧客や消費者の求める商品を適時・適量・適切に届ける機能であるため, 顧客や消費者のニーズに応えるための小ロット・多頻度配送や着荷時間・配達時間の厳格化などは, 物流コストの増加要因になる. 物流業務は, 物流サービスの向上と物流コストの削減の双方を追求することである.

　物流コストは, 図9.2に示すように支払物流コスト(外部コスト)と社内物流コスト(内部コスト)に分けられる. 2つを合わせてトータル物流コストという. 2つのコストが把握されて初めて, 物流コストの管理(物流コストの削減や最適化の対策を講じること)が可能になる.

　①　支払物流コスト

　　　倉庫保管費, 輸配送費, 流通加工費など, それぞれの業務の対価として支払う費用と, 物流業務の一部または全部を委託している場合の業務委託費から構成されている. 請求書や勘定科目などにより, コストの算出は容易である.

　②　社内物流コスト

　　　社内における物流にかかわる業務で発生するコストで, 物流業務や物流管理の人件費, 物流システムの構築・運用費, 車両の購入費や維持費,

トータル物流コスト										
支払物流コスト						社内物流コスト				
物流センタ運営委託費	棚卸費用	システム運用委託費	倉庫保管費	輸配送費	保険料	人件費	管理費	車両維持費	倉庫業務費	マテハン機器購入費	システム運用費

図9.2　物流コストの構成

倉庫業務費などである．経費科目として明確に区分されていない場合も多く，特に人件費は，物流にかかわる業務を分析して算出する．

（2）　物流コストの管理

物流コストの削減は物流業務にとどまらず，経営的にも重要な課題である．物流コストの削減には，正確なコストの算出・把握と継続したコスト管理が必要である．

物流コストを把握するためには，始めに支払物流コストと社内物流コストを，機能別（輸配送，保管，荷役，包装，流通加工の物流機能別），分野別（商品，エリア別など）に計算して，一つひとつの物流コストの要素を分析し，原単価を算出する．次に原単価の業界比較や他社比較を行い，自社の物流コストの妥当性を評価する．

物流コストの管理は，算出した原単価をもとに，物流業務の各機能別，分野別に，業務プロセスや作業工程のコストの適正化を図ることである．業務プロセスや作業工程にムリ・ムラ・ムダがあれば，コストを改善することができる．また，荷物の取扱量の変動や推移，経済状況の変動などを考慮して，作業単価や要素単価を見直す必要もある．

しかし，物流コスト管理は，作業単価や要素単価の削減によってコスト削減を図るだけではなく，物流の仕組み自体の改善を図ることで，物流サービスの向上と相まってトータル物流コストの最適化を図ることにある．

（3）　物流コストの監査の進め方

荷主企業の物流部門の監査では，例えば，次のような事項を確かめる．

- 物流業務の委託契約では，機能別や分野別に作業工程ごとの単価や要素ごとの単価は明確化されているか．
- それらの単価の決定プロセスは適切なものか．また，単価は定期的に見直されているか．
- 社内物流コストは適切に算出されているか．
- 算出された単価は，業界や他社と比較して妥当なものか．
- 物流コストの削減の取組みは行われているか．また，その方法は適正か．

- コスト削減と物流サービスの向上のバランスは考慮されているか.

（4）　物流コストの監査の落とし穴

　物流コストは，外部委託費，車両費，燃料費，倉庫費などさまざまである. 物流コストの監査では，広い視点をもち「物流コストが網羅的に把握されているか」「それらがトータルとして削減されているか」という視点で監査を実施する. もし，コスト削減が計画どおり進んでいるからといって安心してはならない. 削減に重点がかかると，取引契約や社内の物流業務にムリが生じ，思わぬリスクが発生することにもなりかねない. そのため，コスト削減目標の妥当性にも注意する必要がある.

9.6　物流アウトソーシング

（1）　物流アウトソーシングとは

⒜　物流アウトソーシングの目的

　多くの企業は，経営戦略の一環として，コアコンピタンスに経営資源を集中し，経営の効率化を推進するために業務のアウトソーシングを取り入れている. 荷主企業が物流業務を外部委託することを，物流アウトソーシングという.

① 　物流アウトソーシングの目的(メリット)
- コストの明確化：社内物流コストの多くが外部化できるため，トータル物流コストが明確になり，コスト管理をしやすくなる.
- コストの削減，人員の削減：自社物流の場合の固定費が，人員の削減などにより削減でき，トータル物流コストを削減できる.
- 物流業務の効率化：専門能力をもった物流事業者に委託することで，物流業務の効率化を図れる.

② 　物流アウトソーシングのデメリット
- 自社の物流の機密やノウハウの流出
- 社内専門スタッフの不在による物流能力の低下
- 外出しによる物流業務のブラックボックス化

⒝　**物流アウトソーシングの方法**

　物流アウトソーシングには，**図9.3**に示すとおり物流業務の全工程をアウトソーシングする場合と一部の機能・工程をアウトソーシングする場合がある．また，物流業務を同一の事業者にアウトソーシングする場合と複数の事業者にアウトソーシングする場合がある．さらに，物流子会社をつくって物流業務の全部または一部をアウトソーシングする場合やその子会社が業務を再委託する場合がある．

⒞　**物流アウトソーシングの管理**

①　物流アウトソーシングの決定

　荷主企業の物流部門は，物流アウトソーシングの導入を決定するに当たり，次の点を検討する．

- 自社の物流業務の課題を整理して，解決すべき問題を明らかにする．
- アウトソーシングのメリットとデメリットを検討する．
- アウトソーシングの範囲を検討する．
- アウトソーシングの条件を検討し，アウトソーシング先を決める．

②　アウトソーシング先の管理

　物流業務をアウトソーシングした後は，継続した管理が必要になる．

- 契約した業務品質が維持されているか．
- コストに見合った成果が出ているか．またはコストを削減できているか．
- 事故防止や安全対策は適切か．

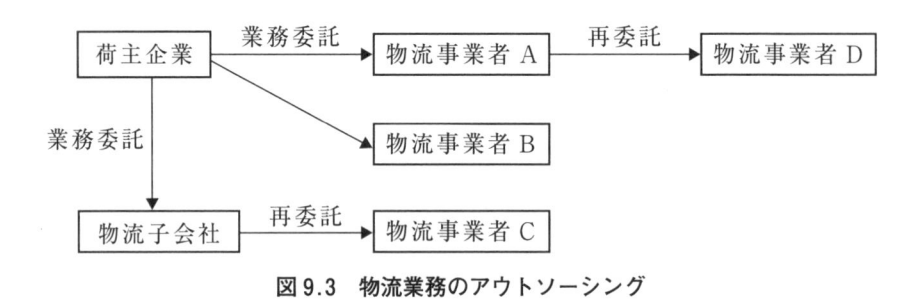

図9.3　物流業務のアウトソーシング

- クレームを把握し，適切に対処しているか．
- コンプライアンスは十分に遵守されているか．
- アウトソーシング先から定期的に報告があるか．

（2） 物流アウトソーシングの監査の進め方

荷主企業の物流部門の監査では，例えば，次のような事項を確かめる．

(a) アウトソーシングおよびアウトソーシング先の決定のプロセス

- アウトソーシングの導入はメリットやリスクを社内で十分に検討したか．
- 能力，設備，システム，業務品質，費用，実績などを十分に検討したか．

(b) アウトソーシング契約の内容

- 物流上の課題が解決できる内容になっているか．
- 達成すべき業務品質レベルが細かく明確になっているか．

(c) アウトソーシング先の管理状況

- 運用状況は定期的に報告されているか．
- 業務品質は契約したレベルを維持しているか．

（3） 物流アウトソーシング監査の落とし穴

物流アウトソーシングの監査では，アウトソーシング先の監査を実施する必要がある．しかし，アウトソーシング先は別法人なので，荷主企業の内部監査人がアウトソーシング先を監査することは難しい．そこで，アウトソーシング契約において，アウトソーシング先に対する監査権を定めておく必要がある．

また，アウトソーシング先に対して指摘事項がある場合には，荷主企業の内部監査人はアウトソーシング先に直接指摘や改善提言を行うのではなく，物流管理部門などを通じて改善を指示するように注意しなければならない．

9.7 物流センター

(1) 物流センターの業務

物流の五大機能のうち,保管,荷役,包装,流通加工の4つの機能を担うのが物流センターである.物流センターの役割は,顧客企業や消費者に対して,注文のあった商品を適正な状態で適時・適量届けるための準備を行うことで,物流サービスの一翼を担うことにある.

物流センターは,機能・役割に応じて3種類がある.

① トランスファーセンター(TC)

　通過型センターとよばれる.クロスドッキング(仕分け,積替え)を行うセンターで,入荷荷物の格納や保管は行わない.大規模な物流機器設備が不要で,作業量も少なくて済む一方で,在庫をもたない分,迅速かつ正確な出荷情報が不可欠である.

② ディストリビューションセンター(DC)

　在庫型センターとよばれる.センター内で在庫している商品を納入先別に仕分けをする.入荷→検品→格納→保管→受注→ピッキング→検品→梱包→出荷の一連の作業を行うため,大がかりな設備やシステムが必要である.欠品や過剰在庫による不良在庫化を生じさせないために,適正在庫量の管理が重要になる.

③ プロセスディストリビューションセンター(PDC)

　流通加工・在庫型センターとよばれる.工場での加工に準ずる加工機能をもつ.食材などの加工や部品の組立てや設置といった高度な加工を行う.工場に準ずる環境(機械や設備など)が必要である.適正在庫量の管理と合わせて,荷主の求める加工品質を維持することが重要である.

(2) 物流センター業務の委託

物流センターの運営は,図9.4に示すとおり荷主が委託した物流事業者が直接行っている場合と,物流事業者から委託を受けた物流センター運営企業が行っている場合がある.また,特定の荷主の商品を専門に扱うセンターと複数の荷主の商品を扱うセンターがある.物流センターの運営でも,センター内の

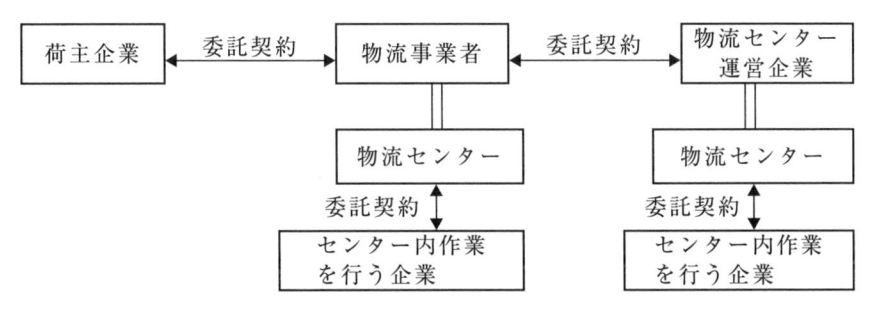

図9.4 物流センター業務の委託関係

作業の全部または一部を別の企業に委託している場合もある.

　物流事業者と物流センター運営企業が別企業である場合には，物流センター業務の委託契約は，荷主企業と物流事業者と物流センター運営企業の三者で取り結ぶ場合が多い(**図9.4**).

　荷主企業の物流部門は，物流センター業務の委託先の選定に当たっては，自社の商品特性や顧客のニーズに合った物流センターを見い出すことが重要である．また，日常においては，物流センター業務の委託の形態に応じて，次のような点に注意して，適切な管理を行うことが求められる.

- 委託契約で取り決められた品質レベル(欠品率，誤受注率，誤出荷率，遅延率，返品率など)が守られているか，委託先との定期的な会議において確かめる.
- 顧客から物流上のクレームがあった場合には，直接物流センターに出向き，原因を究明し，再発防止策を協議する.

（3） 物流センター業務の監査の進め方

荷主企業の物流部門の監査では，例えば，次のような事項を確かめる.

- 物流センター業務の委託先の選定は適切か.
- 委託契約で取り決めた品質レベルは適切か.
- 物流部門による日常の管理は適切に行われているか.
- 品質レベルは維持されているか．問題発生時の対処は適切か.

第9講　物流業務の監査

（4）　物流センターの監査の落とし穴

　物流センターの監査では，必ず現地を視察することが重要である．「物流セ
ンターに自社の商品などが間違いなく在庫しているか」「商品などの取扱(入出
庫，保管管理)は適切に行われているか」などについて視察によって確かめな
ければならない．荷主企業側の目が行き届きにくい遠方の物流拠点については
特に注意が必要である．

9.8　輸配送

（1）　輸配送業務とは

　物流の五大機能の一つである輸配送は，物流機能のなかの物的移動を担う業
務である．原材料や部品，製品，商品の川上の拠点から川下の拠点への運搬の
うち，大規模輸送手段による拠点間の移動を「輸送」，最終拠点である店舗や
消費者への小規模運送を「配送」と使い分けることがある．

　輸配送方法には，トラックや鉄道による陸送と，船による海運，飛行機によ
る空輸があるが，国内では陸送が中心で，そのうちトラックによるものが主に
なる．

　ところで，荷主企業の多くは，物流業務をアウトソーシングしているが，受
託側の物流事業者でも輸配送の運送業務は運送会社に委託している場合が多い
(図9.5)．運送会社もまた運送の現場では，小規模の運送会社や個人の運送業

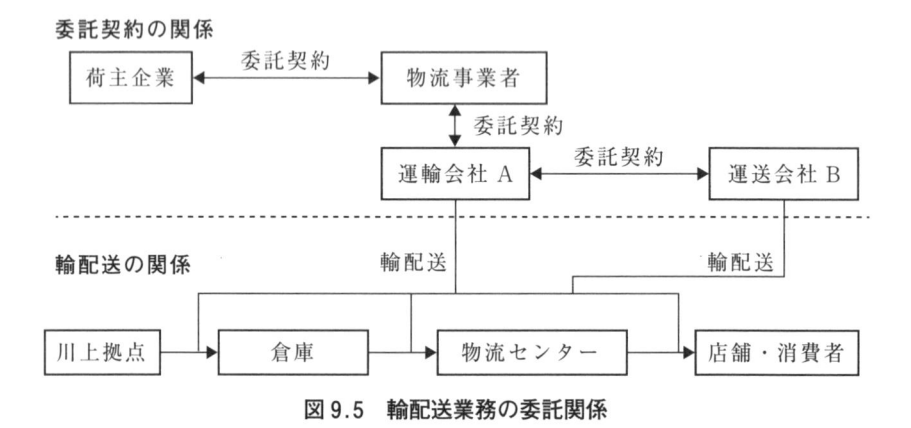

図9.5　輸配送業務の委託関係

者に再委託している場合が多い.

　荷主企業の物流部門は,物流業務の委託契約において,輸配送の品質(安全性,定時着荷など)の確保を求めている.そのため,受託する運輸企業側では,運行管理システムの導入などにより,安全運転,効率配送を推進している.これについて,荷主企業の物流部門は,委託先の物流事業者との定期的な会議などにおいて,対象物品の安全輸送や安全運転(交通安全,エコドライブなど)といった運行状況を確認している.

　輸配送中の物資に関する品質の劣化や着荷時間の遅れ,運送中の事故などは,顧客や最終消費者に対する荷主企業の信用問題になる.そのため,運行管理データの確認や安全運転教育の実施状況,ドライバーの労務管理状況の確認なども重要になる.

　また,荷主企業の多くが導入している ISO 14001(環境マネジメントシステム)は,省エネや省資源の達成目標を定めており,排ガスの主要発生源であるトラックなどの輸配送業務のデータ管理は重要である.

(2)　輸配送業務の監査の進め方

　荷主企業では,輸配送業務の監査において,例えば,次のような事項を確かめる.なお,アウトソーシング先への監査権を委託契約書で取り決めておけば,より正確な実態を確認できる.

- 物流事業者との委託契約に定める品質レベルの維持・保証内容は妥当なものであるか.また,役割や責任区分は明確になっているか.
- 物流事業者による輸配送の再委託,再々委託の内容を把握しているか.
- 委託先との会合は定期的に開催されているか.
- 物資の品質レベル(荷姿,温度管理,定時着荷など)を維持しているか.
- 運行状況(安全運転,効率運送,エコドライブなど)を適切に把握しているか.
- ドライバーの安全運転教育や労務管理の状況も確認しておく必要がある.
- ISO 14001 における省エネ・省資源の目標を達成できているか.

（3）　輸配送業務の監査の落とし穴

　輸配送業務の大きなリスクのうちの一つは，輸配送中の事故の防止である．これは，事故の相手に損害や迷惑をかけるだけではなく，事故処理のために輸配送が遅延することになる．そこで，安全運転教育の実施状況の監査が重要になる．また，駐車違反も大きな問題になることがある．ある輸送会社で，交通違反をした際に本人ではなく別の者が身代わりで出頭して大きな問題になったことがある．輸配送業務では，安全運転などコンプライアンスに重点を置いた監査が重要である．

9.9　コンプライアンス

（1）　物流におけるコンプライアンス

　物流業務にも，業界，業種としてのさまざまな法令がある．物流事業を営む会社に適用される法令のほか，荷主企業も気をつけなければならない法令もあるので，内部監査でも注意する必要がある．

⒜　物流業務のコンプライアンス

　物流業務に適用される法令には，例えば次のようなものがある．
- 道路交通法：道路の危険の防止，道路の交通に起因する障害の防止
- 道路運送法：輸送の安全の確保，道路運送の利用者の利益の保護
- 道路運送車両法：車両所有権の公証など
- 貨物自動車運送事業法：輸送の安全の確保など
- 倉庫業法：倉庫業の適正な運営，倉庫利用者の利益保護など

　こうした法令は，物流事業者に適用されるが，そこに違法行為があれば，物流業務を委託している荷主企業にもさまざまな影響が及ぶことになる．物流事業者にとっては，取引上の信用問題になり，荷主企業にとっては社会的な信用・イメージが失墜することにもなる．物流事業者は，社内にコンプライアンス体制を整備して適切に運用する必要がある．

　なお，荷主企業は，委託先のコンプライアンスの状況を定期的に確認し，「適切な対応ができているか」をモニタリングする必要がある．

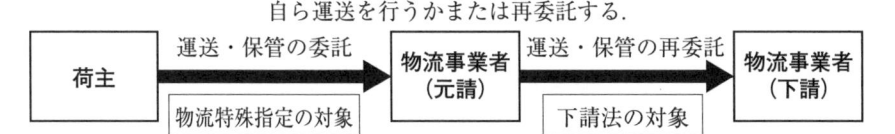

出典）公正取引委員会「物流特殊指定（特定荷主が物品の運送又は保管を委託する場合の特定の不公正な取引方法について）」(https://www.jftc.go.jp/dk/butsuryu.html)

図 9.6　物流特殊指定と下請法との関係

荷主	運送または保管サービスの委託	物流事業者
資本金が 3 億 1 円以上	→	資本金額が 3 億円以下（個人事業者を含む）
資本金額が 1 千万 1 円以上で 3 億円以下	→	資本金額が 1 千万円以下（個人事業者を含む）
優越的地位に立つ事業者	→	取引上の地位が劣っている事業者

出典）公正取引委員会「物流特殊指定（特定荷主が物品の運送又は保管を委託する場合の特定の不公正な取引方法について）」(https://www.jftc.go.jp/dk/butsuryu.html)

図 9.7　物流特殊指定の対象となる取引

(b)　荷主企業のコンプライアンス

　物流業務を委託している荷主企業は，独占禁止法に注意しなければならない．独占禁止法における不公正な取引方法の優越的地位の濫用規制に係る公正取引委員会の指定に，「物流特殊指定」（「特定荷主が物品の運送又は保管を委託する場合の特定の不公正な取引方法」）がある（**図 9.6** および **図 9.7**）．これは，荷主と物流事業者との取引関係を規制するものである．

　また，物流事業者間の再委託取引は，下請法の適用を受ける．

　なお，荷主の禁止行為は，支払遅延，減額，買いたたき，購入・利用強制，割引困難な手形の交付，不当な経済上の利益の提供要請，不当な給付内容の変更およびやり直し，要求拒否に対する報復措置，情報提供に対する報復措置の9つである．

（2）　物流におけるコンプライアンスの監査の進め方

　物流事業者の監査は，物流事業に適用される法令について，「適正なコンプ

ライアンス体制が整備されているか」「その体制は適切に運用されているか」
を中心に確かめる.

　荷主企業の監査では,「物流管理部門などが, アウトソーシング先の物流事
業者のコンプライアンス状況を定期的に確認しているか」監査する. また,
「物流特殊指定に該当する取引があるか」確認し, 該当する取引があれば,「物
流特殊指定が禁止する行為が行われていないか」確かめる.

9.10　物流改革とロジスティクス, 3PL, SCM

（1）　物流改革とは

　IT を始めとした技術革新やネット通販の拡大などにより, 物流の世界の競
争環境は大きく変化している. 荷主企業にとっても, 委託を受ける物流事業者
にとっても, 物流改革への取組みは不可欠である. ここでは, 最近の動向につ
いて説明する.

（a）　ロジスティクス

　物流は,「物流の五大機能」といわれるように, 物資の取扱の概念である.
一方, ロジスティクスは, 物流の上位概念として, 顧客に商品を届ける販売物
流に加えて, 調達物流, 社内物流, さらには返品や廃棄物の回収の物流(静脈
物流)を一元管理して, 全体最適化を図ることである. 物流の効率化とコスト
の削減に加えて, 生産コストの削減や売上の増加も目指す.

（b）　3PL(サードパーティ・ロジスティクス)

　3PL は, 物流のオペレーション面の受託だけではなく, 物流業務の企画・
運営・管理, すなわち物流業務全体を包括的に受託するサービスである. 荷主
企業は, 物流業務の全面委託によって, いっそうの効率化と物流コストの削減,
顧客に対する物流サービスの向上を図ることができる. ただし, 委託業務のブ
ラックボックス化に注意する必要がある.

（c）　SCM(サプライチェーンマネジメント)

　SCM は, 消費者に商品が供給されるまでにかかわる企業間の取引を, 個別

企業の部分最適ではなく，一元的に管理することで無駄のない供給の仕組みをつくり，より高い付加価値を生み出すシステムである．生み出された付加価値は消費者を含めたチェーン全体に還元される．チェーン間の取引において，物流は大きな役割を果たしている．

（2） 物流改革の監査の進め方

荷主企業は，顧客のニーズに素早く応えられるよう，経営戦略の一環として定期的に物流業務を見直している．こうしたときには，経営監査や物流部門の監査において，「ロジスティクスや3PL，SCM の検討を含む物流改革に積極的に取り組んでいるか」「競争力強化につながる物流改革になっているか」確かめる．また，「物流改革の監査では，物流部門が物流業務改革の推進体制を構築しているか」「業務改革に関する実施計画を策定しているか」「それを適切に実施しているか」などの視点から監査を行うとよい．

（3） 物流改革の監査の落とし穴

物流改革は，単に「同業他社が実施あるいは検討しているから自社も実施しよう」と考えて行うのは有効ではない．「自社の現状分析，課題の整理，あるべき姿の検討などが行われているか」などの検討にもとづき行うものである．内部監査人は，「物流改革の目的が明確にされ，具体的な目標(例えば，納期短縮などの物流品質向上，コスト削減など)を設定しているか」確かめるとよい．また，「物流に係る技術動向を把握する体制や仕組みがあるか」も監査することが重要である．

9.11 物流と環境問題

（1） 物流活動における環境問題とは

日々膨大な物資を輸送，運搬する物流は，環境への負荷という面でも影響が大きい．物流における環境問題は，大きく次の2つに分けられる．

① 排ガス問題：トラックなどから排出される二酸化炭素(CO_2)や窒素酸化物(NOx)，粒子状物質(PM)が地球温暖化や人体をはじめ健康に影響を与えているという問題である．

②　廃棄物問題：物流の過程で使用される大量の包装・梱包資材が廃棄されているという問題である.

こうした問題に対して，荷主企業や物流事業者は，環境への負荷を削減するために，省エネ，省資源に取り組んでいる.

排ガス問題については，エコドライブ，低公害車，効率運送，共同物流，鉄道輸送などへのモーダルシフトなどの取組みが挙げられる.　また，廃棄物問題については，梱包資材のリデュース(削減)，リユース(再使用)，リサイクル(再生利用)などへの取組みが挙げられる.

今日こうした取組みは，多くの企業では ISO 14001(環境マネジメントシステム)の枠組みのなかで行われている.

（2）　物流業務における環境問題の監査の進め方

企業が事業活動を通じて CSR(企業の社会的責任)や SDGs(持続可能な開発目標)に取り組むことは，社会や市場から，さらに国際的にも求められている.

物流業務の監査では，例えば，次のような事項を確かめるとよい.

①　排ガス問題や廃棄物問題は，ISO14001 のなかで，省エネや省資源の達成目標とされているか.

②　この目標が，物流アウトソーシング先と共有できているか.

③　実際の取組み状況と目標達成状況を物流の現場で確かめているか.

（3）　物流業務における環境問題の監査の落とし穴

環境対策を講じるためにはコストがかかる.　そこで，内部監査人は，物流業務の監査では，物流コスト削減と環境対策コストの増加という相反する問題について意識する必要がある.　「コスト削減と環境対策のどちらを優先するか」「どのようなバランスにするのか」を決めるのは経営者であり，内部監査人ではない.　また，「経営方針を意識して，物流部門が対策を検討し決定しているか」確かめることになる.

内部監査では，「物流部門が経営方針に従ってコスト削減と環境対策のそれぞれについて適切に取り組んでいるか」確かめることになる.

第 **10** 講

人事・総務業務の監査

10.1 人事部門

（1） 人事業務とは

　人事業務は，企業の経営資源である「人」「モノ」「金」「情報」のうち，「人」の管理を行う業務である．「人」は企業がさまざまな活動を行ううえでの基礎である．「人」の採用・育成は重要な経営課題であり，また，給与の支払や勤怠管理，福利厚生などの「人」に関する管理も重要な業務である．

　このような「人」を取り扱う人事業務の範囲には，例えば，次のようなものがある．

- 採用：募集，採用など
- 処遇：配属，異動，昇格など
- 人事制度の企画：人事に関する制度（資格制度，業績評価制度，給与制度，福利厚生制度，人事異動制度など）の企画・立案など
- 労務管理：給与・賞与・退職金の支払，勤怠管理，就業規則・人事規程の管理，健康診断，福利厚生，労働組合との折衝など
- 能力開発：人材育成，教育研修など

（2） 人事部門の監査の進め方

　人事業務の範囲は，多岐にわたっているので，内部監査を始めるに当たってまず，監査対象の業務の全体像を把握することが重要である．また，個々の業務プロセス（業務の始まりから終わりまでの一連の流れ）を理解し，「どのようなリスクがあるのか」「リスクの大きさはどの程度なのか」を見積もることも重要である．人事部門の組織図，業務分掌規程などを参考に，人事部門の業務

の全体像を摑み，次に，採用，勤怠管理，給与等の支払，教育研修などのそれぞれの業務の流れを理解する．また，どのようなリスクがあるのか把握し，そのリスクの大きさを考慮したうえで監査を行う分野や具体的な監査項目を策定する．

　人事業務におけるリスクには，例えば，次のようなものがあるが，実際には，それぞれの業務プロセスに沿ってさまざまなリスクが洗い出されることになる．

- 採用：企業に必要な人材が採用できない．採用した人材が期待された能力を発揮しない．
- 処遇：公平感がなく不満が増大する．モチベーションの向上につながらない．
- 人事制度の企画：人事制度が企業の方針と一致しておらず有効でない．
- 労務管理：勤怠管理が適切に行われず，サービス残業や過重労働が発生する．就業規則や人事規程が適切に改訂されず実態と乖離する．
- 能力開発：研修や育成のプログラムが企業の方針と合致せず有効でない．研修や育成プログラムの内容が不十分で能力開発に有効でない．

　また，人事に関する監査を実施する場合には，人事部門のみを監査するのではなく，人事に関するテーマを監査対象とし，人事部門とその他の現業部門や関連部門も含めたテーマ監査を実施する方法もある．なお，人事業務に関するテーマ監査については，10.2 節を参照されたい．

（3）　人事部門の監査の落とし穴

　人事部門の監査の場合，人事部門だけを見ているのでは，大きな課題は見つからず，有効な監査にならない場合がある．人事部門など，本社の管理部門は，現場の管理，指導，モニタリングを，業務として行っている比重が高い．したがって，人事部門だけではなく，「現場で実際にどのようなことが行われているのか」確かめる必要がある．

　例えば，教育・研修を評価するためには，人事部門による教育・研修の計画の策定，実施，報告などを見るだけでなく，第一線の現場でインタビューを行って，「教育・研修が本当に現場の業務に役立っているのか」「現場の人材の育成の期待に沿ったものになっているか」確かめることが有効である．本社に

は，人事業務のベテランで優秀な人が配置されているので，本社の人にインタビューしただけでは，課題を発見できない点に留意する必要がある．

10.2 人事業務に関するテーマ監査

（1） テーマ監査とは

多くの日本の内部監査部門では，部門別監査を中心に監査が実施されている．しかし，欧米や日本の先進的な監査部門では，テーマ監査を積極的に採り入れ，テーマ監査のほうが部門別監査より高い比重となっているところもある．

テーマの洗出しでは，まず，さまざまな情報から，監査のテーマとなり得るものを幅広く洗い出すことが重要である．例えば，次のような情報である．これら以外にも，個人的な社内人脈から重要なテーマが識別されることもある．

- 経営者，監査役などの関心事，懸念事項
- 時事問題，メディアの論調，社会の関心(例えば，ブラック企業，残業の常態化によるメンタルの不調など)
- 規制当局の動向や姿勢
- 会社の方針，中長期，年度計画
- 社内の不祥事や事故，重大なミス
- 社内の重要なプロセス

テーマ監査の候補となるテーマを洗い出したら，各テーマのリスクの大きさを評価し，監査を実施する際の優先順位づけを行う．そして，本年度に実施する監査テーマ，次年度以降に実施する監査テーマを決定する．

（2） テーマ監査の実施

テーマ監査では，監査対象は人事部門だけでなく，関連する部門，現場も対象となる場合が多い．人事業務に関するテーマ監査のテーマとしては，例えば，次のようなものがある．

- 労働基準法，労働安全衛生法等の遵守状況および36(サブロク)協定遵守状況
- 企業倫理に係るリスク認識・コントロールの実施状況
- 人材育成の取組み状況

第10講 人事・総務業務の監査

- 労働時間管理
- 労働者派遣契約，請負契約の適切性
- 障害者雇用
- セクシュアルハラスメント，パワーハラスメント
- ワークライフバランス
- マイナンバーの管理
- 労務管理(過重労働の有無と削減の取組み，定期健診での要再検者の再受診状況)
- ストレスチェック制度対応状況
- 勤怠管理(勤怠管理システムの CAATs による分析)
- 社員の健康管理

（3）　人事関係テーマ監査の落とし穴

　テーマ監査では，テーマ選定の良否がポイントになる．社内外の状況を踏まえて，タイムリーなテーマを選定することが重要である．具体的には，「企業の戦略に沿ったテーマか」「経営者の関心のある事項か」など，「内部監査に対するステークホルダーの期待に沿ったテーマか」考慮する．選択したテーマが，内部監査の重要なステークホルダーの期待やニーズに沿っていない場合には，その監査を実施しても内部監査による付加価値は低いものとなる．

　また，コントロールの識別も重要である．テーマ監査の場合には，リスクコントロールマトリクス等の資料が何もない状態から，業務プロセスの確認，リスクの洗出し，リスクを低減するコントロールの識別・評価を実施する必要がある．テーマ監査で，真に企業に意味のある価値を付加する監査とするためには，十分で高い専門性をもった監査資源と，十分な時間が必要である．

10.3　人材の採用と育成

（1）　人材の採用と育成とは

　人材育成と採用は，企業の経営資源である「人」の採用，育成にかかわるものである．人材は，企業活動の基礎となるものであり，人材の採用と育成は，経営にとって重要な課題である．企業が求める人材は，業種，ビジネスモデル，

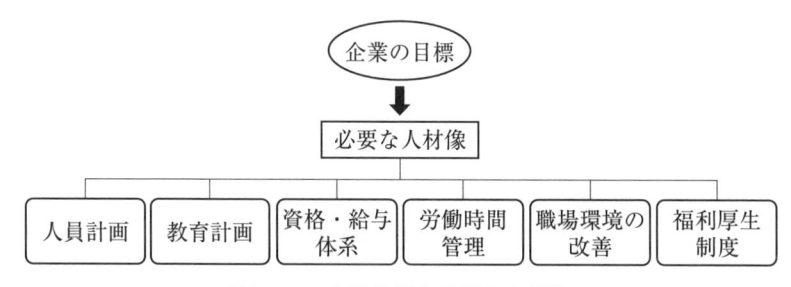

図 10.1 企業目標と必要な人材像

経営方針，企業風土，部門，業務などによって大きく異なる．採用と人材育成は，求める人材像を明確にしたうえで行う必要がある（図 10.1）．

人材育成のスタートは，採用である．新卒者を採用する場合には，採用戦略を策定し，具体的な採用人数，採用活動の方法やスケジュールなどを決める．面接者の教育や評価方法なども決める必要がある．また，インターネットでの採用情報の公表，会社説明会の開催などについても定めなければならない．このほかに，専門性をもった人材を外部から採用することもある．例えば，内部監査人の場合には，CIA（公認内部監査人），CISA（公認情報システム監査人），システム監査技術者，公認会計士などの資格保有者を公募しているケースもある．こうした場合には，中途採用の方法についても決める必要がある．

日本企業の場合には，人事ローテーションにより，さまざまな部門や業務を経験し，幅広い知識や経験を身につけた，いわゆるジェネラリストの人材育成を目指すことが多い．しかし，商社のように専門分野のなかでのさまざまな職務経験により，人材を育成する場合もある．また，人材育成では，多種多様な研修が行われる．社内で行う研修もあれば，外部の講習会に参加させるケースもある．階層別研修や職種別研修や，講義形式の研修，実技研修もある．さらに実務を担当させながら教育を行う OJT（On the Job Training）もある．

人材育成は，求める人材像を明らかにし，その人材像に近づけるために，教育計画（研修計画）を作成し実施することが重要である．また，定期的に教育体系，教育内容や教育方法などを点検し，改善していくことも大切である．

第10講 人事・総務業務の監査

（2）　人材育成と採用の監査の進め方

　人材育成と採用の監査では，例えば，**表 10.1** に示すような事項を確かめるとよい．

（3）　人材育成・採用の監査の落とし穴

　採用や研修は，やみくもに行っても意味がない．企業が求める人材像を明らかにして，それに向けて採用と研修を行うことが大切である．そこで，望ましい人材像の検討に当たって顧客の視点をもって，採用・研修を行っているか確

表 10.1　人材育成と採用の監査項目の例

監査項目	内容
人材の育成方針および採用方針	・企業が求める人材像が明確になっているか. ・求める人材像を確保するための方針(人材育成あるいは採用)が明確になっているか. ・職務および部門別に必要とする人材像(スキルや経験)が明確になっているか.
採用計画	・新卒および中途採用の計画が策定されているか. ・当該計画には採用数，採用基準，採用時期などが明確になっているか.
採用活動	・採用活動が公平に実施されているか. ・面接の手順・質問項目・評価尺度などが明確になっているか. ・面接担当者による不適切な言動が発生しないように指導・監督しているか.
採用者に対するフォローアップ	・新卒および中途採用者に対して，採用後のフォローアップを行っているか. ・採用活動や採用後の研修に関する意見や要望を把握し，それが採用活動や研修の改善に反映されているか.
研修計画	・研修計画が策定され，実施されているか. ・研修内容や研修の効果を評価する仕組みがあり，必要な改善を行っているか.
社員ごとの育成計画	・社員一人ひとりの育成方針や計画が明確になっているか. ・定例面接などで本人の職種やスキルアップなどに関する希望を把握しているか. ・社員ごとの育成方針や育成計画(キャリアパス，指導方針など)を策定しているか.

かめるとよい．特に，「顧客がどのような社員を求めているのか」を意識し，スキルや経験を明らかにするとよい．

10.4　人事制度

（1）　人事制度とは

　人事制度は，企業によって多種多様である．日本の人事制度は，従来，終身雇用を前提とした年功序列型賃金制度をとり，終身雇用を前提として人事異動が行われ，従業員の育成が行われていた．しかし，現在では，業績評価を行い，業績に応じた給与体系が取り入れられている．また，終身雇用ではなく，専門分野をもって企業から企業へと転職（厳密にいえば転社）する人も珍しくない．

　人事制度には，資格制度，給与制度，福利厚生などの制度や，人事異動の制度もある．特に，資格制度と給与制度の関係は深い．業績給に重点を置いているのか，勤続給に重点を置いているのかによって，従業員に及ぼす影響は異なる．業績給を重視している場合には，業績評価制度が重要になり，業績評価の客観性や公平性の確保が不可欠となる．さらに，業績評価を徹底することによって，自己の業績評価につながらない業務は行わなくなるといった悪影響が生じることもある．近年では，過度の業績評価を見直す動きもある．

　福利厚生制度についても，人件費の抑制の視点から見直しが行われている．一律の福利厚生ではなく，従業員一人ひとりのニーズに応じて選択できる制度を取り入れている企業もある．従業員の年齢が高い企業と低い企業では，従業員が求める福利厚生も異なる．

　人事制度は，企業活動の基盤となっている従業員の「やる気」を引き出して，経営目標の達成につなげるためのものである．「やる気」を引き出すためには，生活の安定を支える制度でなければならない．こうした視点から，人事制度を構築し，運用することが重要である．

（2）　人事制度の監査の進め方

　内部監査人の場合には，外部監査人と異なって自社の人事制度の内容をよく理解しているはずである．人事制度の長所・短所や社内のさまざまな要望や意見も把握しているだろう．人事制度の監査では，こうした理解を踏まえて，表

第10講　人事・総務業務の監査

表10.2 人事制度の監査項目の例

監査項目	内容
給与制度	・企業が求める人材像と人事制度の方針の整合がとれているか. ・業績重視の場合には,業績給に重点を置いた人事制度になっているか. ・生活の安定性を重視している場合には,業績給を重視し過ぎていないか.
業績評価	・業績評価を客観的・公平に行う仕組みが整備・運用されているか.例えば,評価項目および評価基準の設定,複数者による評価などが行われているか. ・年度を通じた人事評価の場合には,直近の業績だけで評価しないような仕組みがあるか.
資格制度	・企業が求める人材像と資格制度の整合がとれているか. ・社内外の状況変化を勘案して,資格制度の見直しを行っているか.
将来予測	5年後,10年後の従業員構成(資格・年齢など)を考えて,給与体系の見直し,人事制度の見直しを行っているか.
離職率	・離職率や離職理由を分析して,人事制度上の問題がないか検討しているか. ・特定の部門・事業所において離職率が高くないか. ・問題がある場合,必要な対応を行っているか.
従業員満足度	・従業員満足度調査を定期的に実施しているか. ・調査結果を人事制度の見直しに反映させているか.

10.2に示すような事項を確かめるとよい.

(3) 人事制度の監査の落とし穴

人事制度は,時代の流れとともに変化する.また,優れた人事制度を構築しても,経営理念や経営方針と整合がとれていなかったり,人事制度の目的どおりに運用できなかったりすれば,従業員に不信感が生じる場合がある.内部監査では,こうしたことが起こっていないか確かめることが重要である.人事制度は,従業員の収入に直結し,従業員の生活に大きな影響を及ぼすので,こうした問題が発生し,企業目標の達成に悪影響を及ぼすようなことのないように目配りする必要があるからである.

10.5 給与・社会保険

（1） 給与・社会保険などの業務

人事部門は，人事制度の設計や採用計画の策定などの人事企画業務だけではなく，毎月行う給与・賞与・退職金の計算や支払，所得税や社会保険料などの徴収と納付といった業務も行っている．

給与・賞与・退職金の計算は，給与システムなどを用いて計算し，支払システムを通じて支払が行われる．人事部の業務で大切なことは，給与テーブルの設定(資格ごとの給与)，昇進・昇格情報の入力，給与・賞与の成績査定情報の入力を正確に行うことである．また，所得税の源泉徴収もある．特に年末調整は，従業員ごとにさまざまな所得税控除のための書類が徴収され，内容の確認，税務署への提出・納付などが行われる．

社会保険には，健康保険，厚生年金保険，雇用保険などがあり，定められた保険料を従業員から徴収し，社会保険事務所へ申告・納付する．このほかに，労働者災害補償保険に関する事務処理も行わなければならない．

これらの業務は，専門性が高いので業務ごとに担当者が定められているが，小規模の企業では，一人で複数の業務を担当することになる．

（2） 給与・社会保険などの業務の監査の進め方

人事業務を経験した内部監査人は，必ずしも多くはないかもしれないが，自分の給与明細書や賞与の支給明細を確かめたり，年末調整の申告を行ったりした経験のない人はいないだろう．給与・社会保険などの業務の監査では，こうした経験を踏まえて，例えば，表10.3に示すような事項を確かめるとよい．

（3） 給与・社会保険などの監査の落とし穴

給与・社会保険などの業務の正確性については，リスクがあまり高くないかもしれない．しかし，給与の支給日が遅れたりすれば，大きな問題につながる可能性があり，人事部門の担当者は細心の注意を払っている．しかし，業務の効率性の視点からは，必ずしも十分ではない場合がある．

内部監査人は，給与・社会保険などの業務プロセスをインタビューや関係書

表 10.3　給与・社会保険などの監査項目の例

監査項目	内容
業務分担	給与・社会保険などの業務が把握され，担当者が明確になっているか.
業務スケジュール	・給与・社会保険などの業務について，具体的に処理スケジュールが明確にされているか. ・業務処理の失念や遅延がないように進捗管理を行っているか.
担当者の複数配置	給与・社会保険などの業務には，専門性が必要であり，担当者が病気や出張などで不在の場合に備えて，複数の担当者が配置されているか.
教育	年末調整や社会保険制度の変更などに関する知識を徹底させるための担当者教育を行っているか.
業務の効率化	・給与・社会保険などの業務の効率化を図るための取組みが行われているか. ・残業などの原因を分析して，ボトルネックを把握し，それを改善するための取組みが行われているか.
納付処理	・税務署や社会保険事務所への申告や納付処理が確実に行われているか. ・申告や納付処理にかかわる書類が保管されているか. ・申告や納付の遅延や漏れが発生しないようにするためのチェックが行われているか.

類を閲覧して，「非効率な部分がないか」を確かめるとよい．例えば，人事部門の要員数と，処理件数などについて 5〜10 年間程度の推移を調べてもよい．

　なお，最近では，こうした業務を外部委託するケースが少なくない．その場合には，「目的どおりの効果があるのか」「サービス品質が低下していないか」「個人情報の管理は適切に行われているか」についても確かめる必要がある．

10.6　勤怠管理

（1）　勤怠管理とは

　勤怠管理とは，企業が従業員の就業状況を適正に把握・管理することである．勤務時間については，従来は始業時間，終業時間が定められ固定されていることが多かったが，近年では，フレックスタイム制，裁量労働制，ジョブ・シェ

アリング，短時間勤務制度などさまざまな形の勤務が認められるようになってきた．また，パートやアルバイトといった非正規従業員の増加もあり，勤怠管理は以前にも増して複雑なものとなってきている．

　一方，「サービス残業」(報酬を受け取らない残業)や「持ち帰り残業」「風呂敷残業」(自宅に持ち帰って行う残業)といった言葉が示すような状況が聞かれることがある．また，過重な長時間労働で健康を損なったとか，精神的に追い詰められたといった事例をニュースで聞くこともある．従業員の健康維持や，「ブラック企業」とレッテルが貼られた場合の評判リスクなどを考えると勤怠管理に関する監査の重要性は高い．

（2）　勤怠管理の内部監査の進め方

　勤怠管理の内部監査では，例えば，**表 10.4** に示すような事項について監査を実施するとよい．

（3）　勤怠管理の監査の落とし穴

　労働基準法の労働時間や休憩時間，休日に関する規定は管理監督者には適用されず，管理監督職への残業手当・休日手当の支払義務はない．しかしながら，次の点については注意して監査を実施する必要がある．

- 管理監督職も深夜勤務手当の支払は必要である(管理職手当のなかに一定の深夜勤務時間に対するみなし深夜勤務手当が含まれている場合もある)．
- 管理職のすべてが労働基準法の管理監督者に該当するわけではなく，職務内容，責任と権限，勤務態様，賃金などの待遇により判断される．課長や店長などの役職名がついていても，必ずしも労働基準法上の管理監督者に該当せず，残業手当・休日手当の支払が必要な場合がある．

10.7　総務部門

（1）　総務部門とは

　総務部門は，企業において各部門に属さないさまざまな業務を担当している．建物や関連する設備の管理，什器備品の管理，警備，清掃，車両管理，駐車場

表 10.4　勤怠管理の監査項目の例

監査項目	内容
勤務制度	・就業規則等に，会社の勤務制度がわかりやすく規定されているか. ・特に，残業を行う場合のルール(事前の届け出，上司の承認など)や，有給休暇取得のルールが明確にわかりやすく記載されているか. ・勤務制度が，労働基準法や，締結された労働協約(36 協定)に照らして適切な内容か.
教育	勤務制度に関するそれらの内容が研修などを通じて社内に周知されているか.
勤務実態	・社内の各層のインタビューを通して，勤務実態を把握する. ・特に，過度なプレッシャーや高い業務目標などから，過重労働をせざるを得ない状況となっていないか. 付き合い残業や，過剰な品質を求めるような風土がないか. ・年次有給休暇の消化状況を確かめる. 有給休暇残日が管理され，その消化が促進されているか.
過重労働	・内部通報制度や，従業員意識調査(実施されている場合)などを確認し，サービス残業や過重労働などにつながるような問題がないか. ・特定の人に業務が集中していないか. 特定の人がいつも残っている場合，不正が疑われる場合もある.
記録	・時間外勤務，休日勤務は適切に承認され，記録されているか. ・PC のログインの時間，オフィスの入退室の記録(社員に配布された IC カードなどでオフィスへの入退室が自動的に記録される場合など)，勤務時間に直接関連する情報と，勤務記録とを照合し，乖離がないか. ・特に，無届や無記録の休日出勤や，自宅からの PC によるログインなどにも注意する.

　管理，株主管理，株式事務，株主総会関係業務などさまざまである. 自治会・商店会など地域とのお付き合いや，官公庁・自治体の対応なども担当している. 法務部門が設置されていない場合には，法務の仕事を担当する者やチームが設置される. 清掃業務を担当していることから，産業廃棄物のマニフェスト管理を担当したり，環境保護を担当したりすることもある.

　総務部門の業務は，会社組織が拡大すればするほど，法務，環境，官公庁・

自治体・業界団体対応などの業務を独立した部門が担当するようになる．しかし，中小規模の会社や関係会社などの総務部門では，多種多様の業務を担当するという傾向がある．企画業務，秘書業務，知的財産権管理，広報(マスコミ対応)も総務部門に含まれる場合もある．近年は，総務部門の仕事にリスク管理が含まれる場合もある．

　総務部門の仕事は，文書，交渉，購入，各種手配，行事に整理できる．文書には，社内規程，社内文書の種類・書式・保存期間・管理方法などの制定と運用などが含まれる．交渉については，官公庁・自治体，自治会，商店会，周辺住民との折衝などがある．本社や事業所を賃借している場合には，不動産会社や家主との折衝も行われる．購入については，什器備品や消耗品の購入などがある．各種手配とは，官公庁などに対する各種申請や届出がある．行事については，会議の開催・運営のほかに，冠婚葬祭・社内行事などがある．

（2）　総務部門の監査の進め方

　総務部門の監査は，内部監査人が総務部門の業務をいかに知っているかどうかでその成否が決まるといえよう．総務部門の監査を実施する場合には，事前の準備が非常に重要である．総務部門の業務は，企業によってその守備範囲が異なるので，自社の総務部門がどのような業務を担当しているかを把握する．業務分掌を入手して，主管する業務は何かを把握する．その際に，組織図を参照しながら，他部門との責任・権限などの関係について問題がありそうな業務を把握する．

　総務部門の業務を経験した，あるいは詳しい内部監査人がいない場合には，事前に外部講習会に参加して，総務部門の業務内容を把握しておくことも有益である．また，社外で総務部門の業務に知見の深い人から説明を聞く方法もある．総務部門の業務に詳しい内部監査人は必ずしも多くはないからである．

　総務部門の監査では，例えば，**表10.5**に示すような事項を確かめるとよい．

（3）　総務部門の監査の落とし穴

　総務部門の業務内容は，前述のように広範囲にわたる．内部監査人は，総務部門の業務に詳しいとは限らないので，どうしても監査での見落としが発生す

表10.5　総務部門の監査項目の例

監査項目	内容
業務計画	・総務部門の業務計画について，業務分掌との整合がとれているか. ・年間スケジュールが具体的に策定され担当者が定められているか.
予算管理	・業務計画に盛り込まれた内容と予算との整合がとれているか. ・予算に計上された項目の内容に不明確なものがないか.
人材育成	・総務部門の業務は，知識だけではなく経験が必要であり，人材の育成には時間がかかるので，こうした点を考慮して業務計画が策定されているか. ・総務担当者の人材育成が行われているか.
反社会的活動	・総会屋など反社会的な活動を行う者への対応が適切に行われているか. ・不適切な，あるいは不適切と受け取られるような支払などが行われていないか

るリスクがある．表面に出ている部分しか監査しないで，大切な事項を監査しないということがないように注意しなければならない．そこで，内部監査人は，総務部門から一歩離れて，幅広い視点から，総務部門の業務を見ることが必要である．つまり，経営者の視点から監査するということである．

　総務部門の監査では，企画，法務，渉外，秘書などの各部門との業務の責任の境界が明確になっているか把握する．責任の境界が不明確な場合には，それを明文化するように改善提言を行ってもよい．大切なことは，各部門の責任を問うことではなく，企業として事業運営が円滑に進み，社外に迷惑をかけないような仕組みやプロセスになっているかという視点で監査することである．

　「反社会的な活動を行う者に対する対応が適切か」監査する場合には，総務部門の問題行動を指摘しようという姿勢ではなく，外部から「反社会的な者への対応が不適切ではないか」という疑問をもたれないように，仕組みやプロセスが構築され，それを実施していることを記録に残して説明できる仕組みや「プロセスになっているか」を確かめる姿勢が必要である．つまり，内部監査人は，総務部門があらぬ疑いをかけられないように保護する仕組みやプロセスを整備し，運用をチェックするという姿勢が大切である．

第11講

研究開発業務の監査

11.1 研究開発体制

（1） 研究開発の意義

　研究開発は，利益獲得にダイレクトに影響を与える設備投資とは異なり，将来にその効果が新商品や新技術として表れ，企業の利益獲得に貢献するものである．一般的に研究開発活動は，その頭文字をとって R&D (Research and Development) とよばれることが多い．

　金融庁「研究開発費等に係る会計基準」[1]によれば，研究とは，新しい知識の発見を目的とした計画的な調査および探究のこととなっている．開発とは，新しい製品・サービス・生産方法についての計画もしくは設計，または既存の製品などを著しく改良するための計画もしくは設計として，研究の成果その他の知識を具体化することと定義されている．

　内部監査の実務において，研究と開発を厳密に区別して監査に当たることはあまりないため，本講では研究開発を一括りの意味として扱う．実際に研究開発業務に携わったことのある内部監査人はそれほど多くないと思われるが，本講では研究開発業務の一般的な業務フローに従って解説していく．

（2） 研究開発体制とは

　研究開発の目的が将来にその効果を商品化したり，新技術として企業の利益獲得に貢献したりすることにあるため，研究開発の組織はさまざまな分野の専門家の集団で形成され，日々研究開発活動が行われている．研究開発に限らず

---

1)　https://www.fsa.go.jp/p_mof/singikai/kaikei/tosin/1a909e2.htm を参照のこと．

企業の組織体制にはさまざまな形態があるが，それぞれのテーマで独自の研究開発組織が形成され運営されていることが多い．したがって，研究開発の責任者には，それら個々のチームを一組織として束ね，企業全体の研究開発業務としての規程・基準書，マニュアルなどを整備することによって，より効率的かつ効果的な組織体制の構築が求められる．

（3）　研究開発体制の監査の進め方

　研究開発の組織体制を監査する場合，まず，研究開発組織のなかに必要な規程や組織図，それぞれの組織・チームの目的や業務内容が書かれた業務分掌や業務記述書を入手し，「組織やその組織に属する担当者の業務内容や権限が明確になっているか」確かめる．通常，研究開発組織のなかにはさまざまな会議体や委員会が設置され，意思決定がなされる．したがって，各会議体や委員会に関する規程の有無やその内容，実際にそれらが機能しているか確かめる必要がある．また，企業を取り巻く環境は刻一刻と変化していることから，「現行の組織体制が外的および内的環境の変化に対応しているか」「古くなって機能不全に陥っていないか」を研究開発の現場でヒアリングすることが重要である．

（4）　研究開発体制の監査の落とし穴

　研究開発に従事する技術者は，その道の専門家であり深い知見を有している．しかし，ある特定の分野では誰よりも知識がありプロ意識が極めて高い反面，自分の専門分野以外の業務に疎く，関心もそれほどないという人が意外に多い．そのため，本来海外に送ることが禁じられている品物をそうとは知らずに試作品として送ってしまったり，定められた残業時間を守らず，あるいはこれは個人の勉強であり業務ではないと独自で解釈したりして，本来申請すべき時間外労働を申請しないなどのコンプライアンス違反が起こるケースもある．したがって，研究開発の組織体制を監査するときには，研究開発部門の技術者を守る意味でも，コンプライアンス違反に対する(例えば，従業員倫理規程や労働基準法，下請法などに対する)防止策や，問題が発生したときの体制の整備状況を監査することが重要である．

11.2 研究開発計画

（1） 研究開発計画とは

研究開発計画は，企業のビジョンの実現や経営目標達成のために，企業を取り巻く環境や経営資源を考慮しながら策定される経営戦略の一つである．特に製造業にとっての研究開発は，企業競争力を決定づける最重要業務と位置づけられ，その青写真となる研究開発計画は，期限どおりに，より競争力のある魅力的な商品を製造する鍵となる．

研究開発計画は，長期計画および年度計画に分類される．中長期計画は，「企業のビジョンの実現に向けて必要な研究開発を中長期的な視点に立って，どのように実現していくか」を示した計画である．今後の重点分野の選択，新商品の開発，資源の配分，経営方針や企業を取り巻くさまざまな環境を考慮し，研究開発の方向性を明示するのが中長期計画の目的である．

年度計画とは，中長期計画の実現のために，当該年度について，より詳細かつ具体的に作成された研究開発計画のことである．当然，年度計画は中長期計画と整合がとられていなかればならず，前年度の実績を振り返りながら，必要に応じて新たな研究開発テーマや既存のテーマの資源配分の見直しも行われる．

（2） 研究開発計画の監査の進め方

中長期計画の監査では，まず「計画そのものが企業の経営方針や経営戦略に従って策定されているか」確かめる．具体的な監査手続としては，社内決裁権限に従って「研究開発部門の誰が提案し，誰が提案内容を検証し（経理部門や経営企画部門など），誰が最終承認を行ったか（経営者や研究開発担当役員など）」がわかる稟議書や経営会議の提案資料，議事録などを確かめる．実際に研究開発業務に従事した経験のある内部監査人でなければ，それらの資料の内容の善し悪しを判断することは難しい．しかし，投資金額や期間中の各年度目標が示されているマイルストーンの妥当性などを常識的な視点で検証することはできるはずである．

研究開発の最終目標達成のために，その過程でのいくつかの評価ポイントと「評価基準が明確に設定されているか」確かめる．また，「企業を取り巻く環境

の変化や経営方針の変更など主要なリスクへの対応策も，中長期計画に盛り込まれているか」確かめることが重要である．

　年度計画の監査では，「年度計画が中長期計画に従って策定されているか」確かめる．中長期計画に従って策定されていない場合はその理由を聞き，その妥当性を確認できなければ，年度計画が間違っていることになり，それ以降の年度計画の監査は，あまり意味をもたなくなる．その他の監査のポイントとしては，「年度計画が現実離れした無理なものになっていないか」「決裁権限に従って提案，検証，承認がなされているか」などが挙げられる．現実とかけ離れた短期目標は従業員の士気の低下を招き，不正の可能性を増大させる要因ともなるため，内部監査人も十分に注意を払う必要がある．

（3）　研究開発計画の監査の落とし穴

　研究開発部門は，通常，本社とは別の建物にあったり，場所も比較的閑静な郊外にあることが多い．研究開発に携わるエンジニアは責任感が人一倍強く，そのようないわば隔離された施設でひたすら決められた期限内に成果を出そうと頑張るハードワーカーが多い．また，研究開発の内容は，ほとんどが秘匿事項であり，たとえ研究開発部門に所属していたことがある内部監査人であっても，最新の研究や開発の内容を把握することは難しい．研究開発の知見がほとんどない内部監査人が研究開発の最前線に立つエンジニアや管理職にインタビューをしても，彼らが話す専門用語や研究開発部門特有の社内用語がわからず，内部監査をうまく進めることができないといった話もよく聞く．したがって，内部監査人は，専門的過ぎる研究開発の話に深入りするのではなく，全社共通あるいは研究開発部門で定めた基準書やマニュアル類を事前によく読んで，「ルールに従って計画が策定されているか」確かめることが重要である．

　また，経営者の視点から研究開発計画をチェックし，「経営目標の達成に貢献できる計画になっているか」確かめる必要がある．研究者は，ややもすれば研究自体に関心をもち，経営目標の達成に関する意識が高くないことがあるからである．

11.3　進捗管理

（1）　進捗管理とは

　研究開発の進捗管理とは，文字どおり「研究開発が計画どおりに進行しているか」管理することである．研究開発業務では2種類の進捗管理がある．一つは，テーマを比較して，つまり研究開発の個別テーマを横並びにして，研究開発部門全体として総合的に進捗管理する「全体管理」である．もう一つは，「個々のテーマが計画どおりに進行しているかどうか」を管理する「個別管理」である．

　進捗管理の方法は，研究開発の対象となる製品や企業の規模によって異なるが，11.2節で述べたとおり計画には，中長期計画と年度計画があるため，それぞれの計画において段階を追って目標の達成状況を正確に把握し管理することが求められる．研究開発費は巨額の投資であり，商品化の遅れによってビジネスチャンスを逃すこともある．したがって，研究開発における進捗管理は，極めて重要な業務である．

（2）　進捗管理の監査の進め方

　全体管理の監査では，それぞれの研究開発テーマのスケジュールを横並びにして，「総合的に中長期計画や年度計画との比較をした進捗管理がなされているか」確かめる．具体的には，関係者へのヒアリングと同時に進捗管理表や関連する経営会議の資料をレビューする．すべての研究開発テーマが計画どおりに進捗することは稀である．したがって，遅れが目立つテーマへの資源の追加計画や計画そのものを修正するためのルールの有無も確かめる．

　個別管理の監査では，文字どおり「個々の研究開発テーマの進捗が適正に管理されているか」確かめる．ただし，研究開発の評価自体を内部監査で行う必要はなく，個別テーマの進捗や遅延，中止といった事態に備えた体制や，それらの事態が実際に起きてしまった場合にどのような対応をとることになっているか（あるいは，対応をとったか），その妥当性を評価する．その他の監査のポイントとしては，「個別テーマにかかった工数の計算根拠，前提条件や算定方法が計画と同じか」などが挙げられる．

（3）　進捗管理の監査の落とし穴

　中長期計画と年度計画は，研究開発の現場というよりも研究開発部門内の企画部署がまとめ役となって策定することが多い．一方，個別テーマは，現場に近いそれぞれのテーマの研究開発担当者が作成するため，中長期計画および年度計画と，個別の研究開発テーマとの間で不整合が起こりやすい．特に個別テーマの研究開発担当者は，継続的に研究開発を行っているので，過去の研究開発テーマを継続して計画を策定することが多くなる．過去から長く継続している視点で研究開発テーマを計画すると，企業の経営方針と整合しなくなる可能性も生じる．例えば，経営戦略においてさほど重要でない商品の開発を多額の予算や資源，時間を使うことを前提に計画してしまうことも考えられる．内部監査人は，企業の研究開発の方針が変更された場合には，「中長期計画」「年度計画」「個別テーマ」との間で不整合が生じるリスクを想定して監査を行うことが重要である．

11.4　研究開発の投資対効果

（1）　研究開発の投資対効果とは

　研究開発費は，企業間での熾烈な製品開発競争を勝ち抜くために必須のものであり，業界にもよるが，最も巨額かつ削減のしづらい項目の一つである．製薬業界や自動車業界，IT 業界などが研究開発費を多く使う業界の典型である．したがって，その投資に対する効果は経営にとって大きな関心事であり，投資対効果を経営者が正しく把握できていないと重大な経営判断ミスにつながることになる．投資対効果を評価する指標としては，投資金額に対して得られる利益の割合を示す ROI（Return on Investment）が一般的であり，利益÷投資額（%）で算出される．

（2）　研究開発の投資対効果の監査の進め方

　ROI の計算は，一般的に研究開発部門のなかの企画部署や経理部門が行う．ROI は，数値が大きいほど投資対効果が高いことを示すため，研究開発部門が中期計画や個別の研究開発テーマの提案をしたり，実績を報告したりする際の ROI の算出において，分子である利益を大きく，あるいは分母の投資額を

少なく見せて実際のROIよりも高めに算出しようとするリスクが考えらえる.

したがって,内部監査では,「研究開発部門や経理部門が算出したROIが社内ルールに従って計算されているか」「計算に使われたデータは信頼できるか」などについて独立的な立場で確かめることになる. 例えば,次のような事項をROIの計算担当者に質問し,その証拠資料で確かめる.

- 当該テーマの投資以外による利益がROI計算に使われていないか.
- 投資額にはプロジェクトの目標達成に必要となるすべての費用が含まれているか.
- ルールで決められた割引率を使用しているか.
- 表計算ソフトを使ってROIが計算されている場合,その計算シートに不備がないか.

（3） 研究開発の投資対効果の監査の落とし穴

投資対効果には,売上など金額換算が可能な定量的効果に加え,金額換算が難しい定性的効果もある. 通常,定性的効果はROIが小さい場合には,計画段階で経営の承認をとる補足説明に使われることが少なくない. その場合,金額以外での指標化の妥当性がポイントとなる. 研究開発部門は,定性的効果であっても何らかのプラス効果を示しているはずなので,内部監査人は,そのプラス効果を示す指標の有効性や合理性を確かめる必要がある. ただし,その手続は監査対象部門からの説明を聞くことが中心となり,有効性や合理性を判断するのはかなり難しいのが実態である.

定性的効果の例としては,期間の短縮,製品の品質向上,取引先の拡大,販売機会の拡大,業務効率の改善によるビジネスチャンスの拡大などが考えられる. 技術的な専門知識では劣るかもしれないが,内部監査のプロフェッショナルとして職業的懐疑心をもって監査対象部門に果敢にチャレンジして欲しい.

11.5 基礎研究

（1） 基礎研究とは

研究の目的は,総務省統計局「平成29年科学技術研究調査 用語の解説」2)によれば,基礎研究,応用研究,開発研究の3つに分類することができる.

　基礎研究とは，特別な応用，用途を直接に考慮することなく，仮説や理論を形成するため，または現象や観察可能な事実に関して新しい知識を得るために行われる理論的あるいは実験的研究のことである．したがって，研究開発の進捗状況や成果の判定が難しく，中長期的計画を立て確実に進捗状況をモニタリングすることが求められる．

　応用研究とは，特定の目標を定めて実用化の可能性を確かめる研究や，既に実用化されている方法に関して新たな応用方法を探索する研究のことをいう．

　なお，開発研究は，基礎研究，応用研究および実際の経験から得た知識を活用し，付加的な知識を創出して，新しい製品，サービス，システム，装置，材料，工程などの創出または既存のこれらのものの改良を狙いとする研究をいう．

（2）　基礎研究の監査の進め方

　基礎研究は，高度な専門知識を必要とする領域のため，それを監査する場合，その切り口を探ることからして難しい．したがって，研究の内容や結果ではなく，「研究テーマの選定プロセスや研究活動の管理プロセスが社内ルールに従って適切に行われているか」「研究費用も社内の基準書やガイドラインに従って使われ，正しく処理されているか」など，管理業務を中心に監査するとよい．

　基礎研究に関する社内ルールが古くなっていたり，大まかなものしかなかったりした場合，監査対象部門にルールの更新や作成を指摘することになる．また，基礎研究に従事する研究者は，その道の専門家ではあるが事務処理に関する知識は不十分という者も少なくないため，基礎研究を行うに当たっての必要書類の保管，承認の有無など日常業務での基本的な管理の状況を確かめることが重要である．「実験などに使用する危険物の取扱が適切に行われているか」確かめることも監査のポイントである．

（3）　基礎研究の監査の落とし穴

　研究開発部門全体に見られる傾向だが，特に基礎研究では研究に使われる資

---

2)　http://www.stat.go.jp/data/kagaku/kekka/a3_25you.htm を参照のこと．

産が杜撰に管理されていることがある．例えば，開発用の設備として研究者が購入したパソコンが解体され，研究開発の成果物の一部に組み込まれていたといった事例もある．「購入した物品が本当に購入申請時の書類に記載されたとおりに使われているか」をサンプルで確認してみるのも効果的である．

　「研究終了後に実験に使った機材などを廃棄した」と研究者が言っている場合であっても，実際には自宅に持ち帰って私物として使用していたり，転売していたりすることも考えられる．基礎研究では，高価な購入品や実験装置もあり，そのような会社資産の実在性は，実地棚卸の結果を確かめるとよい．定期的に実地棚卸が行われていない場合は，指摘事項となる．さらに深く実在性を調べるには，内部監査人自らがサンプルを選んで，実在性を確かめる．「資産台帳に載っている実験装置や試作品などが本当にあるべき場所にあるか」確かめるのである．資産の廃棄については，通常，産業廃棄物業者に委託するため，廃棄証明を入手してその内容を確かめる．

11.6　研究開発費の管理

（1）　研究開発費の管理とは

　研究開発費は，人件費，原材料費，固定資産の減価償却費，間接費など研究開発のために使われるすべての費用が対象である．研究開発費については，研究開発活動に必要な資源を有効かつ効率的に利用するために予算が作成され，月次や四半期ごとに実績と対比しながら承認された予算内に収めるために管理される．研究開発費のなかでその割合が最も大きく，どれだけかかるのか予測しづらいのが人件費である．予算作成時には，正確な人件費の見積が欠かせない．研究開発テーマを経営者に提案する際，予算作成担当者はできる限り多くの情報をさまざまなルートで入手することによって，正確な予算の作成が求められる．

（2）　研究開発費管理の監査の進め方

　まず，「どの部署が研究開発費の予実算管理を担当しているか」把握する．通常はコントロール部や開発予算管理課といった名前のついた部署が担当しており，内部監査人はそれらの部署の業務分掌や業務フローなどから業務内容を

第11講　研究開発業務の監査

把握する．その後，例えば，次のような事項を確かめるとよい．

① 研究開発費の予算承認プロセスが整備・運用されているか．

② 予実算管理担当部署が行う業務は内部統制上妥当なものか．

③ 研究開発テーマ間の費用の振替制度があるか．

④ 振替制度がある場合はどんな基準で振り替えられているか．

⑤ 予算と実績の差異分析が行われているか．

⑥ 差異分析の結果が定期的に経営者に報告されているか．

⑦ 実績が予算を大きく上回った(あるいは下回った)場合に適切な処理が行われているか．

⑧ 追加予算の承認プロセスが整備・運用されているか．

（3）　研究開発費管理の監査の落とし穴

　研究開発は，さまざまな部門のメンバーで構成されるプロジェクトの形で期限と成果物，予算などが設定されて進められていく．しかし，時間の経過とともに社内外のさまざまな要因によって，プロジェクトを取り巻く状況は変化する．例えば，会社全体の財務状況の悪化によってプロジェクトが選別されることになり，存続が危うくなるプロジェクトも出てくる．そのような状況下では，研究開発部門では何とかそのプロジェクトを存続させようと，予算上余裕がある別のプロジェクトに費用を振り替えようとすることも考えられる．

　Aプロジェクトで購入した設備をBプロジェクトで購入したことにして，Aプロジェクトで発生する費用を低く見せようとする場合がある．適正な勘定科目を使わないで会計処理をした場合は，財務会計上問題があるため，会計監査で会計士から指摘を受ける可能性もあるが，同一の勘定科目を使ってプロジェクト間で費用を振り替えることも，プロジェクト管理および内部統制上の問題になる．したがって，内部監査の手続のなかでプロジェクト間の費用の振替えを発見した場合，単に費用の振替をやめるように提案するだけでなく，その根本原因を探し出し，経営者に改善提言を行うことが内部監査人に求められる．

11.7 研究開発の情報管理

（1） 研究開発の情報管理とは

研究開発に必要な情報とは，業界全体のトレンドや他社の動向はもとより，自社が所有している技術や資源，研究開発をしていく過程で得られた情報や成果物などである．それらの情報は極めて秘匿性が高く，データ量も膨大である．したがって，研究開発に係る情報は一般的な社内の秘匿情報よりも高い情報セキュリティのレベルで管理されるべきである．

なお，情報セキュリティとは，情報の機密性・完全性・可用性を維持することである．機密性とは，アクセスを許可された者だけが情報にアクセスできることを意味する．完全性とは，情報の正確性を保ち，処理方法の正確性および透明性を保つことである．可用性とは，必要なときに許可されたユーザーが情報を利用できることである．

（2） 研究開発の情報管理に関する監査の進め方

まず，「研究開発情報の管理をどの部署が担当しているか」確かめる．情報管理を担当する部署がわかれば，その部署の業務分掌や業務フローなどから業務内容を把握する．その後の監査手続としては，「情報セキュリティポリシーが作成されているか」確かめ，そのポリシーや「そのポリシーをベースに作成されたマニュアルやガイドラインに従って業務が行われているか」を確認していく．監査のポイントとしては，例えば，次のようなものがある．

- 研究開発に関する情報資産台帳が作成され定期的に棚卸が行われているか．
- 情報資産台帳に載っている情報は機密レベルで分類・ラベリングされているか．
- 情報セキュリティの教育・研修が年1回以上行われているか．
- 研究開発に関する情報が漏洩してしまった際の報告ルートは確立されているか．
- 会社から貸与されるパソコンやタブレット，スマートフォンの取扱規程が整備・運用されているか．

第11講 研究開発業務の監査

- 派遣社員も含めたシステムへのアクセス ID のメンテナンスが適切に行われているか.

（3）　研究開発の情報管理の監査に関する落とし穴

「退職者による情報流出を防ぐために適切な対策がとられているかどうか」は，特に重要な監査のポイントである．内部監査では，「情報漏洩を防ぐ有効な体制があるか」「情報漏洩のリスクを事前に摘み取るような統制があるか」などを確かめることになる．情報が漏洩してしまった後の対策に関しては，従業員と会社との間で秘密保持契約を網羅的に締結しているか確かめることも重要である．

なお，情報漏洩に備えた暗号化の実施状況を確かめることも重要な監査ポイントである．

第12講 システム監査

12.1 IT リスク

（1） IT リスクとは

システム監査の対象は広範囲にわたっている．しかし，内部監査人の人数や監査期間などには制約があり，すべてのシステムを網羅的に監査することには限界がある．そこで，優先順位をつけて監査することが必要になる．優先順位をつけるための一つの視点が「IT リスク」である．IT リスクとは，「システムの誤作動や停止，プログラムの不備などによる誤処理，あるいはシステムへの不正アクセスによる情報漏洩などに伴い，組織や取引先，個人などに損失を与えるなどの影響を及ぼすリスク」のことである．

（2） IT リスクの着眼点

IT リスクを踏まえた監査では，IT リスクを特定・分析し，リスクの大きさ（影響度と発生可能性）を考慮したコントロールを検証するリスクアプローチが重要になる．IT リスクを特定・分析するに当たっては，表12.1 の 7 つの着眼点から見るとよい．

表 12.1　IT リスクの着眼点

着眼点	内容
可用性	必要とされる情報が必要なときに利用可能であり，また必要な資源の継続的使用が確保されていること
完全性	不正や障害などにより情報の一貫性が失われることがないように保護されていること

表 12.1　つづき

着眼点	内容
機密性	重要な情報が非権限者に知られることがないように保護されていること
有効性	システムが経営方針または経営戦略の策定および実現に対して効果的な情報や業務処理機能を提供していること
効率性	システムによる情報やサービスの提供が，生産性や経済性の高い方法で行われていること
信頼性	システムが提供する情報やサービスが，信頼できるものであること
遵守性	システムおよびそれに関連する業務プロセスが，法令，規制，あるいは組織の方針および手続などを遵守していること

（3）　IT リスクに対するコントロール

　IT リスクに対するコントロールには，リスクの大きさを踏まえて，リスクそのものを回避する「リスク回避」，リスクの発生可能性や影響度を低減させる「リスク低減」，リスクを保険などで他者に転嫁する「リスク移転」，リスクを受容する「リスク保有」がある．IT リスクの大きさとコントロールの関係を整理すると，**図 12.1** のように表せる．

　システム監査では，「これらのコントロールが整備され，継続的に運用されているか」確かめることになる．さらに，「そもそもコントロールを講じる意味があるのか」，つまり，「コントロールが有効なのか」という観点から評価することも重要になる．

（4）　固有リスクベースからの監査

　IT リスクを踏まえた監査では，まず，何もコントロールされていない状態のリスク(固有リスク)の大きさを考慮して，「どのようなコントロールが必要か」という観点がポイントになる．コントロールを講じても残っているリスク(残存リスクあるいは残余リスク)の大きさが許容できなければ，追加のコントロールが必要になる．「当部ではコントロールを講じているから，リスクはない」とよく聞くことがあるが，これは残存リスクベースの目線である．しかし，残存リスクが小さいというのは，コントロールが有効に機能していることが前提である．そもそも「コントロールや残存リスクの評価が適切か」も疑わしい．

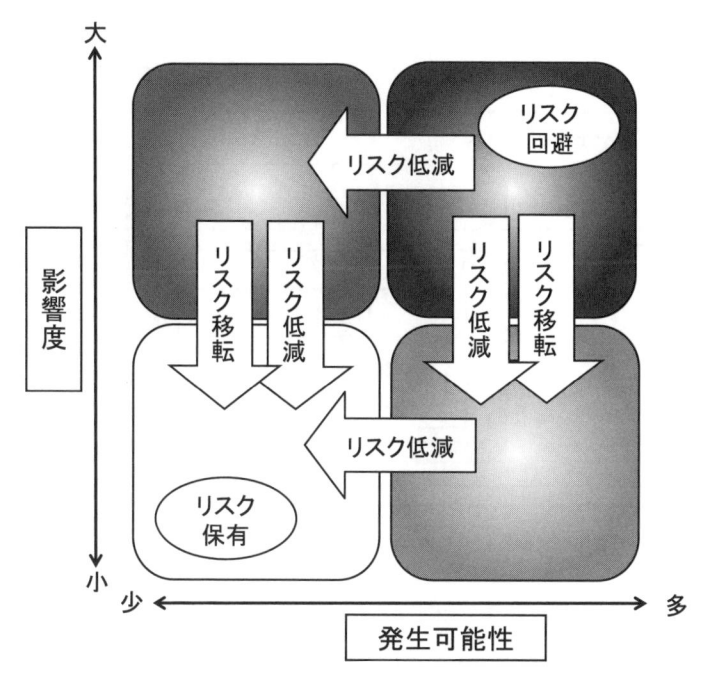

図 12.1　IT リスクに対するコントロール

したがって，監査を実施するに当たっては，残存リスクベースでなく，固有リスクベースで評価し，「必要なコントロールが有効に機能しているか」確かめることがポイントになる．

12.2　IT ガバナンス

（1）　IT ガバナンスとは

IT ガバナンスの定義は一律ではないが，例えば，IT ガバナンス協会(ITGI)では「IT ガバナンスは，企業のガバナンス全体の不可欠な構成要素であり，組織の IT が組織の戦略ならびに目標を維持し発展させることを保証するリーダーシップと組織構造，さらにプロセスから構成されている」と定義されている．また，IT ガバナンスはコーポレートガバナンスの一側面であるので，顧客や取引先，株主などの利害関係者(ステークホルダー)を意識した仕組みやプ

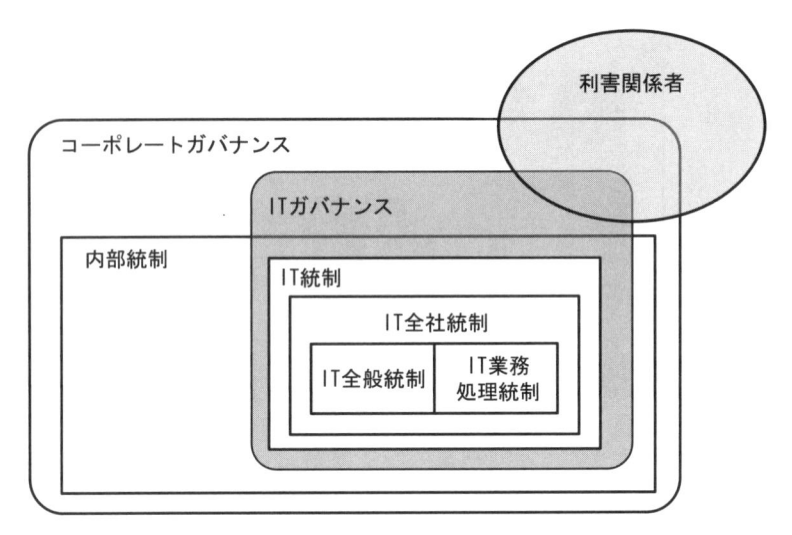

図 12.2　IT ガバナンスと IT 統制の関係

ロセスといえる．IT ガバナンスを確立するためのフレームワークに，ISACA
が発行している COBIT があるので，参考にしてほしい．

　IT ガバナンスと似た用語に「IT 統制」がある．IT 統制とは，内部統制報
告制度における内部統制の 6 つの基本的要素の一つである「IT への対応」の
ことであり，IT 全社統制，IT 全般統制，IT 業務処理統制の 3 つがある．IT
統制は IT ガバナンスの一部であるが，IT ガバナンスが利害関係者との関係
を重視するのに対して，IT 統制は組織内の IT を統制することを重視してい
る（図 12.2）．

（2）　IT ガバナンスの監査の進め方

　IT ガバナンスの監査では，経営視点が重要になるので，例えば，次のよう
な事項を確かめるとよい．

　　①　IT の利活用における健全な組織風土が醸成されているか（高いリスク
　　　　感度，コンプライアンス意識，適時の経営者への報告など）．

　　②　経営戦略にもとづく IT 戦略が明確か．

　　③　経営上のリスクとして IT リスクを評価しているか．

④　IT 戦略と IT リスク評価結果にもとづき，IT マネジメントの方針と体制を整備しているか．

⑤　IT 戦略と IT リスク評価結果にもとづき，IT マネジメントプロセスを定期的にチェックしているか．

なお，監査役は，上述の①〜④の事項を監視(oversee)する役割があるので，IT ガバナンスと IT マネジメントの状況について，監査役と情報共有して連携しておく必要がある．

（3）　IT ガバナンスの監査の落とし穴

システムの利用者は，組織内だけでなく，利害関係者を含む社会全般にまで広がってきている．ひとたび，システム障害や個人情報漏洩などの事故・事件が生じると，IT マネジメント上の不備が直接原因であったとしても，「組織としてのガバナンスに問題がある」として，経営上の責任を問われることになる．IT ガバナンスは，取締役会と経営層の責務であり，システム部門からの報告を単に聞いているだけでは，IT ガバナンスとはいえない．したがって，「組織の事業戦略や価値向上のための IT を方向づけ(direct)して目的・目標を設定し，目的・目標を達成するための IT マネジメントの状況をモニター(monitor)し，結果を評価(evaluate)するとともに，利害関係者に開示(report)しているか」という観点から IT ガバナンスの確立状況を監査することが重要になる．

12.3　情報セキュリティ

（1）　情報セキュリティとは

⒜　情報セキュリティの3要素

情報セキュリティと聞くと，システムへの不正アクセスにより個人情報が漏洩する事件を想起する人も多いだろう．これは，情報セキュリティの要素の一つである機密性にかかわるものである．機密性とは，「許可された人だけが情報にアクセスできるようにすること」である．この他にも，「なりすましや過失などにより改ざんや破壊がされないようにすること」である完全性，「必要なときに必要な人がシステムを使えるようにすること」である可用性の要素が

ある．すなわち，情報セキュリティとは，「情報の機密性(confidentiality)，完全性(integrity)，可用性(availability)を確保し，維持すること」であり，英語の頭文字をとって，"情報セキュリティのCIA"ともよばれている．

(b) 脅威と脆弱性

情報セキュリティの事件や事故は，さまざまな要因によって発生する．そこで，システムやデータなどの情報資産が置かれている状況を踏まえて，損害を与える可能性がある要因として「脅威」(threat)を識別することが重要になる．脅威の識別に当たっては，3要素の観点と組織的・人的・物理的・技術的脅威を組み合わせて考えるとよい．そして，識別された脅威の影響を誘引する弱点である「脆弱性」(vulnerability)を分析する．例えば，個人情報の漏洩や改ざんなどの脅威に対して，システム上のアクセス管理の欠陥や監視体制の不備，役職員への教育の不徹底などが，脆弱性として挙げられる．

（2） 情報セキュリティの監査の進め方

情報セキュリティを確保し，維持するためには，脅威と脆弱性に対するコントロールを講じる必要がある(**図 12.3**)．これを踏まえると，情報セキュリティの監査では，例えば，次のような事項を確かめるとよい．

① 情報セキュリティのポリシーや規程を役職員など関係者全員に周知徹底し，定期的に教育しているか．

② 重要なシステムを設置しているサーバー室などへの入退管理を行い，夜間や休日などの時間外の入退記録をチェックしているか．

③ アクセス権限の棚卸により，不要な権限が残されていないか定期的にチェックしているか．

④ 重要なシステムへのアクセス状況を常時あるいは定期的に監視するとともに，ログを保存し，適時かつ適切に分析しているか．

⑤ 機密情報の取扱に係る管理手続を定め，遵守しているか．

⑥ 外部記録媒体の取扱に係る管理手続を定め，遵守しているか．

⑦ 情報セキュリティの事故などに際しての報告や対処のルールを定め，事故などの発生時に遵守しているか．

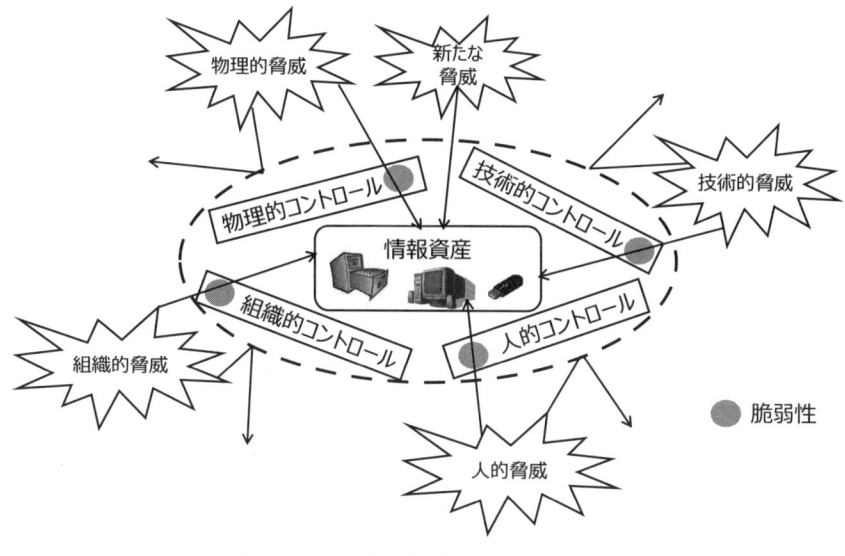

図 12.3 脅威，脆弱性とコントロール

なお，監査で確かめるべき具体的なポイントについては，経済産業省から公表されている「情報セキュリティ管理基準」(2016 年 3 月 1 日改訂) などを参照するとよい.

（3） 情報セキュリティの監査の落とし穴

脅威と脆弱性に対するコントロールを性善説で考えると，「コントロールが有効か」判断するのは難しい. そこで，性悪説，あるいは最悪の事態を想定してみると，脅威や脆弱性が見えてくる. 一方で，完璧なコントロールを求めると，過剰になってしまう恐れもある. 守るべき情報資産の価値に応じて，「費用対効果のある適切なコントロールであるか」確かめる必要がある.

12.4 個人情報管理

（1） 個人情報管理とは

サイバー攻撃や内部不正などによってシステムに不正アクセスされると，一度に大量の個人データが流出する恐れがあり，影響は非常に大きくなる. そこ

第12講 システム監査

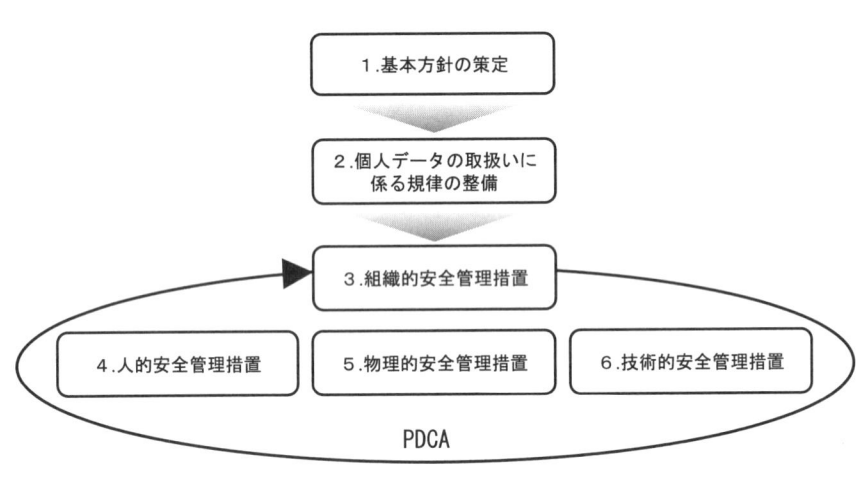

図 12.4　組織として講ずべき安全管理措置

で，個人情報保護法では，個人データに関する義務として，データ内容の正確性の確保など(第 19 条)，安全管理措置(第 20 条)，従業者の監督(第 21 条)，委託先の監督(第 22 条)などを定めている．組織として講ずべき安全管理措置には，**図 12.4** に示すような 6 つが挙げられている．

（2）　個人情報管理の監査の進め方

システムで保有されている個人データを保護するには，安全管理措置が中心になる．これを踏まえて個人情報管理の監査では，例えば，次のような事項を確かめるとよい．なお，具体的な安全管理措置の内容については，個人情報保護委員会から公表されている「個人情報の保護に関する法律についてのガイドライン(通則編)」および「特定個人情報の適正な取扱いに関するガイドライン(事業者編)」に記載されているので参考にされたい．

① 個人データの取扱方針を策定し，役員および従業者の全員に周知徹底しているか．

② 管理すべき個人データを特定し，リスクを分析しているか．

③ 個人データの取扱に係る規程，手続を整備しているか．

④ 組織的安全管理措置を講じているか(組織体制の整備，個人データの

取扱に係る規程や手続に従った運用,個人データの取扱状況を確認する手段の整備,漏洩などの事案に対応する体制の整備,取扱状況の把握と安全管理措置の見直しなど).

⑤ 従業者の教育など,人的安全管理措置を講じているか.

⑥ 物理的安全管理措置を講じているか(個人データを取り扱う区域の管理,機器および電子媒体等の盗難などの防止,電子媒体等を持ち運ぶ場合の漏洩などの防止,個人データの削除および機器,電子媒体等の廃棄など).

⑦ 技術的安全管理措置を講じているか(アクセス制御,アクセス者の識別と認証,外部からの不正アクセスなどの防止,システムの使用に伴う漏洩等の防止など).

個人データの取扱を外部委託している場合には,外部委託先の選定基準や契約内容,個人情報の取扱や管理の状況,再委託の状況などを確認して,「委託業務における個人データの安全管理措置に実効性が確保されているか」確かめる必要がある.これについては,**第13講**を参照されたい.

また,個人データを処理するシステムにおいて第三者との間で個人データの授受がある場合,個人データの追跡性(トレーサビリティ)を確保するため,個人情報保護法において第三者提供に係る記録の作成・保存義務(第25条),受領に係る確認義務(第26条)が定められている.これらの観点からも監査で確かめておく必要がある.

(3) 個人情報管理の監査の落とし穴

個人データの取扱について,従業者が送受信する電子メールを閲読したり,サーバー室や事務室の出入口に監視カメラを設置したりするなどして,モニタリング(監視・調査)することがある.このモニタリング行為の根拠規定は,個人情報保護法の安全管理措置(第20条)や従業者の監督(第21条)になるが,見方を変えると,従業者のプライバシー権を侵害する恐れがある.そこで,個人情報保護委員会は,モニタリングを実施するに際しては,次の4点に留意すべきとしている.

① モニタリングの目的をあらかじめ特定したうえで,社内規程などで定

め，従業者に明示すること．

② モニタリングの実施に関する責任者およびその権限を定めること．

③ あらかじめモニタリングの実施に関するルールを策定し，その内容を運用者に徹底すること．

④ モニタリングがあらかじめ定めたルールに従って適正に行われているか，確認を行うこと．

なお，モニタリングに関して，個人情報の取扱に係る重要事項などを定めるときは，あらかじめ労働組合などに通知し必要に応じて協議を行うことが望ましく，また，その重要事項などを定めたときは，従業者に周知することが望ましいとしている．したがって，モニタリングしている状況にあれば，モニタリングに係る規程・体制・ルールなどの整備・周知の状況とルールの遵守状況を確かめる必要がある．

12.5　開発プロジェクト管理

（1）　開発プロジェクト管理とは

システム開発においては，システムの品質や開発に要するコスト，スケジュールの管理が重要になる．また，開発担当者だけでなく，システムのユーザーやベンダー，外部委託先など，多くの利害関係者がかかわる．これらの状

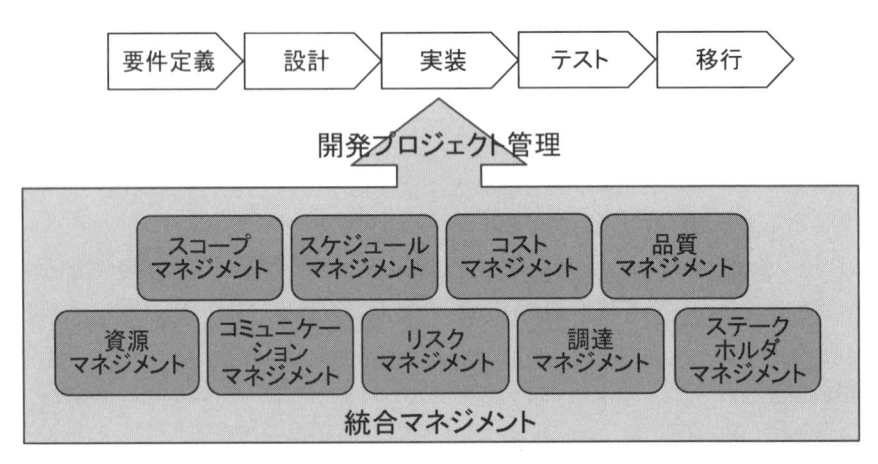

図12.5　開発プロジェクト管理の知識エリア

況下で，システム開発を円滑に進めるために必要なものが開発プロジェクト管理である．開発プロジェクト管理に求められる知識は，PMBOK（Project Management Body Of Knowledge：プロジェクト管理の知識体系）において，10個の知識エリアで整理されている（図12.5）．

（2） 開発プロジェクト管理の監査の進め方

開発プロジェクト管理の監査では，開発プロジェクトの運営状況を中心に検証することになる．したがって，例えば，プロジェクト管理で使用している進捗管理表から開発の進み具合を確認したり，課題管理表から「長期間解決されていない課題がないか」確認したりする．また，必要に応じて，進捗会議などにオブザーバーとして同席し，開発プロジェクトの状況を把握するとよい．

開発プロジェクト管理の監査では，例えば，次のような事項を確かめるとよい．

① プロジェクト計画の策定と見直しに係る手続を定めているか．

② プロジェクト計画を策定し，責任者が承認しているか（システム化の目的，対象業務，「開発するのか，パッケージを導入するのか」などの方法，コスト，スケジュール，体制，費用対効果，教育・研修，システム運用方針，外部委託の有無と範囲など）．

③ 業務経験，スキル，適性などを踏まえてプロジェクトマネージャーを任命し，プロジェクト要員を確保・配置しているか．

④ プロジェクトマネージャーとプロジェクト要員の権限と責任を明確にしているか．

⑤ プロジェクトのコスト，スケジュールの実績を把握してプロジェクト計画との差異を分析し，責任者に報告しているか．

⑥ プロジェクト計画にもとづき，品質評価に必要なデータを収集・分析し，結果を責任者に報告しているか．

⑦ プロジェクト計画にもとづき，プロジェクト要員の作業量や負荷状況を把握し，責任者に報告しているか．

⑧ プロジェクト計画にもとづき，設計書，仕様書，テスト計画書，テスト結果，議事録などのドキュメント類を維持・管理しているか．

第12講 システム監査

⑨ プロジェクト遂行上のリスク，解決すべき課題と対応状況を管理し，責任者に報告しているか．

⑩ プロジェクト完了後に，品質，コスト，スケジュールの観点から評価・レビューし，責任者に報告しているか．

（3） 開発プロジェクト管理の監査の落とし穴

システム開発を外部に委託しているプロジェクトが失敗した場合，その責任を裁判で争う場合がある．そこで問われているポイントが「プロジェクトマネジメント義務 vs 協力義務」である．判例（東京地判平 16・3・10）によれば，プロジェクトマネジメント義務とは，「受託者は，納入期限までにシステムを完成させるように，契約書等において提示した開発手順や開発手法，作業工程等に従って開発作業を進めるとともに，常に進捗状況を管理し，開発作業を阻害する要因の発見に努め，これに適切に対処し，かつ，注文者のシステム開発へのかかわりについても，適切に管理し，システム開発について専門的知識を有しない注文者によって開発作業を阻害する行為がされることのないよう注文者に働きかける義務」である．

また，協力義務とは，「注文者は，システムの開発過程において，資料の提供その他システム開発のために必要な協力を受託者から求められた場合，これに応じて必要な協力を行うべき契約上の義務」と述べられている．

そこで，重要になるドキュメントが「議事録」である．「ステアリングコミッティなどの会議体議事録を作成しているか」「義務の履行状況が記載されているか」「双方の責任者が議事録の内容を確認して承認しているか」確かめることが重要になる．

12.6 システム開発

（1） システム開発とは

システム開発は，システム開発計画を踏まえて要件を定義し，設計から実装（コーディング），テストを経て本番に移行するまでの一連のプロセスである．代表的な開発手法には，**図 12.6** のようなウォーターフォール型開発が挙げられるが，他にもアジャイル型開発，パッケージ導入，クラウドサービス利用な

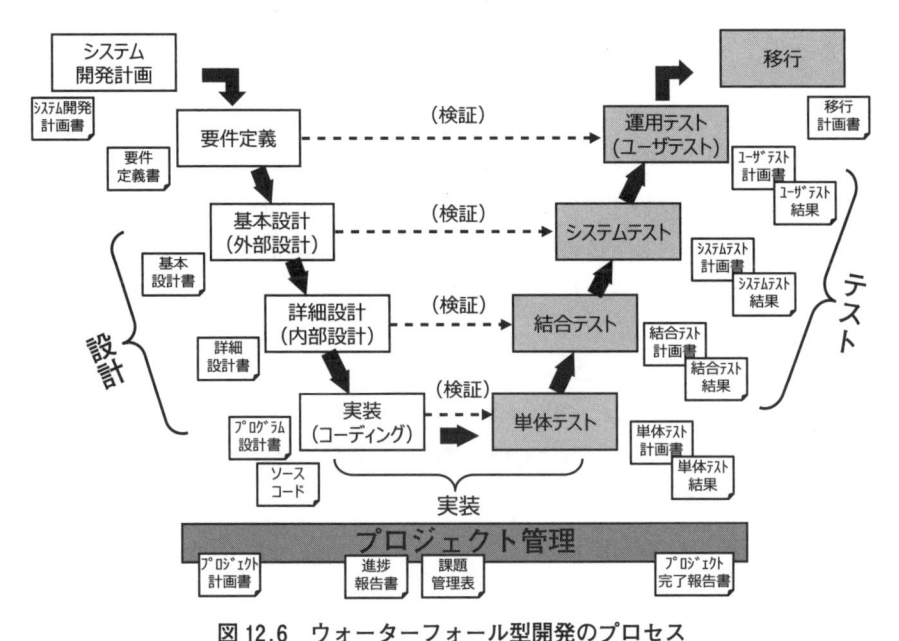

図 12.6 ウォーターフォール型開発のプロセス

どがあり，要件にマッチした方法で開発することになる．

（2） システム開発の監査の進め方

　システム開発の監査では，要件定義や基本設計などの上流工程での成果物を検証したり，テストの実施状況をモニタリングしたりするなど，効率よく効果的に実施する必要がある．

　システム開発のプロセスを踏まえると，システム開発の監査では，例えば，次のような事項を確かめるとよい．

① 開発環境・テスト環境と本番環境を分離しているか．

② システム開発に係る規程，標準，品質指標，手続などを関係者(外部委託先を含む)に周知し，遵守しているか．

③ 要件定義書や設計書などのドキュメント(成果物)を作成し，関係者がレビューしているか．

④ 開発標準にもとづき，実装(コーディング)しているか．

⑤　テスト計画にもとづくテストを実施し，関係者がテスト結果をレビューしているか．

⑥　システムテストは，機能要件にかかわるテストだけでなく，例外処理テスト，限界テスト，負荷テスト，障害復旧テスト，セキュリティテストなどの非機能要件も含め，総合的な観点から実施しているか．

⑦　本番データをテストで使用する場合，個人情報のマスキングなど，情報漏洩防止の対策を行っているか．

⑧　移行計画書にもとづき，本番環境への移行作業を実施し，関係者が移行結果をレビューしているか．

なお，システム開発は，開発プロジェクトの形で進められるので，**12.5 節**を参照されたい．また，システム開発業務を外部に委託している場合には，**第13 講**を参照されたい．

（3）　システム開発の監査の落とし穴

システム開発の監査では，工場や建物，機器・設備，製品などの視認とは違い，外見から「品質が確保されているか」確かめることが難しい．そこで，設計書のレビュー回数やレビュー工数，指摘件数などの状況を検証することで，設計工程における品質を評価するとよい．また，設計から実装までの工程で品質の不備をすべて取り除くことは困難なので，テスト工程において不具合を発見し，移行の前に対応しておくことが重要になる．テスト計画書やテスト結果を査閲する際は，「テストは不具合を見つけるためのものである．不具合なしはテストなし」という視点から，「システムテストでどれだけ不具合を発見し，運用テストの前までに対応できているか」検証することがポイントになる．

12.7　システム運用

（1）　システム運用とは

本番環境に導入されたシステムに変更がなければ，システム運用は同じことを繰り返せばよいことになる．しかし，ハードウェアは時間の経過とともに劣化し，システムにかかわる要員は入れ替わり，プログラム修正も日常的に行われる．また，データ量やアクセス数も変化している．このようななかでシステ

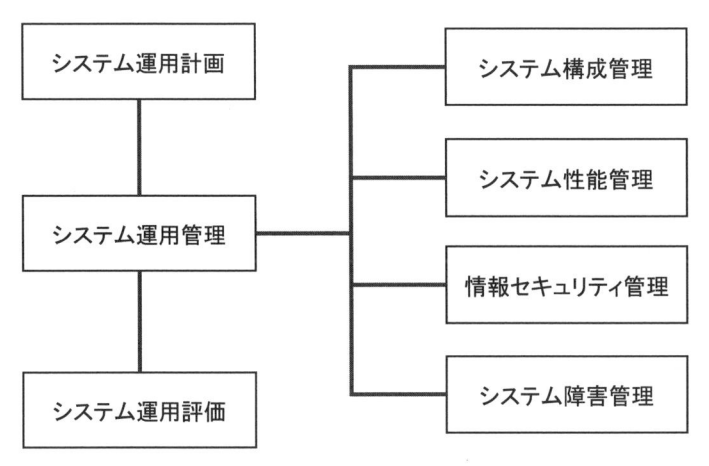

図 12.7　システム運用管理の主な項目

ムを維持管理するためには，計画的に手順どおりに作業し，システムの状態を常に把握して問題が発生する前に手当てすることが重要になる．システム運用管理には，主に**図 12.7** のような項目が挙げられる．

（2）　システム運用の監査の進め方

　システム運用は，システム監査において最も重要な監査領域の一つであるが，広範囲にわたるので，例えば，システム運用管理，構成管理・性能管理，情報セキュリティ管理，システム障害管理，IT-BCP などのテーマに分けて監査するとよい．また，システムが稼働しているコンピュータ室などを視察することで，「どのように運用しているのか」を具体的にイメージできる．システム運用の監査では，例えば，次のような事項を確かめるとよい．

① 　システム運用とシステム開発などの職務を分離しているか．

② 　運用管理に係る手続・手順を策定し，運用の責任者が承認しているか．

③ 　年間運用計画にもとづく月次，日次などの運用計画を策定し，責任者が承認しているか．

④ 　計画外の作業は，管理者の承認を得たうえで行っているか．

⑤ 　日々の運用作業に係る記録をもとに，計画との差異を分析しているか．

⑥　システムの重要性を踏まえた稼働状況を監視し，適時に対策を実施し
ているか．例えば，エラー監視，正常稼働監視，データ量やアクセス数
の監視，閾値監視，バッチ処理やバックアップ処理の監視など．

（3）　システム運用の監査の落とし穴

　システム運用を外部に委託している場合，委託契約で監査条項を定めていな
いと監査できないこともある．また，視察に行っても，情報セキュリティ上，
サーバーなどの機器を設置している場所などは入室することができない場合が
多く，「どのようにシステム運用が行われているか」検証することが難しくな
る．そこで，外部委託先と取決めしている運用基準やサービスレベルを確かめ
たり，システム運用に係る報告書を確認したりして，間接的に評価するとよい．
また，「IT サービスマネジメントシステム (ITSMS) に関する国際規格である
ISO/IEC 20000 や情報セキュリティマネジメントシステム (ISMS) に関する国
際規格である ISO/IEC 27001 などの第三者認証を取得しているか」も評価の
参考になる．

12.8　システム保守

（1）　システム保守とは

　システム保守とは，法改正や仕様変更などにより本番稼働中のプログラムを
修正したり，機器老朽化などによりハードウェアやネットワークの機器を入れ
替えたりして，システムを変更することである．プログラムの軽微な修正から
システム環境の変更まで，システム保守の規模はさまざまである．大規模なシ
ステム保守の場合は，計画を立ててリハーサルを行ったうえで変更作業を行う
が，プログラム不具合などは緊急に対応しなければならない場合も多い．
　しかし，システム保守は，稼働中のシステムに変更を加えることになるので，
誤った変更作業が行われると，システムの誤作動や誤処理，場合によっては停
止にまで至る恐れがあり，十分注意しなければならない．したがって，システ
ム保守では，変更管理のプロセスが最も重要になる(図 12.8)．

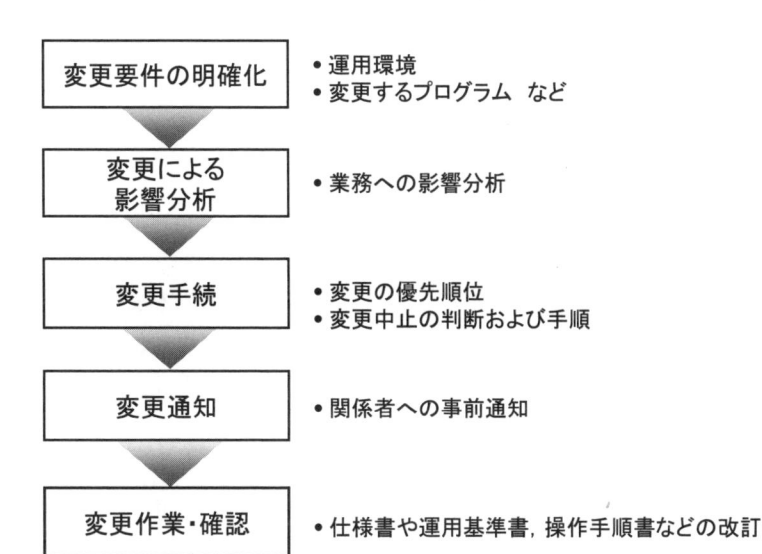

図12.8 システム保守に係る変更管理プロセス

第12講 システム監査

（2） システム保守の監査の進め方

　システム保守の監査では，保守対象の規模や期間，システム特性などを踏まえて，変更管理のプロセスを中心に検証することになる．システムが相互に接続されているような状況においては，変更による影響範囲の考慮が重要になってくる．システム保守の監査では，例えば，次のような事項を確かめるとよい．

① システムやプログラムなどの変更に係る手続を定めているか．

② 変更作業を中断する場合の判断基準と手順を定めているか．

③ 変更作業は，作業手順に従って実施しているか．

④ 変更による影響が大きい保守については，リハーサルを行い，変更に問題がないことを事前に確認しているか．

⑤ 変更箇所のテストを行い，テスト結果を記録しているか．

⑥ 変更していない他の部分に影響していないかのテスト（レグレッションテスト）を行っているか．例えば，変更によって現行機能が毀損されたり，システム性能が低下したりしていないかなど．

⑦ 変更結果を責任者が承認しているか．

⑧　変更内容などを設計書やプログラム仕様書，運用基準書に反映し，責任者が承認しているか.

（3）　システム保守の監査の落とし穴

システム保守は，本番稼働後の一定期間が過ぎてから行われるので，保守対象システムの開発や移行に携わっていたメンバーが必ずしもシステム保守作業にかかわれるわけではない.　したがって，変更内容を検討するよりどころになる設計書やシステム構成図，プログラムのライブラリ管理などが正確でないと，誤った変更作業をしてしまう恐れがある.「システムの最新状態をいかに把握して管理しているか」がポイントになる.

また，情報技術の進展に伴ってハードウェアの性能向上や小型化が進むことで，従来は本番環境と開発・テスト環境が物理的に明確に分離されていたものが同一ラック内に収容されたり，仮想化によって論理的な分離になったりしている場合もある.「システム保守作業者の思い込みによる人的ミスが生じないように考慮されているか」も確かめる必要がある.

12.9　アクセス管理

（1）　アクセス管理とは

アクセス管理は，情報セキュリティの 3 要素のうちの「機密性」を確保し，維持するための基本となる管理である.　アクセス権限は，「need to know」の原則（「情報を知る必要のある者にのみアクセス権を与える」という原則.　最小権限の原則ともよばれる）にもとづき，付与する.　したがって，人事異動や退職などがあれば，設定したアクセス権限の範囲を変更したり，抹消したりする必要がある.　また，アクセス履歴（ログ）を保存・分析し，「不正なアクセスがないか」を監視することが重要になる.

特に，システム部門が保有する特権的なアクセス権限（特権 ID）については，厳格な管理が求められる.　特権 ID は，例えば，システムを維持・管理するためにデータベースにアクセスして，参照だけでなく，変更や削除，複写などができるので，個人情報や営業秘密情報などの重要なデータにもアクセスできる.

また，サイバー攻撃などによってアクセス権限が窃取されると，表面上は正

規の権限でアクセスしているように見えることもある．「アクセス権限が正しければ問題ない」と考えるのは早計であり，注意する必要がある．

（2） アクセス管理の監査の進め方

アクセス管理の監査では，アクセス権限の管理やアクセス状況の監視を中心に検証することになるので，例えば，次のような事項を確かめるとよい．

① アクセス管理に係る方針を明確にして，手続を定めているか．

② アクセス権限の付与申請・承認・発行・抹消などに係る手続にもとづき，ユーザーごとにアクセス権限を付与しているか．

③ アクセス権限の付与承認者と登録作業者を分離しているか．

④ 特権 ID を限定し，厳格に管理しているか．

⑤ 特権 ID の保有者が異動あるいは担当変更した場合，速やかに権限を抹消あるいは変更しているか．

④ 初期パスワードは，初回ログイン時に変更しているか．

⑤ パスワードの変更や失念などに係る手続を定めているか．

⑥ システムへのアクセス履歴を一定期間，保存しているか（保存期間はシステムの重要度で決める必要がある．なお，不正アクセス禁止法による公訴時効は3年である）．

⑦ 「不正なアクセスなどがないか」アクセス履歴から適宜，分析しているか．

⑧ ユーザー ID やアクセス権限の設定状況を定期的に点検（棚卸）し，不要なユーザー ID やアクセス権限が見つかった場合には，速やかに変更や抹消を行っているか．

また，システムのアクセス管理機能についても，システムの重要性に応じて，例えば，次のような事項を確かめるとよい．

❶ 必要に応じてタイムアウト機能や一定時間ごとの再認証機能を組み込んでいるか．

❷ 同一ユーザーによるマルチログイン（複数の異なる端末から同時に同一ユーザー ID でログイン）ができないようになっているか．

❸ ユーザー ID やパスワードなど入力情報の妥当性チェックは，すべて

第12講 システム監査

の情報が入力された後に行われているか．入力に誤りがあった場合でも，誤りの箇所を指摘しないようになっているか．

❹　ログオンの失敗回数を制限しているか．また，制限を超えたユーザー ID を使用停止にしているか．

❺　パスワードは，暗号化して保存しているか．

（3）　アクセス管理の監査の落とし穴

ユーザー ID およびアクセス権限の棚卸は，「ユーザー ID 台帳」などの一覧表で確認することが多い．しかし，その台帳が常に最新の状態に維持されているとは限らない．特に，手作業で台帳を更新しているような場合，後で更新しておこうと思って，結局，台帳の更新を忘れてしまうこともあり得る．したがって，監査では，「ユーザー ID 台帳」などの一覧で棚卸をしているから問題なしとせず，「台帳が最新の状態であるか」確かめることがポイントになる．また，棚卸で不要な特権 ID が発見された場合には，「なぜ，不要な特権 ID が棚卸で見つかるのか」という観点，つまり，「特権 ID の保有者が異動あるいは担当変更したときに，なぜ速やかに抹消あるいは変更されなかったのか」を指摘することが重要になる．

12.10　構成管理・性能管理

（1）　構成管理・性能管理とは

構成管理とは，ハードウェア，ネットワーク，ソフトウェアなどのシステム構成を把握し，管理することである．ハードウェア機器などは，製造メーカーもさまざまであり，同一メーカーであっても，製造時期によって部品が異なる．機器の故障による緊急の交換や保守切れによる更改もある．また，プログラムやソフトウェアは改修によって，アップデートされていく．したがって，システム構成の管理対象を明確にして，確実かつ効率よく管理することが重要になる．

一方，性能管理とは，システムの稼働状況を把握・分析して，計画された性能を維持できるように調整（チューニング）することであり，キャパシティ管理ともいわれる．システム構成に変更がなくても，ハードウェア機器の劣化，

ネットワークトラフィックの増加によるレスポンスの低下，データ量の急増によるバッチ処理の遅延など，システムの性能を悪化させる要因はさまざまである．したがって，性能評価の指標を明確にするとともに，閾値を設定して監視することが重要になる．

（2） 構成管理・性能管理の監査の進め方

システムの構成や性能が管理されていなければ，思わぬシステムトラブルやレスポンスダウンなどが発生する恐れがある．

構成管理の監査では，例えば，次のような事項を確かめるとよい．

① システムに係る構成要素の管理手続を定めているか．

② 構成管理の責任者を定めているか．

③ 管理手続にもとづき，ハードウェア，ネットワーク，ソフトウェアなどの最新構成を管理しているか．

④ ハードウェア構成図，ネットワーク構成図，機器設置図などを作成し，責任者が承認しているか．

⑤ 予防保守などを計画的に行っているか．

⑥ 構成要素の変更や廃棄などを正確に記録しているか．

また，性能管理の監査では，例えば，次のような事項を確かめるとよい．

❶ システムの性能に関する数値を測定して，閾値を超えた場合に対応しているか．性能指標には，例えば，CPU やメモリ，ディスクの使用率，データやネットワークトラフィックの増加量，同時アクセス数の増加数，オンラインの応答時間やバッチの処理時間などがある．

❷ 性能を分析・評価して，チューニングを行っているか．

❸ 業務要件やシステム環境の変化に応じて，性能評価の指標を見直しているか．

（3） 構成管理・性能管理の監査の落とし穴

システム構成の管理を一覧表などの台帳で管理することも多い．しかし，管理台帳の内容と実際のシステム構成に不整合があると，構成変更時に漏れがあったり，間違って変更してしまったりする恐れもある．構成管理ツールなど

を利用して管理している場合でも，システム構成のすべてを一元管理できていない場合があるので注意が必要である．仮想化技術などによって，従来は物理的に別々のシステム構成であったものが同一の筐体内で稼働していることも多くなってきている．物理的な構成だけでなく，論理的な構成にも注意が必要である．

　また，性能管理のよりどころになる閾値は，ある前提条件の下に設定されているので，システム構成が変更されたりすると，従来の閾値では適正な性能評価ができないこともある．監査では，「なぜ，その閾値を設定しているのか」確かめる必要がある．システム運用を外部に委託している場合には，「サービスレベルにどのような指標が設定されているか」確かめるとよい．

12.11　バックアップ

（1）　バックアップとは

　バックアップとは，システム障害によってデータベースが壊れたりした場合の復旧のため，あるいはシステム変更作業の中断によって変更前の状態に戻すためなど，不測の事態に備えて，必要なシステム資源をあらかじめ取得し，保存しておくことである．バックアップの対象となるシステム資源には，例えば，データベース，プログラム，システム環境設定ファイルなどがある．

　バックアップでは，**図 12.9** に示すような内容を明確にしておくことが重要になる．

　また，大規模なシステム障害が発生しても業務を継続する必要がある場合に

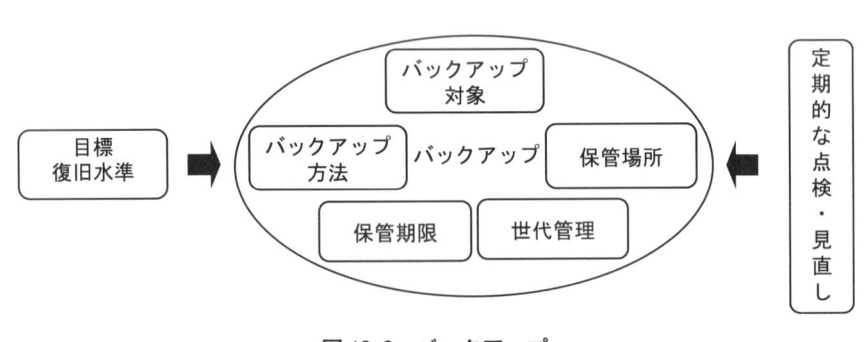

図 12.9　バックアップ

は，ハードウェアやネットワークなどの機器のバックアップ，広域災害時を想定したバックアップサイトなどを検討し，準備しておくことも重要になる．

（2） バックアップの監査の進め方

バックアップは，日常的なシステム運用業務のなかで行われるが，「何を対象に，いつ，どのようにバックアップするか」ということを，システム設計時のシステム運用設計において検討しておく必要がある．また，システム変更を踏まえて，バックアップの内容を見直すことが重要になる．

バックアップの監査では，例えば，次のような事項を確かめるとよい．

① バックアップの方針を定めているか．
② バックアップの対象と方法を明確にしているか（フルバックアップ，差分バックアップなど）．
③ バックアップは，目標復旧時点（RPO：Recovery Point Objective）と目標復旧レベル（RLO：Recovery Level Objective）を踏まえているか．
④ ソフトウェアのバックアップでは，バージョンを考慮しているか．
⑤ システムの重要性を踏まえて，バックアップ媒体の保管場所などを明確にしているか．
⑥ バックアップの結果を確認しているか．
⑦ バックアップからの復旧手順を定め，定期的に訓練を実施しているか．
⑧ システム構成の変更を踏まえて，バックアップの内容を見直しているか．

（3） バックアップの監査の落とし穴

バックアップの対象は，データベースやプログラムなどが中心になるので，個人情報や設計情報などのデータが含まれる場合がある．データベース自体は入退室管理の厳しい場所のサーバー上にあったとしても，バックアップ媒体が入退管理の緩い場所に保管されていれば，窃取や破損，紛失などの恐れがある．したがって，監査では，「バックアップ対象の重要性に応じた保管・管理がされているか」確かめる必要がある．

また，不要になったバックアップ媒体を廃棄する場合には，「媒体内のデー

タ消去や媒体自体の物理的破壊などによって，データを読み取れないようにして廃棄しているか」がポイントになる．バックアップ媒体の廃棄を外部に委託している場合には，「確実に処分されていることを示す「産業廃棄物管理票」（マニフェスト）や「データ消去証明」を入手しているか」確かめる必要がある．

12.12　システム障害管理

（1）　システム障害管理とは

　システムのハードウェア故障やプログラム不具合，手順や操作のミスなどを完全に防ぐことは難しい．したがって，「システムには必ずトラブルが発生する」という前提で考える必要がある．システム障害管理では，システムの一部に不具合が生じてもシステム全体への影響を回避するためのコントロールだけでなく，障害を早期に発見するとともに影響範囲を局所化し，早期に復旧させるコントロールが重要になる．

　また，システム障害が発生すると取引先や社会にまで影響が及ぶことがあるので，重大なシステム障害になる可能性があれば，速やかに経営者層に報告するレポーティングラインを整備しておく必要もある．さらに，同様のシステム障害を再発させないコントロールが求められる（図 12.10）．

（2）　システム障害管理の監査の進め方

　システム障害管理の監査では，「発生したシステム障害に対して，どのように対応してきたか」，また，「再発防止対策が有効に機能しているか」検証することになる．

　システム障害管理の監査では，例えば，次のような事項を確かめるとよい．

　①　システム障害発生時の対応マニュアルや体制を整備しているか．

　②　システム障害報告の第一報，続報，確報を適時，責任者および関係者に報告しているか．

　③　システム障害の原因を究明し，早期に復旧しているか．

　④　システム障害の原因が不明のまま究明を取り止める場合，その理由を明らかにして，責任者が承認しているか．

　⑤　再発防止策の実施完了までに時間を要する場合，対応状況を責任者に

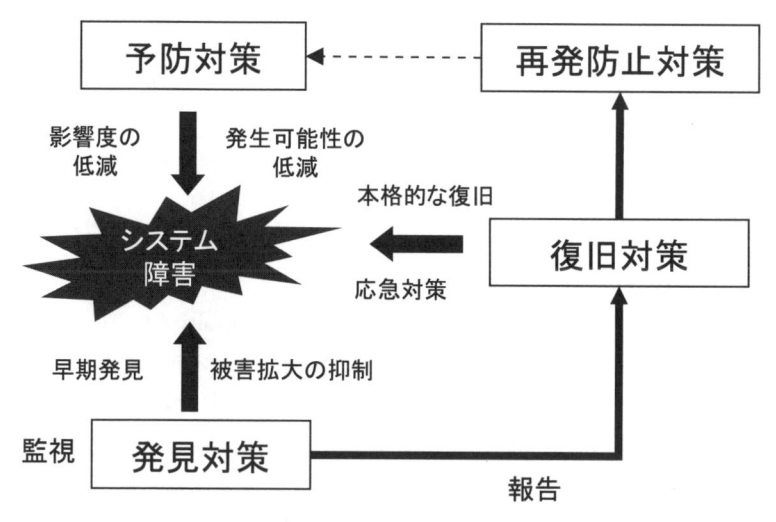

図 12.10　システム障害管理

報告しているか.

⑥　経営者層に対して，定期的にシステム障害の発生と対応の状況を報告しているか.

⑦　重要なシステムについては，定期的にシステム障害対応訓練を実施しているか.

⑧　システム障害の傾向を定期的に分析して問題点を検討し，根本的な対策を実施しているか.

（3）　システム障害管理の監査の落とし穴

　システム障害管理の監査では，「システム障害管理表」などの一覧表を査閲するが，「管理すべきシステム障害が漏れなく管理表に挙げられているか」に留意する必要がある．一覧表を見るといかにも管理されているように見えるが，実は一覧表から漏れていて，管理も報告もされないまま必要な対策が実施されず，システム障害が再発することもあり得る．また，「再発防止対策が表面的な対応に留まっていないか」も検証することが重要になる．

　「今までシステム障害は発生していないから問題はない」とか，「ハードウェ

アを二重化しているから大丈夫」といったような楽観論は禁物である．「もし，日中にオンラインシステムが停止したら，どうするのか」「もし，夜間のバッチ処理がエラーになったら，再実行する余裕はあるのか」など，さまざまな仮説を立てて，「その対策が考えられているか」を検証する必要がある．

12.13　IT-BCP

（1）　IT-BCP とは

IT-BCP とは，事業継続計画(BCP：Business Continuity Plan)のうち IT にかかる部分である．「自然災害や事故などにより基幹システムなどが重大な損害を被り，利用できなくなった場合に，システムを早期に復旧させて利用できるようにするための計画」のことであり，"コンティンジェンシープラン"ともよばれている．IT-BCP には，例えば，想定する緊急事態と被害内容，影響を受ける業務とシステム，業務の優先順位，代替手段による業務の継続方法，システム復旧に必要な人員・設備・資源，緊急時体制，復旧手順(初期対応・暫定対応・復旧対応)，目標復旧水準(時点，時間，レベル)，教育・訓練，維持管理などが挙げられる．復旧手順には，例えば，**図 12.11** に示すような内容がある．

（2）　IT-BCP の監査の進め方

IT-BCP の監査では，システムの復旧手順の整備，訓練，見直しを中心に検証することになるので，例えば，次のような事項を確かめるとよい．

① IT-BCP の策定，実施・維持管理のための体制(責任者，担当者，ベンダーなど)を整備しているか．

② IT-BCP 策定に必要なリスク分析・評価を行っているか．

③ 策定された IT-BCP は，業務の BCP と整合がとれているか．

④ 策定された IT-BCP は，経営者の承認を得ているか．また，承認された IT-BCP の基本方針を組織内に周知しているか．

⑤ 想定する被害発生パターン(シナリオ)に応じた復旧手順を作成しているか．

⑥ IT-BCP にもとづく教育・訓練を定期的に実施しているか．訓練の結

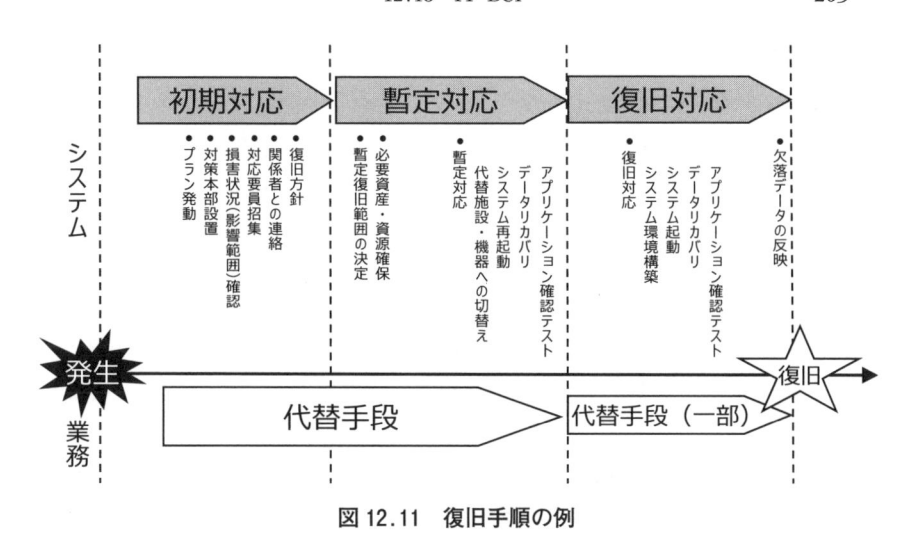

図 12.11 復旧手順の例

果については，目標復旧水準(時点，時間，レベル)の観点から有効性を評価しているか．

⑦ IT-BCP を定期的に見直ししているか．

なお，経済産業省から「IT サービス継続ガイドライン(改訂版)」，内閣官房情報セキュリティセンターから「IT-BCP 策定モデル」や「中央省庁における情報システム運用継続計画ガイドライン」が公表されているので参考にされたい．

（3） IT-BCP の監査の落とし穴

IT-BCP は，大規模な自然災害などによる緊急事態への対応なので，IT-BCP は策定しているものの一度も発動したことがない組織も多い．しかし，形だけの IT-BCP では，いざというときにまったく役立たないことになるので，訓練を通じて有効性を確かめる必要がある．訓練で「シナリオどおりの対応が確認できたので課題なし」という結果であった場合，訓練に問題なしと評価してよいのだろうか．もしも訓練が問題なく終われば，その訓練は"失敗"と考えるべきである．訓練を通じて何らかの課題を見つけて，計画を見直すことこそが意味のある訓練といえる．緊急事態には，訓練のシナリオどおりには

ならず，想定外の事態が次々と発生し，情報も錯綜する．「課題の見つからない訓練は，訓練ではない」という視点で確かめることが重要である．また，緊急事態の状況下では可用性が優先され，機密性や完全性のセキュリティ水準が低下する恐れがあるので，留意する必要がある．

12.14　クラウドサービス

（1）　クラウドサービスとは

　組織などでクラウドサービスの利用が拡がってきている．クラウドサービスは，ネットワーク，サーバー，ストレージ，アプリケーションなどの共用リソースに，どこからでも，簡便に，ネットワーク経由でシステムにアクセスし，利用することができる環境である．また，最近では，機器の近くにサーバーを分散させて処理するエッジコンピューティングとの組合せも拡がってきている（**図 12.12**）．

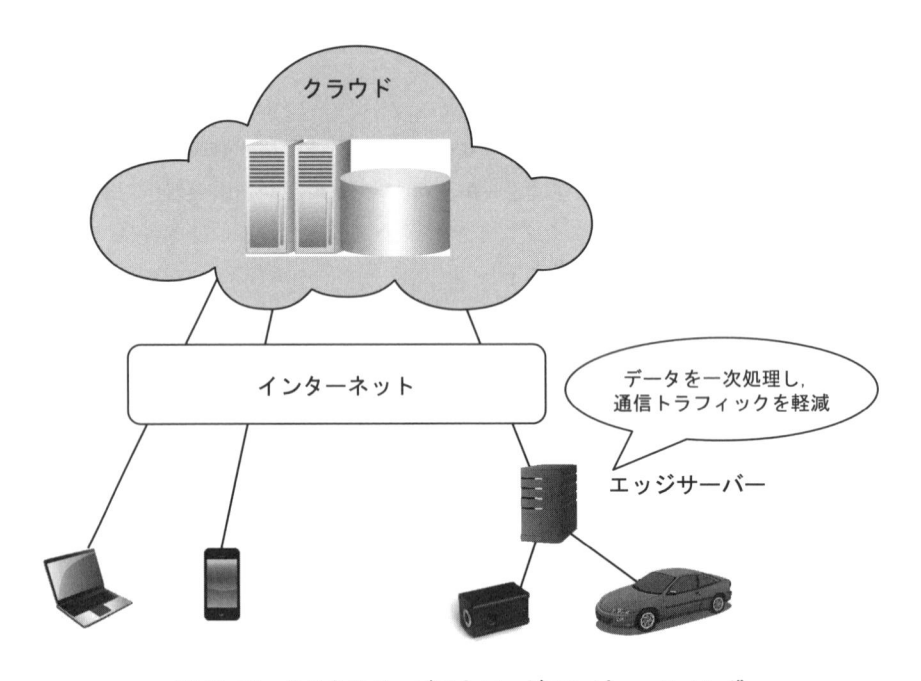

図 12.12　クラウドサービスとエッジコンピューティング

クラウドサービスの基本的な特徴には，オンデマンドセルフサービス，幅広いネットワークアクセス，リソースの共用，スピーディな拡張性，サービスの計測性などが挙げられる．実装モデルには，プライベートクラウド，コミュニティクラウド，パブリッククラウド，ハイブリッドクラウドがある．主なサービスモデルには，次の3つがある．

① SaaS(Software as a Service)：アプリケーションのソフトウェアをインターネット経由で提供するサービス

② PaaS(Platform as a Service)：アプリケーションのソフトウェアを稼働させるインフラやデータベースなどをインターネット経由で提供するサービス

③ IaaS(Infrastructure as a Service)：コンピュータシステムを稼働させる基盤やネットワークなどをインターネット経由で提供するサービス

（2）　クラウドサービスの監査の進め方

クラウドサービスの監査では，クラウドサービスの利用検討時，契約締結時，運用時，契約終了時のそれぞれの観点から検証する必要があるので，例えば，

表12.2　クラウドサービスの監査項目の例

フェーズ	監査項目
利用検討時	・クラウドサービスの利用目的，利用業務範囲，利用形式などを明確にしているか． ・クラウド事業者の資質・業務遂行能力，内部統制・リスク管理などの状況をもとに評価しているか． ・重要度の高い業務をクラウドサービスで利用する場合のデータ所在を把握しているか．
契約締結時	・クラウド事業者と安全対策に関する項目を盛り込んだ契約を締結しているか． ・クラウド事業者との間で係争が生じた場合の準拠法や管轄裁判所に関する取決めを明確にしているか．
運用時	・データの漏洩防止策を確認しているか． ・外部記録装置を交換する際のデータ消去，破棄を確認しているか．
契約終了時	重要データの消去証明書などを受領しているか(ハードディスクだけでなく，バックアップ媒体のデータ消去にも留意)．

第12講 システム監査

表 12.2 に示すような事項を確かめるとよい.

　なお, 経済産業省から「クラウドサービス利用のための情報セキュリティマネジメントガイドライン」が公表されているので参考にされたい.

（3）　クラウドサービスの監査の落とし穴

　クラウドサービスの利用をいったん始めてしまうと, 他のクラウドサービスに変更することが難しくなる可能性があり, これを「ベンダーロックイン」という. クラウド事業者との契約締結時には, ベンダーロックイン防止策として, 例えば, 代替のクラウドサービス, アウトソーシング, オンプレミス環境へのシステム移行作業など, 「契約終了時にどこまでクラウド事業者が対応できるか」確かめることが重要になる.

12.15　サイバーセキュリティ

（1）　サイバーセキュリティとは

　インターネットに接続することが日常的になっているなか, Web サイトへの不正アクセスや標的型攻撃メールなどのサイバー攻撃により, 顧客情報や技術情報が狙われる被害が増えてきている. 一方で, サイバー攻撃の手口は高度化・巧妙化してきており, 悪意のある攻撃者によって乗っ取られたコンピュータ群で構成されたネットワーク(ボットネット)のレンタル市場もあるといわれている. このようなサイバー攻撃から重要な情報を守るための対策が, サイバーセキュリティ対策である.

　経済産業省は, 独立行政法人情報処理推進機構(IPA)とともに, 「サイバーセキュリティ経営ガイドライン」を策定し, 公表している. 同ガイドラインでは, サイバー攻撃から組織を守る観点から, 経営者が認識すべき 3 原則と, 経営者が情報セキュリティ対策を実施するうえでの責任者となる担当幹部(CISO：Chief Information Security Officer など)に指示すべき重要 10 項目をまとめている(図 12.13).

（2）　サイバーセキュリティの監査の進め方

　サイバー攻撃はますます高度化し, 完全に防御することは困難な状況にある

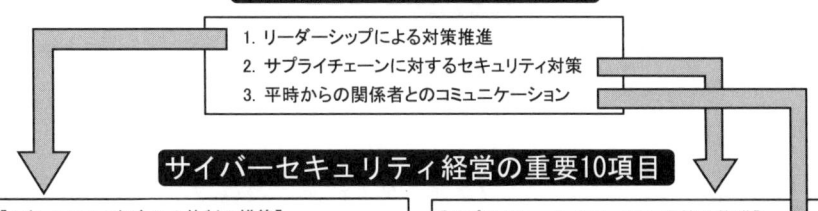

【セキュリティマネジメント体制の構築】
① 対応方針の策定
② サイバーセキュリティリスク管理体制の構築
③ サイバーセキュリティ対策のための資源確保
【セキュリティリスクの特定と対策の実装】
④ リスクの把握とリスク対応計画の策定
⑤ リスク対応の仕組みの構築(防御, 検知, 分析)
⑥ PDCAサイクルの実施
【サイバー攻撃を受けた場合に備えた体制構築】
⑦ 緊急対応体制の整備
⑧ 復旧体制の整備

【サプライチェーンセキュリティ対策の推進】
⑨ サプライチェーン全体の対策と状況把握

【関係者とのコミュニケーションの推進】
⑩ 攻撃情報の入手とその有効活用・提供

出典) 経済産業省・独立行政法人情報処理推進機構「サイバーセキュリティ経営ガイド
ライン(Ver2.0)」2017 年 11 月 16 日(http://www.meti.go.jp/policy/netsecurity/
mng_guide.html)を参考に筆者作成

図 12.13　サイバーセキュリティ経営ガイドライン Ver2.0 の概要

ので, 防御対策だけでなく, 攻撃の検知や事後対応も重要になる. これを踏ま
えると, サイバーセキュリティの監査では, 例えば, **表 12.3** に示すような事
項を確かめるとよい.

(3)　サイバーセキュリティの監査の落とし穴

　サイバー攻撃の手口は, 日々, 巧妙になってきているので, 技術的な対策だ
けでは防ぎ切れない. また, 本物のメールと思い込み, 添付ファイルを開封し
たり, URL をクリックしたりして, 気がつかない間に悪意ある攻撃者に乗っ
取られている可能性もある. したがって, 「サイバー攻撃を想定した訓練を繰
り返し行い, 一人ひとりが常日頃から注意するように啓発し続けているか」確
かめることが重要になる.

表 12.3　サイバーセキュリティの監査項目の例

監査項目	内容
防御対策	• サイバー攻撃から保護すべき情報資産を識別しているか. • サイバー攻撃に対応する組織 (CSIRT：Computer Security Incident Response Team) を整備しているか. • 多層による防御対策を実施しているか. 　　―入口対策：ファイアウォール, スパムゲートウェイ, URL フィルタリング, ウイルス対策ソフトなど 　　―内部対策：アカウント管理(特権 ID), ファイル暗号化, セキュリティパッチ適用など 　　―出口対策：ファイアウォール, メールフィルタリング, URL フィルタリングなど
検知・分析	• 特定コマンドの実行など, システムを監視しているか. • 侵入検知システムなどによるネットワーク監視を行っているか. • 通信ログなどを分析し, 不正な通信の有無を監視しているか.
事後対応	• 攻撃元 IP アドレスを特定し, 遮断しているか. • DDoS 攻撃に対して, アクセスを分散しているか. • システムの全部または一部を必要時に応じて, 一時的に停止しているか. • 侵入経路や手口, 情報流出の痕跡と範囲などを分析しているか.

12.16　RPA(ロボティックプロセスオートメーション)

(1)　RPA とは

　日常業務のなかでは, 例えば,「月初めに労務管理システムから残業 40 時間超の社員を表計算ソフトに抽出して所属長宛のメールに添付して送信」したり,「毎朝, A システムからの出力帳票の数値を表計算ソフトに転記して, 表計算ソフトのマクロ実行結果を B システムの画面に入力」したりするなど, 手作業による定型的な作業が行われていることが多い. このような作業を肩代わりするのが RPA(ロボティックプロセスオートメーション：Robotic Process Automation)といわれる技術である(**図 12.14**). RPA を導入することで, 単純な反復作業の削減, 正確性と精度の向上, 多頻度化, 生産性の向上などによって, 業務の効率化やコスト削減などが期待されている.

　RPA を実現するツールの主な機能には, 開発機能, 実行機能, 管理機能が

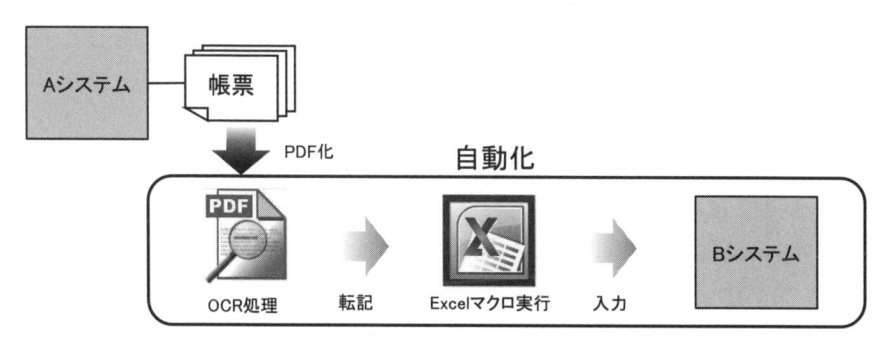

図 12.14　RPA による作業の自動化の例

ある．開発機能には，作業の自動記録(録画)，条件分岐や繰返しなどの処理の追加(アイコンやコマンドによる設定)，より高度な処理のプログラム記述などがある．また，実行機能として，デスクトップ型(部署単位)やサーバー型(大規模)があり，管理機能には，稼働状況，実行ログ，セキュリティ機能などがある．

（2）　RPA の監査の進め方

　RPA は，システム部門が関与しなくても，ユーザー部門がツールの使い方を習得して導入し，業務の自動化を図ることができる．つまり，システムの開発や運用，保守の素人がシステム化するという点に留意する必要がある．したがって，RPA の監査では，次のような事項を確かめるとよい．

① 　自動化する処理の候補を精査しているか(業務分析，自動化対象の評価，有効性評価など)．

② 　自動化する処理のオーナー，開発責任者，担当者，利用者などの管理体制が明確か．

③ 　自動化するに当たっての承認フローを定めているか．

④ 　処理の正確性をテストで確認しているか．

⑤ 　処理エラー時の対処を考慮しているか(処理継続可否，エラーデータ，戻し手順など)．

⑥ 　RPA 停止時の対応を整備しているか(体制，手順など)．

⑦　RPA の開発環境と実行環境を分離しているか.

⑧　自動化する処理のドキュメントを作成しているか(処理概要, フロー
チャート, 入力・出力, ソースなど).

⑨　自動実行の監視, 実行ログ, 結果通知など, 実行状況をモニタリング
しているか.

⑩　自動化するに当たって, 業務の見直しが行われているか(無駄な自動
化が行われていないか).

（3）　RPA の監査の落とし穴

　RPA による自動処理では, 関連するシステムの Web 画面や表計算ソフトな
どとの整合性を考慮しておくことが重要になる. 例えば, 画面サイズ, 表示位
置, 画像が変更されたり, Web 画面の HTML 構文やアプリケーション構造が
変更されたりすると, 誤動作する可能性がある. 画面応答時間と RPA 処理時
間の差が考慮されていない場合も同様である. 表面的にはエラーにならないま
ま, 誤った処理が続いているといった事態も想定される. 何でもかんでも自動
化してしまうと, 属人的な作業のブラックボックス化など, トラブル時に対処
できないことにもなる. **図12.14** に示した例のようなシステム出力帳票を前提
とした自動化も, 帳票のペーパーレス化を阻害することにもなるので留意する
必要がある.

第 **13** 講
外部委託業務の監査

13.1　外部委託計画

（1）　外部委託の拡大と外部委託管理

　外部委託業務は，製品・半製品，部品，原材料などの製造委託や物流関連，環境・防犯関連，情報処理関連などさまざまである．また，国内の委託先だけでなく，海外の企業への委託もある．経済産業省「平成 28 年度　企業活動基本調査確報」によれば，約 7 割の企業が外部に業務を委託しており，年々増加の傾向にある．外部委託に当たっては，コスト面が重視されがちであるが，個人情報などの重要な情報の取扱が必要になる場合も多い．したがって，委託する業務にふさわしい企業を選定し，管理するプロセスが重要になる（図 13.1）．

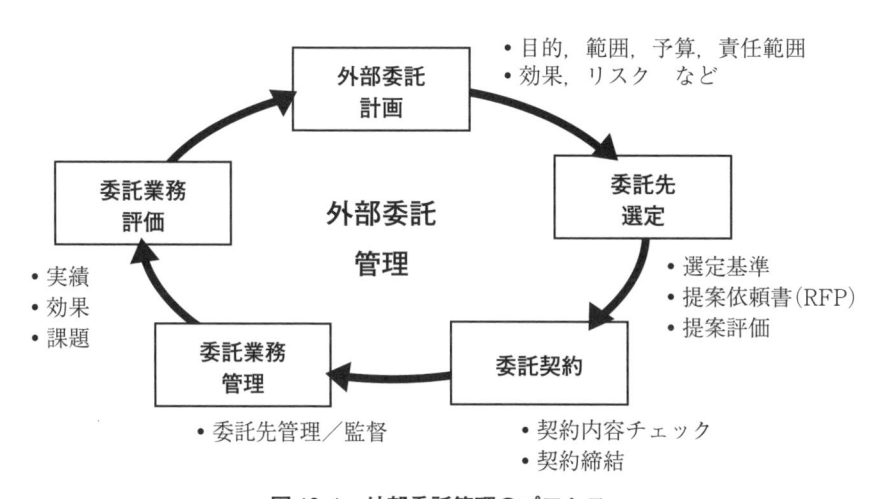

図 13.1　外部委託管理のプロセス

（2） 外部委託計画

外部委託管理のプロセスの最初となる「外部委託計画」では，委託の目的，業務範囲，期間，費用（予算），責任範囲などを明確にする必要がある．責任範囲については，請負，委任・準委任，派遣などの委託形態によって異なるので注意しなければならない．具体的にいえば，システム開発や建設工事などの契約は「当事者の一方がある仕事を完成することを約し，相手方がその仕事の結果に対して報酬を支払うことを約する」（民法第632条）請負契約になるので，請け負った側には仕事の完成義務があり，瑕疵担保責任がある．

また，弁護士への訴訟対応などの契約は「当事者の一方が法律行為をすることを相手方に委託し，相手方がこれを承諾する」（民法第643条）委任契約，コンサルタントへのコンサルティングなどの契約は「法律行為でない事務の委託について準用」（民法第656条）として準委任契約になるので，引き受けた側は，委任・準委任の本旨に従い，善良な管理者の注意をもって，委任・準委任事務を処理する義務を負うことになる．

さらに，労働者派遣の契約は，「当事者の一方が相手方に対し労働者派遣をすることを約する」（労働者派遣法第26条）派遣契約であり，派遣労働者との指揮命令関係は，派遣先企業と派遣労働者になる．

（3） 外部委託計画の監査の進め方

外部委託計画の監査では，計画策定の妥当性を検証することになるので，例えば，次のような事項を確かめるとよい．

① 外部委託の方針，管理方法，確認すべき事項などを規定しているか．

② 外部委託計画策定の手続を定めているか．

③ 外部委託に係る効果やリスクを検討し，外部委託計画を策定しているか．

④ 外部委託計画策定の手続にもとづき，外部委託計画を責任者が承認しているか．

⑤ 経営環境の変化などに応じて，外部委託計画を見直しているか．

（4） 外部委託計画の監査の落とし穴

外部委託計画では，委託することにより期待できる効果や委託によるリスクとその対応策について，十分に検討しておくことが重要になる．外部に委託することで新規技術を活用できたり，コストメリットを期待できたりする反面，自社にはノウハウが残らず，また，委託先の倒産などによる事業への影響も想定される．「短期的な視点だけでなく，中長期的な視点も踏まえて，外部委託の計画を策定しているか」確かめる必要がある．

13.2　外部委託先選定

（1）　外部委託先選定とは

外部委託先選定は，外部委託計画にもとづき，委託業務を検討し，適切な委託先を選定するプロセスである．委託業務仕様書を提示して入札方式で選定したり，業務要件を踏まえた提案依頼書(RFP：Request For Proposal)を提示し，提案内容を評価して選定したりすることになる．

外部委託先の選定に当たっては，例えば，次のような項目が必要になる．

- 本店所在地，代表者氏名
- 事業内容
- 経営状況(資本金，売上高，営業利益，経常利益など)
- 主要な取引先と株主
- 受託実績(類似業務の実績など)
- 技術レベル(保有資格，保有スキルなど)
- 委託業務の作業環境
- 委託費用と支払条件
- 再委託の有無
- コンプライアンス体制(情報セキュリティ管理，品質管理，法務など)
- 内部監査体制
- 委託業務の継続計画

なお，個人情報の取扱を含む業務を委託する場合には，外部委託先の情報セキュリティに対する取組み状況について，また，システム開発を委託する場合には，品質管理の体制について確かめるとよい．プライバシーマークやISO/

IEC 27001，ISO 9001 などの公的認証を取得・維持していると，内部監査による自浄作用と第三者審査による客観的評価が行われていることになるので，評価ポイントの一つになる．ただし，認証取得しているからといって，品質などの管理が保証されているわけではないので注意してほしい．

（2）　外部委託先選定の監査の進め方

　外部委託先選定の監査では，「委託する業務を確実かつ適切に実施できる企業を選定しているか」検証することになるので，例えば，次のような事項を確かめるとよい．

① 選定に際して，委託業務の内容や条件を明示しているか．
② 選定基準にもとづき，委託先を検討し，評価しているか．
③ 「下請代金支払遅延等防止法（下請法）に該当する委託か」確認しているか．
④ 委託先や再委託先などが反社会的勢力の可能性がないかチェックしているか．
⑤ 委託先の決定には，責任者の承認を得ているか．
⑥ 「選定先が選定基準を満たしているか」を定期的に確認しているか．
⑦ 選定基準を定期的に見直しているか．

（3）　外部委託先選定の監査の落とし穴

　外部委託先選定に当たっては，一括再委託（丸投げ）禁止などを条件に業務の一部を再委託することを認めることも多い．その場合，「委託先がどのように再委託先を管理・統制できる体制なのか」を確かめる必要がある．また，二次請，三次請などの再々委託先も含まれることに注意する．特定個人情報（マイナンバー）の取扱を委託する場合には，最初の委託者の許諾を得た場合に限り，再委託することができることに留意する．「業務は委託できても，責任は委託できない」という視点から，「総合的に外部委託先を選定しているか」確かめることがポイントになる．

13.3　外部委託契約

（1）　外部委託契約とは

外部委託先選定の次のプロセスは，委託先との業務委託契約の締結になる．「業務委託契約書」は，当事者双方の権利義務関係を定めて合意する法的拘束力を有する文書なので，委託業務のリスクに係る対応が記載される．したがって，委託業務の内容や費用，期間などの個別条項のほかに，例えば，**表13.1**に挙げるような一般条項にも留意する．

表13.1　業務委託契約書で留意すべき一般条項の例

条項	留意点
秘密保持	技術情報，顧客情報，ノウハウなどの有用性が高い情報を委託先に開示する場合，秘密保持義務だけではなく，情報の使用許諾，目的外使用の禁止などの厳しい秘密保持義務を規定する．これによって，不正競争防止法上の営業秘密としての要件になる．
知的財産権の帰属	知的財産権を取得する委託先に留保するのか，自社に移転するのかを明確にする．成果物の作成が目的の場合には移転型をとることが多い．
瑕疵担保責任	請負契約において瑕疵があった場合，瑕疵担保期間内において瑕疵の修補，損害賠償，契約解除など委託先が負う責任を明確にする．瑕疵担保期間の短縮や瑕疵担保責任を負わない旨の特約に注意する．
損害賠償	委託先の債務不履行により被る損害についての損害賠償請求権を規定する．「損害賠償の範囲が限定され過ぎていないか（通常損害，特別損害）」「損害賠償額の上限が低過ぎないか」「損害額が違約金を上回る場合の請求ができるか」などを明確にしておく．
不可抗力免責	天災地変などの事由の例示列挙のほかに，包括的な「その他当事者の責に帰し得ない事由」を加えることで，例示列挙した事由以外の場合にも不可抗力免責の効果を得ることができる．
暴力団排除	委託先が反社会的勢力でないことの確認と，反社会的勢力との関係が判明した場合の無催告解除などを定めておく．

表 13.1　つづき

条項	留意点
再委託	再委託の可否だけでなく，再委託する場合の手続と責任の所在を明確にしておく．
契約解除	委託先の債務不履行以外に，破産や民事再生の申立てなどの財政状態の場合，あるいは反社会的勢力とつながりがあることが判明した場合も解除事由とすることで，民法で定められた契約の解除事由である債務不履行以外でも解除することができる．
監査権	「必要に応じて監査することができる」と記載することで，委託業務をモニタリングでき，事故等が発生した場合には立入監査も可能になる．また，委託先の内部調査結果や内部監査結果などを入手して，監査の代替あるいは補完とする場合もある．
合意管轄裁判所	訴訟の第一審の専属的合意管轄裁判所を自社の本店所在地を管轄する地方裁判所とするように記載しておくことで，裁判になった場合の費用や労力の負担が小さくなる．

（2）　外部委託契約の監査の進め方

　外部委託契約の監査では，契約手続の遵守と契約内容を検証することになるので，例えば，次のような事項を確かめるとよい．

　　① 　委託契約内容について，事前に法務部門などのチェックを受けるとともに，責任者の承認を得ているか．
　　② 　委託契約手続にもとづき，外部委託契約を締結しているか．
　　③ 　契約書には，当事者，契約締結日，目的，業務内容，契約期間，契約金額，納入場所，検収の期間と条件，支払の時期と方法など，委託業務に係る個別条項を記載しているか．
　　④ 　契約書には，一般条項の内容を記載しているか．
　　⑤ 　契約締結後の業務内容に追加あるいは変更が生じた場合，契約内容を再検討しているか．

（3）　外部委託契約の監査の落とし穴

　外部委託では，委託者のほうが受託者よりも一般に立場が強いので，優越的地位の濫用に抵触する行為に至ることがある．「下請代金支払遅延等防止法」

では，委託者の義務と禁止行為が定められているので，同法に該当する委託である場合には，納品日や支払日に十分留意する．詳細は，**第14講**を参照してほしい．また，派遣社員やパート・アルバイトなどの有期雇用契約がある場合，契約の締結と終了を繰り返した後の契約終了（雇止め）について，労働契約法上の問題となる場合があるので注意が必要である．

13.4 外部委託管理

（1） 外部委託管理とは

外部委託管理は，外部委託契約に続くプロセスとして，委託業務の開始から終了までの間を管理する．管理のよりどころになるのは，「外部委託契約書」で定められた事項である．個人情報の取扱の全部または一部を委託している場合には，個人情報保護法にもとづき適切な委託先の選定と契約，および委託先における個人情報の取扱状況（安全管理措置）を把握する必要がある．安全管理措置については，**12.4節**を参照されたい．

また，外部委託先において委託業務に係る事故などが発生した場合には，速やかに報告を受ける体制を整備しておくことも重要になる．事故などを想定した訓練を通じて，いざというときに確実に報告されるようなレポーティングラインを構築しておく必要がある．

（2） 外部委託管理の監査の進め方

外部委託管理の監査では，委託先との定例会議に同席したり，管理資料を確認したりして，管理の妥当性を評価する．委託作業場所の状況を視察することで，委託内容の実態を把握できる．

外部委託管理の監査では，例えば，次のような事項を確かめるとよい．

① 外部委託契約書にもとづき，委託を行っているか．
② 委託業務の進捗状況を把握し，遅延対策を講じているか．
③ 委託業務に係る課題を管理し，委託先と共有しているか．
④ 委託業務の指揮・命令系統は，適切に行われているか．
⑤ 委託先からの業務報告を定期的に受け，検証しているか．必要に応じて，委託先への立入り監査などを行っているか．

⑥　委託業務に係る事故などが発生した場合に速やかに報告を受けられる
ように，定期的な訓練を行っているか．

⑦　委託業務に係る成果物の検収や作業内容の確認を行っているか．

⑧　委託業務の終了後，委託先に提供したデータや資料などの回収・廃棄
を確認しているか．

なお，システム開発を外部委託している場合の監査については，12.5 節を
参照されたい．

（3）　外部委託管理の監査の落とし穴

委託先の要員が委託元の工場で作業したり，事務所に常駐したりする場合，
「偽装請負」に注意する．偽装請負とは，「契約上は請負契約でありながら，委
託先の管理責任者による指揮・命令ではなく，委託元の指揮・命令下で作業し
たり，委託元が委託先の要員や配置を決めたり，労働時間を管理したりして，
実態として労働者派遣とみなせるもの」である（図 13.2）．したがって，文字
どおりの"請負"契約だけでなく，"委任契約・準委任契約"でも，同様のこ
とが生じ得ることに留意する．

また，形式だけ委託先の管理責任者を置いているとか，管理責任者を兼務し
た一人作業者のような場合も偽装請負と判断されることになるので注意が必要
である．派遣と請負の区別については，厚生労働省から「労働者派遣事業と請
負により行われる事業との区分に関する基準」および「労働者派遣・請負を適

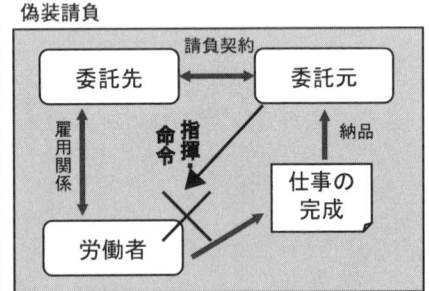

図 13.2　本来の請負と偽装請負の違い

正に行うためのガイド」が公表されているので参照されたい.

13.5 外部委託評価

（1） 外部委託評価とは

外部委託評価とは,「委託した業務の結果が目的を達成できたか」評価することである. その目的は, 例えば, コスト削減, 業務効率化, 委託効果などがある. 評価を踏まえて, 課題があれば見直しや委託先の変更などの改善を図る必要がある. 評価するに当たっては, 例えば, 次のような事項が挙げられる.

- 委託費用の実績
- 委託業務の進捗
- 成果物あるいは作業の品質
- 委託先のリーダーや要員の資質, コンプライアンス
- 委託期間における課題や問題
- 委託期間において課題などが発生した場合の対処
- 委託による効果

また, 外部委託評価は委託業務が終わった後に行うことが多いので, 評価するために必要な実績が把握されていなければ, 曖昧な評価に留まってしまう. したがって, 外部委託の計画段階から,「どのような指標で評価するのか」を明確にして, 実績を記録しておく必要がある.

（2） 外部委託評価の監査の進め方

外部委託評価の監査では, 委託業務の終了後に「どのように評価し, 改善につなげているか」検証することになるので, 例えば, 次のような事項を確かめるとよい.

① 外部委託評価指標を明確にしているか.

② 外部委託の契約期間終了後, 速やかに評価しているか. また, 1年以上の長期間にわたる委託や継続による委託の場合には, 少なくとも年1回以上, 定期的に評価しているか.

③ 評価に当たっては, 担当者だけでなく, 関係部署からの意見も考慮しているか.

第13講 外部委託業務の監査

④　評価結果を責任者が承認しているか.

⑤　改善が必要な範囲において, 評価結果を委託先にフィードバックして
いるか.

⑥　評価結果を踏まえて, 外部委託計画の見直しや必要な改善を講じてい
るか.

（3）　外部委託評価の監査の落とし穴

　外部委託の評価では, コスト面が注目されやすい. 確かにコスト効果は外部
委託の重要な目的の一つである. しかし, 納品された部品やソフトウェア, 提
供されたサービスなどに欠陥や不備があれば, 結果的にその対応がコストに跳
ね返ることになる. 特に一般消費者が利用する製品やサービスにかかわる場合,
その影響はかなり大きい. したがって, コスト面だけでなく, 品質面からの評
価が重要になる.

　また, 外部委託契約の終了時点では, 欠陥や不備などの問題が表面化しない
こともあるので,「瑕疵担保期間後など契約終了時点から一定期間経過後にも
再評価しているか」確かめることが重要である.

第**14**講

コンプライアンス監査

14.1 コンプライアンス監査の目的

（1） 事業体とコンプライアンス

⒜ 内部統制の目的としてのコンプライアンス

事業体の内部統制を整備・運用するために，国際的に広く認知・活用されている仕組みとして，COSO（トレッドウェイ委員会支援組織委員会）の「内部統制の統合的フレームワーク」がある．そのなかで，内部統制は，「事業体の取締役会，経営者およびその他の構成員によって実行され，業務，報告およびコンプライアンスに関連する目的の達成に関して合理的な保証を提供するために整備された1つのプロセス」と定義されている．業務，報告，コンプライアンスという3つの目的のうち，コンプライアンスは，「事業体が法律および規則を遵守することに関連している」と説明されている．

組織の内部統制の有効性を点検し評価する内部監査では，「事業体のコンプライアンス目的が達成されているか」，また「目的達成の手段である内部統制が有効に機能しているか」を監査する必要がある．

⒝ 会社法で求められるコンプライアンス

会社法は，取締役会設置会社以外の株式会社では取締役の，取締役会設置会社の株式会社では取締役会の権限として，「取締役（指名委員会等設置会社では執行役）の職務の執行が法令及び定款に適合することを確保するための体制その他……業務の適正を確保するために必要な……体制の整備」（第348条第3項第4号，第362条第4項第6号，第399条の13第1項第1号ハ，第416条第1項第1号ホ）を定め，大会社である場合には取締役ないしは取締役会，また

監査等委員会設置会社および指名委員会等設置会社である場合には，取締役会に対して，ここに「掲げる事項を決定しなければならない」（第 348 条第 4 項，第 362 条第 5 項，第 399 条の 13 第 2 項，第 416 条第 2 項）と定めている．

　業務の適正を確保するために必要な体制として会社法施行規則に規定される事項には，「使用人の職務の執行が法令及び定款に適合することを確保するための体制」（第 98 条第 1 項第 4 号，第 100 条第 1 項第 4 号，第 110 条の 4 第 2 項第 4 号，第 112 条第 2 項第 4 号）ならびに「子会社の取締役等及び使用人の職務の執行が法令及び定款に適合することを確保するための体制」（第 98 条第 1 項第 5 号ニ，第 100 条第 1 項第 5 号ニ，第 110 条の 4 第 2 項第 5 号ニ，第 112 条第 2 項第 5 号ニ）が含まれている．会社法においても，取締役ないしは取締役会にコンプライアンス体制の整備を求めている．

　ここで規定された体制の整備についての取締役ないしは取締役会の決定については，「内容の概要及び当該体制の運用状況の概要」（会社法施行規則第 118 条第 1 項第 2 号）を事業報告の内容に含めなければならない．また，この事業報告の内容は，監査役ないしは監査役会，監査等委員会設置会社では監査等委員会，指名委員会等設置会社では監査委員会の監査の対象となっている．

　内部監査は，会社法が規定するコンプライアンス体制および業務適正化体制の整備・運用状況に関する監査役等の監査に先立ち（事業報告の作成前）に実施し，不備があれば早急に改善させる必要がある．

（2）　経営責任としてのコンプライアンス

⒜　なくならない企業不祥事

　従業員による金品の横領から，食品偽装，数値改ざん，虚偽表示，入札談合，過労死，経営層による粉飾決算まで，企業の不祥事は依然として続いている．このような企業不祥事は，なかには法的規制や取締りの強化で減少するものもあるが，時代を経て法的規制や監視体制が強化されてきたものの，必ずしも大きく改善されているとはいえない．不祥事の発生は，企業活動を取り巻く多くの利害関係者に多大な不利益や迷惑を及ぼし，その結果，企業活動の継続や企業の存続が危ぶまれる事態に陥りかねない．

(b)　社会の期待や要請に応えるコンプライアンス

　コンプライアンスを，法令を最低限遵守するという消極的な捉え方ではなく，社会の期待や要望に応えていくことと捉えて，企業が事業を通じて積極的に社会的責任を果たしていこうという動きもある．企業の社会的責任(CSR)の流れは，企業の ESG(環境・社会・企業統治)や SDGs(持続可能な開発目標)への取組みを評価する市場・投資家の行動を通じて，大きくなりつつある．

　コンプライアンスに対する双方の姿勢の違いは，経営姿勢の違いであり，経営の機能である内部監査もその姿勢を問われることになる．

14.2　全社的コンプライアンス体制

(1)　全社的コンプライアンス体制とは

(a)　法的要請としての全社的コンプライアンス体制の整備

　会社法の対象となる株式会社は，全社的なコンプライアンス体制の整備が法的に要請されている．これは子会社を含む企業集団にも適用される．したがって，各企業(企業集団)は，コンプライアンス推進部門や法務部門などが主管となり，コンプライアンス体制の整備を進めていくことになる．

(b)　全社的コンプライアンス体制の整備・運用の手順

　一般的には，表 14.1 に示すような要素が，全社的コンプライアンス体制の整備・運用に必要となる．

表 14.1　全社的コンプライアンス体制の要素

要素	内容	
専門部署などの設置	責任者の設置	チーフコンプライアンスオフィサーなど
	専門部署の設置	コンプライアンス推進部門，コンプライアンス委員会など
	各部門における推進担当者の設置	コンプライアンス推進委員など
基本方針，規程等	基本方針，行動指針，コンプライアンス規程，コンプライアンスマニュアルの制定	

第14講　コンプライアンス監査

表 14.1　つづき

要素	内容
コンプライアンスプログラムの策定	コンプライアンス推進の PDCA の具体的手順の策定
コンプライアンス教育の実施	・経営層，管理職への教育 ・従業員への教育
評価・改善	・チェックとモニタリングの実施・コンプライアンス意識調査の実施 ・評価と改善の実施
相談窓口等	・相談・通報窓口の設置
情報開示	コンプライアンス推進状況の開示

（2）　全社的コンプライアンス体制の監査の進め方

　全社的コンプライアンス体制の監査は，体制の整備・運用状況の適切性・有効性などを監査する．全社的コンプライアンス体制については，例えば，表 14.2 に示すような事項を確かめる．

表 14.2　全社的コンプライアンス体制の監査項目の例

監査項目	整備状況	運用状況
組織体制	推進組織の適正性，推進委員の選任・配置の妥当性，権限・責任の明確性．	委員会等の開催（頻度，参加)状況・内容，適用法令の識別の網羅性．
規程・マニュアル類	基本方針，行動指針，規程・マニュアルの一貫性，内容の適切性	―
コンプライアンスプログラム	プログラム内容の適切性，PDCA の実行可能性	―
教育	教育の実施体制，規程等の適切性	教育機会の均等性，頻度・内容の妥当性，受講状況，受講者アンケート．
相談・通報窓口	相談・通報窓口の設置	相談・通報状況（件数，内容，推移），相談・通報への対応状況．

表 14.2　つづき

監査項目	整備状況	運用状況
コンプライアンス意識調査	意識調査のルール化	定期的実施状況，調査結果の分析・評価の実施状況，改善活動の実施状況.

14.3　個別法令のコンプライアンス

（1）　コンプライアンス監査の取組み方

　個別の法令への対応状況，法令遵守状況を監査する場合，テーマ監査として実施する場合と，業務監査や部門監査のなかで実施する場合の 2 つの取組み方がある（以下，部門監査は業務監査に含める）.

⒜　テーマ監査としてのコンプライアンス監査

　テーマ監査とは，個別の法令もしくは複数の法令の遵守状況自体を監査するものであり，法令違反リスクの高い法令，社会的関心や社会的影響度の高い法令，他社において不祥事（法令違反）が発生した法令，法改正や新法への速やかで適切な対応が求められる場合などに実施される. これらの法令は，適時にまた定期的に遵守状況を監査し，適正に遵守されていることを点検・評価する必要があるので，テーマ監査を行うとよい.

　テーマ監査で取り扱う法令としては，例えば，**14.4 節〜14.11 節**で取り上げる法令が挙げられる. これらの法令は，多くの企業に該当し，社会的関心や違反した場合の社会的影響が大きく，テーマ監査として取り上げる対象になるからである. また，2006 年に公布された会社法と金融商品取引法は，企業に新たな対応を求めた. 会社法の「内部統制システムの整備」と金融商品取引法の「財務報告に係る内部統制」である. このように，法令対応が新たな仕組みの導入などを伴う場合には，適切な導入が図れるように，導入過程と導入後の運用状況を対象としたテーマ監査を実施する必要がある.

⒝　業務監査の一環としてのコンプライアンス監査

　内部監査でその有効性・効率性を監査する組織内の各業務は，さまざまな法

第14講　コンプライアンス監査

令の規制を受けている．業務監査のなかで，法的規制のある業務を監査する場合には，その業務が適用法令の遵守状況を監査する必要がある．

（2）　個別法令のコンプライアンス監査のポイント

⒜　テーマ監査の場合

テーマ監査として取り上げる法令は，企業にとっての重要度，違反リスクの程度が高い法令である．年度監査計画の策定時に，リスク評価を行い，取り上げるべき法令を決め，テーマ監査として実施する．また，他社で違法行為が発覚し，社会的影響が大きい場合には，緊急度に応じて臨時に監査する場合もある．さらに，経営トップからの特命を受けて行う場合もある．

このような場合には，年度監査計画を変更して実施することもある．また，緊急度，重要度の高い監査では，法務部門や顧問弁護士および監査役（監査役会，監査委員会）との連携も重要である．さらに，当該法令や業務に詳しい人材を社内から臨時に内部監査人として選任する対応も考えられる．

⒝　業務監査の場合

業務監査で使用する監査手続書は，対象業務の監査項目や監査の着眼点，監査技法，監査ポイントなどを記しており，当該業務に適応する法令があれば，遵守状況を確かめる監査項目も記しておく必要がある．また，法令改正や新法へ適時に対応できるよう，監査手続書を事前に見直しておくことが重要である．

業務監査は，日常の業務の執行状況を監査する．そこでの法令遵守の監査は，全社的コンプライアンス体制の運用状況の監査ともいえる．したがって，次のことに注意する．

　　① 　業務プロセスにおける法令遵守の仕組みの適切性については，「各業務の仕組みや手順は法令遵守に対応できているか」確かめる．

　　② 　対象業務の執行に法令遵守上の問題が見つかった場合には，速やかに経営トップや関係部門に報告すると同時に，「全社的コンプライアンス体制のどこに問題があったのか」明らかにする．

14.4 労働基準法

（1） 労働基準法とは

労働基準法は，労働者の労働条件の最低基準を定めた法律であり，違反には罰則が設けられている．労働条件は，労働者と使用者が対等の立場で決定すべきとされ，当事者(労働者と使用者)には，労働協約，就業規則，労働契約の遵守義務が求められている．労働条件とは，賃金支払の原則(直接払い，通貨払い，全額払い，毎月払い，一定期日払い)，労働時間の原則(1週40時間，1日8時間)，時間外・休日労働における労使協定の締結，割増賃金，年次有給休暇，災害補償，解雇予告などの条件をいう．

労働基準法に加えて，均等待遇(労働者の国籍，信条，社会的身分を理由とする差別的取扱の禁止)，男女同一賃金の原則，強制労働の禁止，中間搾取の排除，公民権行使の保障を定めている．

労働基準法のコンプライアンスは，こうした労働条件などの最低基準を，労働契約や，就業規則などの社内規程において遵守することと，実際の運用(勤怠管理や給与支払など)においても遵守することである．なお，労働基準法を補完する法律には，労働契約法，労働安全衛生法，最低賃金法，労働者災害補償保険法などがあるが，これらの法令の遵守も労働基準法コンプライアンスに含まれる．

（2） 労働基準法監査の進め方

⒜ 主管部門の監査

企業などの組織体は，一般的に，労働者の採用，労働条件，退職，解雇など労働関係に係る基本事項を主管する部門(人事部や総務部など)をもっている．雇用契約書や就業規則など労務関係規程類の制定・管理，時間外・休日労働協定のとりまとめ管理，勤怠管理の仕組み，給与の支払など，組織全体の労務業務に関するコンプライアンス監査は，主管部門を対象に実施する．

⒝ 事業場の監査

労働基準法の適応は，事業場が中心となる．事業場とは，場所的な観念で，

表 14.3　労働基準法の監査項目の例

監査対象部門	監査項目	内容
主管部門	規程・仕組みなど	・就業規則や勤怠管理の仕組み，給与計算システムなどは，法令遵守の立場から，法務部門や顧問弁護士，顧問社会保険労務士等のチェックを受けているか． ・法令が改正された場合には，速やかに対応しているか．
	就業規則の周知・教育状況	従業員全員に就業規則の内容，日常の労務関係などについて周知・教育を行っているか．
	モニタリング状況	・全社の各部門，事業場における日常の労務管理，とりわけ労働時間管理，休日・休暇管理について，主管部門として定期的にモニタリングしているか． ・その結果，問題があった場合，速やかに改善を指導しているか．
各部門・事業所	台帳等	・労働者名簿や賃金台帳の調製・保管，その他労務関係の重要書類が適切に保管されているか．
	届出	・就業規則や時間外・休日労働協定の届出が適切に行われているか． ・これらは，いつでも労働者が見られる状態になっているか．
	労働時間管理	・使用者は適切に労働者の労働時間管理，休日・休暇の管理を行っているか．
	臨時雇用者等	・臨時雇用，短時間雇用の労働者に対する対応や管理が疎かになっていないか

原則的に同一場所にあるものは一つの事業場，場所的に分散しているものは別個の事業場とされる．

　労働基準法の監査では，主管部門および各部門・事業所等に対して，表14.3に示すような事項を確かめる．

14.5　労働者派遣法

（1）　労働者派遣法とは

労働者派遣法(労働者派遣事業の適正な運営の確保及び派遣労働者の保護等

に関する法律)は,「労働力需給の適正な調整を図るため労働者派遣事業の適正
な運用の確保に関する措置を講ずるとともに,派遣労働者の保護等を図り,
もって派遣労働者の雇用の安定その他福祉の増進に資することを目的」(第1
条)とするものである.

　労働者派遣法で求められている主な事項は,**表14.4**のとおりである.

(2)　労働者派遣法の監査の進め方

　労働者派遣法は,派遣労働を原則,臨時的・一時的なものとの考え方から,
常用代替を防止し,派遣労働者の一層の雇用の安定,保護などを図ることを目
的としている.労働者派遣法の監査では,例えば,次のような項目について確

表14.4　労働者派遣法のポイント

項目	内容
当事者	労働者派遣法の当事者：派遣元事業主(派遣会社),派遣労働者,派遣先(派遣労働者の就業先)
派遣労働の条件	• 派遣労働が禁止される業務：港湾運送業務,建設業務,警備業務など • 派遣期間の制限 　(a)　派遣先事業所単位：同一事業所への派遣は3年で,派遣先の労働組合等の意見聴取により3年の延長が可能 　(b)　派遣労働者個人単位：同一の派遣労働者を派遣先事業所の同一の組織単位(課など)に派遣できる期間は3年
派遣元事業主が講ずべき措置	• 労働者派遣事業報告書の提出,派遣元管理台帳の作成(3年保管),派遣元責任者の選任 • 特定有期雇用派遣労働者等の雇用の安定などのための措置 • 段階的かつ体系的な教育訓練など • 均衡待遇の確保のための措置 • 派遣労働者等の福祉の増進のための措置など
派遣先が講ずべき措置	• 派遣先責任者の選任,派遣先管理台帳の作成(3年保管) • 派遣労働者と派遣先社員の均衡待遇の推進(賃金水準の情報提供,教育訓練の実施,福利厚生施設の利用) • 派遣労働者のキャリアアップの支援(必要な情報の提供,雇入れ努力義務,派遣先での常用労働者(正社員)化の推進) • 適切な苦情処理など

第14講　コンプライアンス監査

かめる．

(a) **派遣元事業主側**

- 事業許可基準の遵守状況(キャリア形成支援制度，安全衛生教育の実施体制，個人情報の適正管理)
- 派遣元事業主が講ずべき措置の実施状況(雇用安定措置の実施，段階的かつ体系的な教育訓練，均衡待遇の推進)
- 事業報告書の提出，派遣元管理台帳の作成，派遣元責任者の選任

(b) **派遣先側のコンプライアンス監査項目**

- 派遣期間の遵守状況(派遣先事業所単位の期間制限，派遣労働者個人単位の期間制限，3年の期間を超えて延長する場合の労働組合等の意見聴取)
- 派遣先が講ずべき措置の実施状況
- 派遣先管理台帳の作成，派遣先責任者の選任

（3） 労働者派遣法の監査のポイント

労働者派遣法の監査では，次の点に留意して監査を行うことが重要である．

(a) **派遣元事業主**

- 禁止業務への派遣など，違法派遣が行われていないか．
- クーリング期間の悪用が行われていないか．

(b) **派遣先**

- 労働契約申込みみなし制度の対象となる違法派遣はないか(禁止業務への従事，無許可事業者からの労働者派遣の受入れ，期間制限違反，偽装請負)．
- 公益通報を行ったことを理由とした労働者派遣契約の解約は行われていないか．

14.6　独占禁止法

（1）　独占禁止法とは

　独占禁止法（私的独占の禁止及び公正取引の確保に関する法律）は，事業者の「公正且つ自由な競争を促進」し，「雇用及び国民実所得の水準を高め」，「一般消費者の利益を確保」し，「国民経済の民主的で健全な発展を促進すること」（第1条）を目的としている．自由市場経済社会を維持する最も重要な法律である．違反行為には，排除措置命令，課徴金納付命令，罰則がある．

　独占禁止法を厳正に運用するため，独立した行政機関である公正取引委員会が設けられている．また，独占禁止法では，**表14.5**に示す事項が禁止または規制されている．

（2）　独占禁止法の監査の進め方

　独占禁止法が規制する行為は，事業者の事業活動から生じる行為であり，取

表14.5　独占禁止法での禁止・規制事項

禁止・規制事項	内容
私的独占の禁止	競争相手を市場から排除する「排除型私的独占」と，市場を支配しようとする「支配型私的独占」があり，これらを禁止している．
不当な取引制限の禁止	事業者等が共同して価格や数量を取り決める「カルテル」と，公共工事や公共調達の入札で事前に受注事業者・受注金額を決める「入札談合」があり，これらを禁止している．
事業者団体の規制	事業者団体が行う事業者間の競争制限行為などを規制している．
企業結合の規制	競争制限となる株式保有や合併などの企業結合を規制している．
独占的状態の規制	競争の結果としての独占的状態（市場シェア50%超など）がもたらす弊害を除去するように規制している．
不公正な取引方法の禁止	共同の取引拒絶，不当廉売，再販売価格の拘束，優越的地位の濫用などの不公正な取引を禁止している．
下請法にもとづく規制	親事業者と下請事業者の間の取引における下請事業者を保護している．

第14講　コンプライアンス監査

引先や市場，一般消費者に与える影響が大きい．公正取引委員会は，法の厳正な執行に加えて，事業者の独占禁止法コンプライアンスの向上を支援し，事業者が自主的に独占禁止法を遵守する体制を構築することを促進している．

会社法が求める内部統制の考えからも，独占禁止法の規制行為の恐れのある事業者は，独占禁止法のコンプライアンス体制を整備する必要がある．他の法令のコンプライアンス体制や全社的なコンプライアンス体制と同様の体制であり，独占禁止法上のリスクに対応したものとなる．

独占禁止法の監査では，独占禁止法のコンプライアンス体制を中心に，例えば次のような事項を確かめる．

- 自社の事業特性に応じた実効性のある体制になっているか．
- コンプライアンス推進部門や法務部門の関与は十分なものになっているか．
- 相談・通報体制は整備されているか．
- 社内教育などにより，従業員の独占禁止法コンプライアンスへの理解は十分に浸透しているか．
- 相談・通報体制は有効に機能しているか．
- コンプライアンス推進部門や法務部門によるモニタリングは適切に実施されているか．

なお，業務監査の一環として独占禁止法の監査を行う場合には，次のように進めるとよい．

- 違反リスクの高い取引などを重点的に監査する．
- 該当事業部門の従業員全員に匿名でのアンケートを実施する．
- 国内，海外の子会社も同様に監査する．

14.7　下請法

（1）　下請法とは

下請法（下請代金支払遅延等防止法）は，独占禁止法の規制内容のうち，不公正な取引方法のなかの下請取引に係る規制を規定するための，独占禁止法を補完する法律である．この法律の目的は，親事業者と下請事業者の間の取引を公正にし，下請事業者の利益を保護することにある．

① 下請法の対象となる取引

製造委託，修理委託，情報成果物作成委託，役務提供委託が下請法の対象となる.

② 親事業者，下請事業者の定義

下請取引は，**表14.6**に示すとおり取引の内容と事業者の資本金規模で定義される.

③ 親事業者の禁止行為

親事業者に対して禁止されている行為は，受領拒否，下請代金の支払遅延，下請代金の減額，不当な返品，買いたたき，物品の購入やサービスの利用の強制，報復措置，有償支給原材料等の対価の早期決済，割引困難な手形の交付，不当な経済上の利益の提供要請，不当な給付内容の変更および不当なやり直しの11行為である.

④ 親事業者の義務

親事業者には，書面の交付(法第3条に定める書面から「3条書面」という)，支払期日の定め(物品などの受領から60日以内)，書類の作成・保存(法第5条に定める書類から「5条書類」という)，遅延利息の支払(60日を経過した日から実際の支払日までの日数分，年率14.6%の利息)の4つの義務が課せられている.

表14.6 親事業者と下請事業者の定義

資本金規模／取引の内容	親事業者(法人) 資本金	下請事業者(個人・法人) 資本金(法人)
製造委託，修理委託，政令で定める情報成果物・役務に係るもの	3億円超	3億円以下
	1千万円超3億円以下	1千万円以下
情報成果物作成委託，役務提供委託	5千万円超	5千万円以下
	1千万円超5千万円以下	1千万円以下

（2）　下請法の監査の進め方

「下請代金支払遅延等防止法に関する運用基準」(公正取引委員会)は，親事業者に，違反行為の未然防止・再発防止のために下請法コンプライアンス体制の確立と周知徹底を求めている．したがって，独占禁止法と同様に，下請法のコンプライアンス体制の整備・運用状況の監査を実施する必要がある．

また，下請法の規制は，当事者要件，下請取引の内容，親事業者の禁止行為，親事業者の義務が明確化されており，また詳細な上記「運用基準」も公開されていることから，コンプライアンスの状況は監査しやすいといえる．

他社において下請法違反が発生した場合などに，自社の状況を確かめるためにテーマ監査として実施する場合がある．また，業務監査の対象業務や部門に下請取引がある場合には，監査を実施する必要がある．下請法の監査では，例えば，次のような事項を確かめる．

- 下請取引の洗出しは網羅的にできているか(4 つの取引，下請事業者の資本金区分)．
- 3 条書面は記載事項を漏れなく記載し交付されているか．
- 5 条書類は漏れなく作成・保存(2 年間)されているか．
- 支払の期日は 60 日以内に定められ，そのとおりに支払われているか．
- 万一支払の遅延があった場合，遅延利息は法定どおり支払われているか．
- 禁止されている 11 の行為が行われていないか．

14.8　不正競争防止法

（1）　不正競争防止法とは

不正競争防止法の目的は，「事業者間の公正な競争及びこれに関する国際約束の的確な実施を確保するため，不正競争の防止及び不正競争に係る損害賠償に関する措置等を講じ，もって国民経済の健全な発展に寄与する」(第 1 条)ことである．不正競争防止法の違反行為には，差止請求権や損害賠償請求権などの民事的措置と罰則が設けられている．不正競争の行為類型には，次のものがある．

① 周知な商品等表示の混同惹起行為

② 著名な商品等表示の冒用行為

③　他人の商品形態を模倣した商品の提供行為

④　営業秘密を侵害する行為

⑤　技術的制限手段を無効化する装置等を提供する行為

⑥　ドメイン名の不正取得等の行為

⑦　商品・サービスの内容等について誤認を惹起させる表示をする行為

⑧　競争関係にある他人の営業上の信用を毀損する行為

⑨　商標の代理人等による商標冒用行為

また，この他に，国際約束にもとづく禁止行為として，次の行為がある.

- 外国の国旗等の商業上の使用禁止
- 国際機関の標章の商業上の使用禁止
- 外国公務員等に対する不正の利益の供与等の禁止

　不正競争防止法のコンプライアンスを考えるためには，不正競争行為の一つである外国公務員への贈賄を防止するための経済産業省の指針「外国公務員贈賄防止指針」が示す「企業が目標とすべき防止体制の在り方」が参考になる. このなかで防止体制として望ましい要素として，基本方針の策定・公表，社内規程の策定，組織体制の整備，社内教育活動の実施，監査，経営者等による見直しの6つが示されている.

（2）　不正競争防止法の監査の進め方

　不正競争行為の類型は事業活動の多方面にわたり，民法の不法行為法，知的財産法，独占禁止法，景品表示法，食品表示法，刑法など他の法律の規制と密接にかかわっている. また，企業内でも，知的財産管理部門やIT・情報セキュリティ部門，営業・広告宣伝・販売促進部門，海外事業部門，法務部門など関係部門は多岐にわたる. このような特性をもつ不正競争防止法の監査は，行為類型別の監査と全社的コンプライアンス体制の監査の両面からのアプローチが必要であり，例えば，次のような事項を確かめる.

(a)　全社的コンプライアンス体制

- 全社的コンプライアンス体制への各行為類型の組入れ状況
- 各行為類型を組み入れた全社的コンプライアンス体制の実効性

第14講　コンプライアンス監査

(b)　行為類型別の監査

企業にとって重要度の高い行為類型を対象にテーマ監査を行う.

- 当該行為類型の防止体制の整備状況の確認
- 防止体制の運用状況の確認
- 当該類型行為が発生した場合の対応の適切性

なお，営業秘密は，侵害のリスクに加えて漏洩が企業にとって重大なリスクである．営業秘密管理の監査では，侵害の被害を受けないための対策として策定されている「営業秘密管理指針」(経済産業省)，「秘密情報の保護ハンドブック」(経済産業省)を参照にして監査するとよい.

また，各部門の業務監査のなかで，行為類型に該当する業務について，日常業務での法令遵守の適切性を監査する.

14.9　景品表示法

（1）　景品表示法とは

景品表示法(不当景品類及び不当表示防止法)は，商品・サービスの取引において，一般消費者の自主的かつ合理的な選択を阻害する不当な景品類や不当な表示を制限・禁止することで，一般消費者の利益を保護することを目的としている．違反に対しては，措置命令，課徴金，罰則がある.

制限・禁止事項には，表 14.7 に示す事項があり，事業者は，景品類の提供および表示の管理上の措置として，次の対策を講じなければならない.

- ①　景品表示法の考え方の周知・啓発
- ②　法令遵守の方針等の明確化
- ③　表示等に関する情報の確認
- ④　表示等に関する情報の共有
- ⑤　表示等を管理するための担当者等を定めること
- ⑥　表示等の根拠となる情報を事後的に確かめるために必要な措置をとること
- ⑦　不当な表示等が明らかになった場合における迅速かつ適切な対応

表 14.7 景品表示法の制限・禁止事項

制限・禁止事項		内容
景品類の制限および禁止	一般懸賞による景品類の提供制限（最高額・総額）	くじ等の偶然性，特定行為の優劣などによって景品類を提供すること.
	共同懸賞による景品類の提供制限（最高額・総額）	一定の地域や業界の事業者が共同して景品類を提供すること.
	総付景品の提供制限（最高額）	購入者や来店者の全員，または先着順に漏れなく景品類を提供すること.
不当な表示の禁止	優良誤認表示	品質，規格その他の内容について，実際のものよりも，また競争業者のものよりも著しく優良であると表示すること.
	有利誤認表示	価格や取引条件に関して，実際のものよりも，また競争業者のものよりも著しく有利であると表示すること.
	その他誤認されるおそれのある表示	その他，まぎらわしい，または正しい判別を困難にさせる表示

（2） 景品表示法の監査の進め方

景品表示法の対象となる事業者は，不当な景品類や不当な表示を自ら未然に防止するために必要な措置を講ずることが求められている．事業者が講ずべき措置に関して，その適切かつ有効な実施を図るために必要な指針（消費者庁「事業者が講ずべき景品類の提供及び表示の管理上の措置についての指針」）が定められている．事業者には，この指針に沿った対応が求められている．

景品表示法の監査では，「指針が求める事業者の講ずべき措置が適切かどうか」について，例えば，次のような事項を確かめる．

① 不当表示等の防止のため，景品表示法の考え方について，表示等にかかわる役員や従業員にその職務に応じた周知・啓発は行われているか.

② 不当表示等の防止のため，景品表示法を含む法令遵守の方針や法令遵守のためにとるべき手続などが明確になっているか.

③ 違法とならない景品類の価額の最高額・総額・種類・提供の方法など

や，商品・サービスの訴求内容の表示の根拠となる情報を確認しているか．

④　上記③で確認した情報を表示等にかかわる各組織部門が不当表示等を防止するうえで必要に応じて共有し確認できるようになっているか．

⑤　表示等に関する事項を適正に管理するため，表示等を管理する担当者または担当部門をあらかじめ定めているか．

⑥　上記③で確認した表示等に関する情報を，その商品・サービスが供給されている期間，事後的に確認するために，資料の保管など必要な措置はとられているか．

⑦　景品表示法違反やその恐れが発生した場合，事実関係の迅速かつ正確な確認，一般消費者の迅速かつ適正な誤認排除，再発防止措置が講じられているか．

⑧　監視体制や通報体制は適切に整備され，運用されているか．

（3）　景品表示法の監査の落とし穴

　内部監査は，景品表示法の遵守状況について問題点を指摘することだけが目的ではない．優れた内部監査は，問題の発生を未然に防止することにある．景品表示法の監査においても，「景品表示法違反を生じさせない仕組みやプロセスがあるか」確かめることが大切である．例えば，内部監査人は，営業部門が景品を付与しようと企画した場合に「それが適正な景品になっているか」「法務担当部門が事前にチェックする仕組みがあり有効に機能しているか」確かめることが必要である．

14.10　個人情報保護法

（1）　個人情報保護法とは

　個人情報保護法（個人情報の保護に関する法律）は，個人情報の適正な取扱に関して，国や地方公共団体の責務等と個人情報取扱事業者の責務等を定めることで，個人情報の活用や有用性に配慮した個人の権利・利益を保護することを目的としている．また，個人情報データベース等の不正提供・盗用には罰則がある．

(a)　個人情報取扱事業者の義務

個人情報取扱事業者には，次のような事項が義務づけられている．

- 個人情報の利用目的の特定および利用目的による取扱の制限
- 個人情報の取得の適正性および本人への利用目的の通知
- 個人データの正確性の確保と安全管理措置，従業者および委託先の監督
- 第三者および外国の第三者への提供の制限など

(b)　匿名加工情報取扱事業者の義務

　2017年の個人情報保護法の改正に伴って，個人情報を個人が特定できないように加工して活用することが可能になったが，匿名加工情報を取扱う匿名加工情報取扱事業者には，例えば，安全管理措置および匿名加工情報取扱の適正化措置が義務づけられている．また，安全管理措置として，次のような対策を講じる必要がある．

- 個人情報保護に関する基本方針，規程類，委託契約書，記録様式などの整備
- 組織的，人的，物理的，技術的の4つの安全管理措置の整備

（2）　個人情報保護法のコンプライアンス監査の進め方

個人情報保護法の監査では，次のような事項を確かめる．

① 個人情報保護体制

　　コンプライアンス推進部門，法務部門，IT・情報セキュリティ部門などが主管もしくは連携して，全社的コンプライアンス体制の一環として，個人情報保護体制を適正に整備し，適切に運用しているか．

② 安全管理措置

　　基本方針・規程類の整備，組織的・人的・物理的・技術的の4つの安全管理措置は，適正に整備され，適切に運用されているか．

　なお，業務監査において，監査対象業務や監査対象部門で個人情報の取扱がある場合には，取扱事業者の義務の履行状況や物理的・技術的安全管理措置の運用状況を確かめる．

14.11　公益通報者保護法

（1）　公益通報者保護法とは

　公益通報者保護法の目的は，公益通報者の保護，国民の生命，身体，財産その他の利益の保護にかかわる法令の規定の遵守，国民生活の安定・社会経済の健全な発展である．また，公益通報をしたことを理由とする公益通報者の解雇の無効等，公益通報に関し事業者・行政機関がとるべき措置を定めている．

　公益通報とは，労働者が，労務提供先の不正行為を，不正の目的でなく，一定の通報先に通報することをいう．公益通報をしたことを理由とした解雇や労働者派遣契約の解除は無効になり，降格・減給などの不利益な取扱は禁止される．事業者は，公益通報に対してとった是正措置などを，公益通報者に遅滞なく通知する努力義務がある．公益通報者保護法を補完するものとして，消費者庁は，「公益通報者保護法を踏まえた内部通報制度の整備・運用に関する民間事業者向けガイドライン」(平成 28 年 12 月 9 日)を定めて，実効性のある内部通報制度を事業者に求めている．

（2）　公益通報者保護法の監査の進め方

　公益通報者保護法の監査では，消費者庁のガイドラインを参考にして，例えば，次のような事項を確かめる．

(a)　**内部通報制度**
- 経営幹部を責任者とした組織横断的な通報の仕組みがあるか．
- 通報窓口が整備・拡充されているか．
- 通報窓口の利用者等の範囲が適切か．

(b)　**内部通報者に対する対応**
- 通報に対する調査・是正措置が適切かつ適時に行われているか．
- その結果が通報者へ通知されているか．
- 通報に係る秘密保持が徹底されているか．
- 通報者等への解雇や不利益取扱が行われていないか．

第15講

海外監査

15.1 海外監査の必要性と難しさ

（1） 海外監査の必要性

近年，海外に事業活動を拡大する企業が増大している．生産コストの削減から海外に生産拠点を移す企業や，国内マーケットの状況から海外での販売を拡大する企業や，M&A によって海外の会社を買収する企業も増えている．また，企業によっては，海外での生産や売上の割合が高くなっている．さらに，海外での不祥事が大きな問題になり企業のレビューテーションに影響することなどもあり，海外における事業のリスク管理が極めて重要なものとなってきている．

一方，近年の海外事業における損失や失敗などを見ると，海外に事業を拡大している企業が，必ずしも海外で事業活動を実施するうえでのノウハウやリスク管理の手法を十分に身に着けているとはいえない例も見られる．このようななかで，海外における事業のリスクを独立した立場でモニタリングする内部監査の重要性は，ますます高まっている．

（2） 海外監査の難しさ

このように重要な意味をもつ海外監査であるが，海外監査を有効に実施することは簡単ではない．海外監査の難しさは，表 15.1 のような点にある．海外監査の必要性はますます増大しているが，海外監査のノウハウを十分に備えていない場合，思わぬ落とし穴にはまる可能性がある．

15.2 海外監査の実施体制

海外監査の実施体制についてはさまざまなものがあるが，大きく分けると，

表 15.1　海外監査の難しさ

項目	内容
遠隔地であること	遠隔地であるため，情報の収集が困難な場合がある．出張もコストや時間がかかるため簡単ではなく，直接会ってコミュニケーションをとることが難しい．電話や電子メールに頼らざるを得ない．その場合も，時差があり，日本時間の日中には連絡がとれない場合もある．電話会議が日本時間の夜間になることもある．電子メールを出して返信を受け取るのは翌日になる．
異なる言語	海外では当然のことながら日本語は通用しない．現地の日本人幹部だけと話をするのでは，監査は不十分である．海外拠点では，英語が公用語になっている場合が多いが，英語といっても独特のアクセントがあり電話会議などでのコミュニケーションが難しい場合がある．また，本社の監査部門にも英語によるコミュニケーション能力の高い人材を配置する必要があるが，監査と語学の両方の能力のある人材の配置は簡単ではない．さらに，英語が必ずしも公用語でない海外拠点もあり，現地で使用されている文書の翻訳が必要だったり，通訳や現地コンサルタントを利用せざるを得ない場合もある．
異なる文化，商習慣	文化が異なれば，人々の立ち居振る舞いも異なることが多い．日本では問題のない振る舞いも，海外ではマナー違反になる場合がある．セクシャルハラスメントやパワーハラスメントなど，最近は日本でも厳しくみられるようになったが，海外ではより厳しい対応が必要な場合がある．商習慣も海外では異なったものがある．しかし，「これが現地では普通のやり方です」といわれても，本当にそうなのか判断できない場合もある．
法制度，規制	海外では法制度や規制も異なっているところがある．規制当局の検査や指導もさまざまである．監査では，それらを十分に理解したうえで実施する必要がある．
海外拠点の形態	海外拠点の形態も，駐在員事務所，支店，現地法人など，さまざまなものがあり，それぞれの形態に応じた監査が求められる．
その他	安全や衛生，政治リスクなど，日本ではあまり気にかける必要がない事項についても，場所によっては十分に気を配る必要がある．

「本社の日本人の内部監査人による監査」「海外の現地の内部監査人による監査」「アウトソーシング（全面的な外部委託）による監査」がある．さらに，こ

れらのバリエーションとして，本社の日本人と現地の内部監査人の合同監査や，コソースとしてコンサルティング会社などから言語などの専門性をもった監査人が参加して実施する監査など，さまざまなものがある．多国籍企業などでは，海外の拠点にいる現地の内部監査人が日本の本社を監査する場合もある．

それぞれ実施体制のメリット，デメリットには，例えば，**表 15.2** に示すようなものがある．なお，外部の監査資源を利用する方法としては，このアウト

表 15.2　海外監査実施体制のメリット・デメリット

実施体制	メリット	デメリット
本社の日本人の内部監査人による監査	• 日本で実施されている監査手法，監査の目線により監査が行われる． • 本社の監査人が直接監査をすることから，現地の状況を直接確かめることができる．	• 現地の業務の内容や，言語，商習慣などに精通しておらず，十分な監査とはならない場合がある． • 特に現地の日本人の幹部だけから説明を受け，現地従業員との接触がない場合，実態がわからないことがある． • 現地従業員とのコミュニケーションがうまくいかず，無用な軋轢や誤解を引き起こす可能性がある． • 安全や衛生などにも配慮する必要がある． • 出張コストが高い．
海外の現地の内部監査人による監査	現地の事情に通じている監査人による監査であり，本社の監査人には気がつかないようなリスクに気づく場合がある．	• 監査の手法が異なる場合がある． • 現地の監査人のレベルが十分でない場合は適切な監査とならないことがある． • 現地とのコミュニケーションが難しい場合がある． • 報告書も英語で作成されることが多く，その内容の確認や日本語への翻訳等の労力が必要となる場合がある．
アウトソーシングによる監査	• 現地の言語や商習慣，法規制などの明るい監査人を起用することができる． • 特殊な地域や言語にも対応できる場合がある． • 必要なときに，必要な人数を依頼することができる．	• フル・アウトソーシングの場合，丸投げとなってしまうので，監査のノウハウが自社に蓄積しない． • 事前に十分に打合せを行わないと期待した成果が得られない場合がある． • 外部委託コストがかかる．

第15講 海外監査

ソーシングのほかに，部分的に外部の監査人を利用するコソーシングもある．

15.3　海外監査実施における留意点

本社の日本人の監査人が海外拠点の事業が比較的小規模な場合や，海外の現地に統括機能がない場合などは，日本からの出張して監査を行う場合がある．その場合の留意点は，**表 15.3** に示すとおりである．

表 15.3　海外監査実施における留意点

フェーズ	留意点
事前準備	• 経営者や本社の管理部や関連する部から，海外拠点の現状や問題点等について事前に十分に情報を入手する．その際，海外の特殊な事情，例えば，現地の法制度や規制，政治経済情勢，安全や衛生に関する状況などの情報も入手する． • 海外現地法人の場合，本社が監査を行う（監査権をもつ）ためには，それを規定した契約や覚書が必要となる場合がある．また，当社の他に出資者がいる場合は，その出資者との調整も必要となる場合がある．特に当社がマイナー出資の場合は，他の出資者の意向が強く反映されることもある． • 現地の主要な業務プロセスについて，そのプロセスに内在するリスクやコントロールを識別・評価し監査プログラムを作成するのは，国内の監査と同様である．監査の準備段階で現地を往訪できればよいが，海外の場合は難しいことが多い． • 現地までの飛行機やホテルの予約など，通常の社内の旅費規程等にもとづいて行う．特に，ホテルや現地での交通手段については，安全や衛生に十分配慮する．現地の衛生状態などに応じて，医薬品を携行する（風邪薬，胃腸薬など）．
監査の実施（往査）	• 往査では現地経営層の日本人だけでなく，さまざまな職位の現地職員にもインタビューすることが，現地の実態を把握するために有効である． • 現地での言動については十分に注意する必要がある．不用意な一言で現地職員の反感を買ったり，信用を失うことがある． • 現地では，本社監査部は本社の代表者と見られている場合がある．倫理的な振る舞いについては注意が必要である．現地で不必要な接待を受けるようなことは慎む． • 本社の監査人は英語が得意でない場合もあり，真意が伝わらず誤解されることがある．自称「英語の達人」が妙なスラングを使って問

表 15.3　つづき

フェーズ	留意点
監査の実施 （往査）	題を引き起こすこともある．「生半可な英語は怪我のもと」である． • 現地の言語が特殊な場合，通訳を利用するケースがある．通訳された内容に偏りが生じたり不正確になったりしないように注意することが必要である．コソーシングとして内部監査の専門家で監査対象業務にも詳しい人に依頼できればそれが最も良いかもしれない． • 発見事項の確認や有効な改善のための提言を作成するためには，日本人経営者のみならず現地従業員とも十分にディスカッションする必要がある．そのためには，発見事項，改善のための提言を英語で記載し往査期間中に先方に交付することが有効である．海外の場合，帰国後に追加で確認することが難しいので，できる限り現地で作業を完結させる必要がある． • 現地でのクロージングミーティングを適切に行い，発見事項等に疑問の余地がないようにする．
報告（報告 書の作成）	• 報告書は日本語だけでなく英語でも作成する必要がある． • 必要に応じて現地語に翻訳をする必要もある．報告書作成には，国内の監査より時間が必要となる． • 日本語の報告書が論理的に書かれていない場合，英語に翻訳しにくい場合もある．
その他	旅費の精算など，通常の監査より庶務的な事項に時間が必要である．

15.4　海外拠点の内部監査部門による監査の留意点

　海外事業や海外拠点がある程度の規模になったときには，海外に内部監査部門を設置することを検討する必要がある．海外に設置する内部監査部門の形としては，「日本人が海外に駐在するもの」「日本からの駐在員と現地採用の内部監査人からなる内部監査部門を設置するもの」「現地採用の内部監査人だけで内部監査部門を設置するもの」がある．どのような形にするかについては，現地の内部監査の必要性，コストなどを検討し決定することになる．また，海外の現地法人に内部監査部門を設置する場合は，現地法制度上の要請事項も満たすような形で設置する必要がある．

　なお，海外監査のタイプと留意点は，**表 15.4** に示すとおりである．このような点に留意して，海外監査を実施するとよい．

表 15.4　海外監査のタイプと留意点

タイプ	留意点
日本人が駐在する場合	現地の内部監査が独立性と客観性をもって実施されるためには,駐在する日本人の内部監査の職務上のレポーティングラインを本社内部監査部門とする必要がある(任命, 人事評価, 解任は本社監査部長が行う). しかし, 総務・庶務的な事項については, 現地の拠点に依存する形となる. 現地監査部が受けるサービスや費用負担等について何らかの取決めが必要である. ・駐在する日本人の内部監査人は, ややもすれば現地で孤立しがちである. 精神的にタフな人材を任命するとともに,本社監査部の十分なサポートが必要である. ・発展途上国の場合は, 駐在する日本人の居住環境が安全な場所か否かにも注意する必要がある. ・海外拠点が多数ある場合などでは, 海外にエリア統括機能が設置されることがある. 内部監査人の駐在もその統括機能がある場所に設置されることが多い. ・現地内部監査部門の権限と責任を明確にしておく必要がある. 現地内部監査部門長の権限(含む経費権限), 本社の承認を必要とする事項, 本社への報告事項(月次業務報告,経費報告, 監査結果報告など)なども明確にする必要がある. 例えば, 年間監査計画, 個々の監査の計画, 個々の監査の報告書の作成は現地監査部長が行うが, 承認は本社監査部長とするなどである. ・海外の現地法人に内部監査部門を設置する場合は, 現地法制も確認のうえ, 権限, 責任を決定する必要がある.
現地の内部監査人を採用する場合	・現地スタッフの採用は, 新聞広告や人材紹介会社からの紹介などによる場合があるが, 内部監査人は人材紹介会社からの紹介によることが多い. ・「現地の内部監査が機能するか」は人材次第である. 採用する内部監査人の能力, 力量, スキル, 知識, 経験, さらには人柄などを, 面接により十分に見極める必要がある. 経歴がいくらよく書かれていても, 実際には能力がないこともある. 「実務に関連した質問に, 適切な回答が返ってくるか」確かめてもよい. ・海外の場合は, 一般に優秀な人材ほど給料も高い. 給与水準をケチった結果, 使えない人材ばかりが集まってしまったというケースもある. ・採用候補者の背景確認を適切に実施する必要がある(必要に応じて, 犯罪歴, ドラッグチェック, 前職での評判など).

表 15.4　つづき

タイプ	留意点
現地の内部監査人を採用する場合	• 特に，日本人の内部監査人が駐在せず，現地の内部監査を現地採用の内部監査人に任せる場合は，「任せられるかどうか」について，しっかりとその能力・人物を見極める必要がある.

15.5　海外監査の手法

　日本の各会社における内部監査の手法は，それぞれの会社で独自に発達してきたものが多い．日本では転職が少ないことから，各会社の内部監査の実務が共通の手法とはなっていないことが一因と考えられる．しかし，海外では，内部監査専門職としての内部監査人の転職が繰り返されていることから，各会社の内部監査の手法は共通化されていることが多い．

　海外の内部監査人とともに仕事をするためには，このような共通の内部監査手法を十分に理解しておく必要がある．共通の内部監査の手法は，簡単にいえば，リスクベースの監査手法である（**表 15.5**）．可能な限り，このようなリスクベース監査の手法にもとづいて，海外拠点の監査手法の標準化を行い，マニュアルを作成し書式を統一するとよい．リスクベースの監査手法については，**第 2 講**も参照されたい．

　なお，リスクベースの監査の手法に関する参考文献としては，例えば，次のようなものがあるので，参照されたい．

- *Internal Auditing：Assurance & Advisory Services, 4th Edition*（Internal Audit Foundation, 2017）：内部監査についての包括的で標準的な解説書．海外の監査人とコミュニケーションをとるためには原書を勉強されることをお奨めする．
- 「内部監査人協会（IIA）情報／IPPF プラクティス・ガイド　監査報告書：アシュアランス業務の結果の伝達」（一般社団法人日本内部監査協会『月刊監査研究』，Vol.43，No.9，2017 年 9 月）
- 「内部監査人協会（IIA）情報／IPPF プラクティス・ガイド　個々の監査の業務の計画策定：目標と範囲の設定」（一般社団法人日本内部監査協会『月刊監査研究』，Vol.44，No.3，2018 年 3 月）

第15講　海外監査

表15.5　リスクベースの監査手法

フェーズ	内容
年間監査計画の策定	• 監査対象領域(Audit Universe)を定める．監査対象領域とは，リスクが存在する可能性があることから，監査の対象となる可能性のある監査単位(Auditable Unit)の集まりのことである．この監査単位のなかには部署，テーマなどが含まれる． • リスクアセスメントを実施し，監査を実施する監査単位の優先順位づけを行う．
個々の監査の計画段階	• 監査の目標と範囲を設定する．これは，この監査で「何を，どの範囲でアシュアランスするのか」を決定する極めて重要なステップである． • 監査対象の業務を十分に理解する．インタビューやウォークスルーによって業務プロセスを理解し，フローチャートを作成する． • 業務プロセスに存在する主要なリスクを識別し評価する． • そのリスクを低減するコントロールを識別し，その整備状況を評価する． • コントロールの運用状況を評価するためのテストプラン(監査手続)を作成する． • これらのリスクやコントロールをリスクコントロールマトリクスに記載する．
個々の監査の実施段階	• 計画段階で作成したテストプランを実施し，コントロールの運用状況の評価を行う． • 個々の監査の計画段階で識別したそれぞれのリスクが，受容可能なレベルにまで低減されているか結論を出す． • 発見事項があれば，発見事項シートに事実，リスクの内容とその大きさを記載し，改善のための提言を策定し記載する．
個々の監査の報告段階	• 監査対象部門から発見事項に対する回答(Management Response)を受領する． • この回答には，発見事項や「改善のための提言に同意するか」や，具体的な改善の計画，期限，改善の責任者が含まれる． • 監査報告書には，この監査対象部門からの回答も含めて記載する．

15.6 アウトソーシング，コソーシングによる海外監査の留意点

海外監査では，コンサルティング会社や監査法人へのアウトソーシングやコソーシングをうまく活用し，監査の実効性を高めている例がよく見られる．アウトソーシングは，個々の監査業務を全面的に外部委託するものであり，コソーシングは，個々の監査業務を部分的に外部委託するものである．コソーシングは個々の監査業務の一部分を外部委託することであるが，具体的には専門的な知識やスキルをもった外部の人間に，自社の監査部による監査に参加してもらうやり方である．

アウトソーシングおよびコソーシングのメリットおよび留意点を整理すると，**表 15.6** のようになる．いずれの場合でも，内部監査についての最終的な責任は委託元である内部監査部門にあることを忘れてはならない．

15.7 海外の内部監査，および内部監査人の管理

海外拠点に内部監査部を設置し，海外で内部監査人を採用した場合，その海外の内部監査部門の管理や，内部監査人の管理が重要になる．また，それらの管理ができる人材を本社内部監査部門に配置する必要がある．

（1） 海外の内部監査部の管理における留意点

海外の内部監査部の報告ライン（直属関係）を明確にする．この報告ラインは本社の内部監査部門長とするのが基本である．つまり，現地の監査業務に関する最終権限者が本社の内部監査部門長であることを明確にする．

また，内部監査部スタッフの人事権も本社の内部監査部門長の権限とする．ただし，現地法人の場合は現地法制等にも留意する必要がある．特に自社の出資比率が低い場合には，他の出資会社とも協議する必要がある．そのうえで，現地の監査部に委譲する権限を明確にし，本社内部監査部への報告や，本社内部監査部が承認する必要のある事項を明確にする．例えば，**表 15.7** に示すようなものとする．さらに，定例会議（電話会議など）や定例報告の頻度や内容も定める必要がある．

第15講 海外監査

表 15.6　アウトソーシングとコソーシング

形態	メリット	留意点
アウトソーシング(個々の監査業務の全面的な外部委託)	• アウトソース先の専門性やノウハウを活用できる. • 委託元の内部監査部門のスケジュールとは切り離して実施できる. などがある.	• 外部委託する業務の内容や責任をはっきりさせる. 　―監査の目標と範囲(「この監査で何を達成するのか」「監査範囲はどこまでか」) 　―成果物(監査報告書, 調書一式, 成果物の日本語訳など) 　―期限 　―現地の監査人の専門性, 能力, レベル, 人数 　―報酬, 費用負担 　―監査の管理責任(通常, 日本にいるアウトソース先の管理者が管理する) 　―海外の監査対象部門との監査に関する連絡と調整の役割分担 　―成果物の所有権の帰属(通常, 委託元の監査部門となる) 　―秘密保持契約 • 監査の「丸投げ」になり, 監査のノウハウが委託元に伝わらない場合がある. 監査の結果報告だけでなく, 監査調書類一式(フローチャート, リスク・コントロール・マトリクス, テストシート, インタビュー記録, 監査証跡など)も提出してもらい, 「どのような監査を行ったのか」がわかるようにする.
コソーシング(個々の監査業務の一部分の外部委託)	• 共同で監査を行うことで, OJT などによりノウハウや知識・スキルの移転が期待できる. • 監査のフィールドワークにおいても, コミュニケーションが十分にとれることから, 監査の目標や範囲, 重点についても, 議論をしながら進めることができる.	• コソーシングで派遣してもらう人に求める専門性やスキル, 能力, およびそのレベルを明確にし, コソーシング・サービスを提供するコンサルティング会社などに伝える. • コソーシングで期待する成果物を明確にする. • コソーシングの場合, 往査では委託元の監査部にいる個々の監査のチーフが指揮・命令を行うことを明確にし, 密接なコミュニケーションをとるようにする. • 必要に応じて, 内部監査部門のスタッフをアシスタントにつけて, スムーズな監査, およびノウハウの移転を図る.

表 15.7 監査業務の作成・起案および承認者の例

項目	作成・起案	承認
年間監査計画	現地内部監査部門長	本社内部監査部門長
個々の監査計画	現地内部監査部門長	本社内部監査部門長
個々の監査報告	現地内部監査部門長	本社内部監査部門長
月次業務報告	現地内部監査部門長	—
現地監査部長の評価	本社内部監査部門長	本社内部監査部門長
現地監査スタッフの評価	現地内部監査部門長	本社内部監査部門長
現地監査部長，スタッフの採用，解雇，懲罰	本社内部監査部門長	本社内部監査部門長

（2） 海外監査の管理人材の育成と配置

以上述べてきた海外監査の管理を行うためには，海外監査を管理できる人材を育成し本社内部監査部に配置する必要がある．その場合の留意点としては，例えば，次のようなものがある．

- 海外監査の管理を行うためには，語学のスキルのみならず，リスクベースの監査の手法，海外拠点の業務の特質などを十分に理解している必要がある．特に海外の監査部で作成した報告書をレビューし，日本語に翻訳する能力が求められる．報告書をレビューするためには，監査実務についても十分な知識・能力を備えていなければならない．
- 報告書に記載されている事項で疑問点があった場合は，現地と連絡をとり，確かめる必要がある．
- 時差の関係で海外との連絡が深夜になることもあり，報告書の翻訳など作業負荷も相当なものとなることがある．
- 海外の監査の管理担当者の配置に際して，そのスキルや人数については十分に配慮する必要がある．

（3）　海外の内部監査人の管理

　海外では転職が普通に行われ，特に優秀な内部監査人ほど引き抜かれることが多い．現地で採用した内部監査人のモチベーションを高め，雇用を維持することが重要である．その際の留意点は，次のとおりである．

- 現地採用の内部監査人のキャリアパスを明確にする．例えば，優秀な監査人であれば，現地内部監査部門長への昇進も可能にする．
- 例えば，年に1度，現地の内部監査人を日本によんでグローバル・ミーティングを開催し，本社内部監査部の方針の伝達や情報の共有を行うのもよいだろう．その際には，本社の役員にも面談する機会を設定するなどで，モチベーションを高める機会を設定するとよい．
- 場合によっては，海外現地採用の内部監査人に，日本の内部監査に参加させたり，日本での内部監査の研修の講師を務めさせるのもよい．彼らのモチベーションを高め，また，彼らの監査ノウハウの移転を図ることができる．

不正調査と内部監査

16.1　不正調査とは

（1）　不正調査の重要性

　企業等ではさまざまな不正防止への対応を行っているものの，企業等における不正や不祥事が絶えることがないのが現状である．内部監査部門が不正調査を行うことがあるが，本来内部監査と不正調査は，その性質を異にするものである．しかし，内部監査において，「不正に係るリスクが把握され，それに対するコントロールが整備・運用されているか」点検・評価することも求められている．

　企業等で不正や不祥事が発生すると，内部統制の強化，内部監査の強化が行われる．内部監査人は，不正や不祥事の発生するリスクに対する感覚を磨き，「不正に係るリスク評価が適切に行われているか」監査することが求められている．本講では，内部監査人に求められている不正や不祥事に関して説明する．

　IIA は，不正（Fraud）について，「詐欺，隠匿または背任の性質を有する不法行為のすべて．これらの行為は，暴力または身体的威力による脅迫の有無にかかわらない．不正は，金銭，財産またはサービスを得るため，支払いを回避するため，サービスの損失を回避するため，もしくは個人的またはビジネス上の利得確保のために，関係者および組織体によって行われる」と説明している．

　なお，ACFE（Association of Certified Fraud Examiners：公認不正検査士協会）では，不正について，不正な財務報告（粉飾），資産の流用（横領），賄賂・汚職を挙げている．ACFE の定義よりも IIA の定義のほうが不正をより広く捉えている．

（2）　不正調査と内部監査の違い

　内部監査では，「不正リスクについて，組織体制や業務プロセスにおける不正リスクが適切に把握され，それに対するコントロールが整備され有効に機能しているか」という視点から点検・評価することになる．また，内部監査では，不正リスクだけを対象として監査を実施するのではなく，「組織体の目標達成を阻害する多種多様のリスクについて，その大きさに対応したコントロールが整備され，有効に機能しているか」監査する．

　一方，不正調査では，不正が発生した，あるいは発生した恐れのある領域（部門，業務，情報システムなど）を対象として，調査を実施するものである．金銭，換金性の高い物品（プリペイドカード，商品券，ビール券，新幹線などの回数乗車券等）などを取り扱う部門，業務，情報システム等の領域を対象にして，不正という視点から調査を実施するものである．したがって，内部監査は，不正調査と一線を画している点に留意する必要がある．

（3）　内部監査における不正リスクの監査

　内部監査で不正リスクを監査する場合には，次のような点を考慮する必要がある．

　① 　監査対象とする不正リスクの明確化

　　　内部監査の対象としている不正リスクには多様なものがあるので，監査対象とする不正リスクを明確にすることが重要である．

　② 　リスク評価の工夫

　　　リスクの大きさは，一般的に「影響度×発生確率」で算定されるが，不正リスクの場合には，金額の多寡だけでは必ずしも判断すべきではないケースがある．例えば，少額の横領であっても，組織運営上大きな問題となることがあるからである．不正リスクの大きさを評価する場合には，不正リスクが発生した場合の「影響度」の種類にも着目する必要がある．

　③ 　内部監査人のスキル

　　　内部監査人は，当該組織体における人事ローテーションのなかで任命されることが多いため，必ずしも監査スキルが十分とはいえない．また，

業務知識については，組織内の業務知識が豊富であるという優位性はあるものの，すべての業務に精通しているわけではない．

④ 監査技法の開発

不正リスクの監査を実施する際には，データ分析技法の利用，サンプリングではなく一定の範囲(期間・部門等)を対象とした全数調査の実施など，不正リスクに対応できるように監査技法を開発することが必要になる．

⑤ 監査証拠の収集

不正調査の場合には，訴訟等につながる可能性もあるので，証拠の収集には通常の内部監査と異なって注意が必要である．

（4） 不正調査のアプローチ

不正調査は，不正が発生する前と，不正が発生した後の調査に大別できる．

⒜ 不正発生前

不正発生前の調査は，「内部監査で不正リスクを検討し，監査対象部門において，不正に関するリスクを分析・評価し，それに対するコントロールが整備・運用されているか」確かめる．不正リスクがある監査対象領域だからといって，不正が発生しているわけではないことに注意する必要がある．また，不正リスクが内在する領域は，現金・預金に係る業務・部門，金券に係る業務・部門，換金しやすい資産に係る業務・部門などの領域である．

⒝ 不正発生後

不正発生後に実施する不正調査では，事実関係や，不正が発生した原因究明を行うことに力点が置かれる．「不正が発生した原因が業務プロセスのどこにあるのか」「規程やマニュアル，体制面での問題がなかったか」確かめる．なお，不正調査は，内部監査部門だけで行うとは限らず，懲戒処分等を伴うことから人事部門が不正調査を行う．内部監査では，業務プロセスや体制面などの不備を発見し再発防止策を低減することに目的があるが，人事部門では，懲戒処分の裏づけの入手，懲戒処分の内容決定のための調査に重点が置かれること

になる.

（5）　不正調査の落とし穴

　不正調査では，懲戒処分を伴うことが少なくないことから，調査過程で相手を犯人扱いにして追及したり，人権を無視するような取扱をしないように注意する必要がある．また，不正調査においては，証拠隠滅が発生しないように留意しなければならない．安易に自席に戻してしまい，不正の裏づけとなる書類やデータを隠滅されることがないようにするとよい．会議室などで待機させたり，本人を一人にさせないような配慮が必要になる.

　情報漏えいの場合には，デジタルフォレンジックスという手法がある．クライアントパソコンの操作ログをそのまま入手して，「どのような操作が行われたのか」を分析する手法である．裁判の証拠にも利用できるように特別な機器およびソフトを用いて，トレーニングを受けた担当者が分析する．内部監査人自身がデジタルフォレンジックスの手法を実施する必要は少ないが，専門の事業者をあらかじめ調べておけばいざというとき，いたずらに慌てないですむ.

不正事例の情報収集が重要

　新聞などで報道される不正事例は，内部監査人にとって参考になることが多々ある．「どのようなときに不正が発生しやすいのか」「どのような業務で不正が発生しやすいのか」を日頃から情報収集しておき，他山の石として「自社で同様のリスクがないか」考えるとよい．例えば，以前は金銭の使い込み，金券の窃取などの不正が目立ったが，近年では，品質不正が目立つ．内部監査人は，世間動向に注意して，金銭だけではなく，「このような不正リスクに対するコントロールが整備・運用されているか」についても関心をもつとよい.

16.2 不正の種類

（1） 多様な不正リスク

内部監査で取り扱う不正には，**表 16.1** に示すように，財務報告上の不正，コンプライアンス上の不正，社内規程への違反，情報セキュリティ上の不正など，さまざまなものがある．

表 16.1　内部監査の対象となる不正の分類

分類	内容
金銭・物品の不正	• 現金，現金等価物の私的流用 • 本来の目的以外での使用 • その他
社内業績に係る不正	• 営業成績の改ざん • コスト削減などの偽装 • 予算の流用(目的外使用) • 経営者への不正な報告(リコール，クレーム等の情報隠し) • その他
社内手続上の不正	• 受注(与信限度を超えた受注など) • 購買(分割購買，承認前の購買行為など) • 採用 • その他
コンプライアンスに係る不正	内部監査で対象とする法令には，例えば，以下のようなものがある．また，これ以外にも，各種事業にかかわる法令(銀行法，保険業法，電気通信事業法，食品衛生法，建設業法など)，組織体で定める経営理念・行為規範などがある． 　• 独占禁止法 　• 下請法 　• 景品表示法 　• 不正競争防止法 　• 公益通報者保護法 　• 労働基準法

第16講　不正調査と内部監査

表 16.1　つづき

分類	内容
コンプライアンスに係る不正	・労働者派遣法 ・個人情報保護法 ・著作権法 ・その他
情報に係る不正	・情報(個人情報，営業機密など)の不正な取得・利用・第三者提供 ・情報の改ざん・破壊・漏えい ・その他

（2）　不正リスクの監査の進め方

　内部監査は，組織体の運営に関して発生する多種多様の不正リスクを対象としているが，不正リスクに対するコントロールの適切性を監査することだけを目的としているわけではないことに留意しなければならない．不正リスクだけに焦点を当てた内部監査を実施すると，監査対象業務や部門の全体像がわからなくなるおそれがある．そこで，不正リスクに係る監査を実施する際には，監査手順のなかでリスク評価を実施する際に，不正リスクを評価して，不正リスクの大きな領域に監査資源を投入するとよい．

　不正リスクが発生する領域は，後述するように，現金・預金，金券，価値の高い商品・製品，廃棄物(有価物)などに係る業務や部門である．さらに法令遵守が厳しく求められている業務や部門についても不正リスクが発生する可能性が高い．不正リスクに係る監査では，「こうした領域において業務が適切に実施されているか」確かめることになるが，監査技法としては，通常の内部監査と同様である．不正が行われている場合には，「相手が事実を隠す可能性が高い」「職務分離が適切に行われていない」「棚卸などのチェックが行われていない」「長く同一業務を担当させている」「担当者に任せたままでチェックをしていない」といった環境にあることが少なくない．

　このような不正が発生しやすい仕組みやプロセスになっていないか，十分に留意して監査を実施する必要がある．

（3）　不正リスクの監査の落とし穴

不正リスクに係る内部監査を実施しようとすると，通常実施すべき監査手続が十分に実施できなくなるおそれがある．監査は，管理の仕組みやプロセスがあるかどうか，業務や部門に係る仕組みやプロセスの全体を点検・評価するのに対して，不正リスクに係る監査では，不正が発生しそうな領域をピンポイントで監査することになる．監査の過程で不正ではないかと疑義をもった場合に，犯人扱いして取り調べてしまうと，後でそれが事実誤認であった場合に人権問題を引き起こすおそれがある．そこで，十分な裏づけ(証拠)を入手したうえで，調べるように注意する必要がある．

16.3　金銭に係る不正

（1）　金銭に係る不正とは

金銭に係る不正とは，現金の窃取や預金口座からの窃取のことである．レジや集金など現金を取り扱う業務では，現金の盗難紛失のリスクがある．このリスクの発生を防止するために，毎日現金を金種別にチェックするとともに，現金を取り扱う業務を削減する．現金を取り扱う業務の削減例としては，小口現金を各部署で保管し，そこから小口の支払を行うという方法から，立替払いを導入して，各部署で現金を取り扱わないようにしている．また，支払は原則請求書払いで行うといった取扱もその一例である．保険会社では，保険料の支払を振込書による振込みに変更している．

このように現金を取り扱う業務を減らすことによって，金銭に係る不正の発生を低減している．しかし，現金を取り扱う業務をすべて削減できるわけではないので，現金を取り扱う業務や部門を把握し，当該業務や部門における不正リスクを評価して監査を実施する必要がある．

ところで，預金を取り扱う業務や部門では，預金の窃取というリスクがある．ファームバンキングでは，ユーザ ID とパスワードの管理が重要であり，通帳と印鑑を利用している場合には，その管理が重要になる．

（2）　金銭に係る不正監査の進め方

金銭や預金を対象とした監査においては，次のような点に留意して監査を進

める必要がある.

(a)　**職務の分離**
- 現金の取扱者と記帳担当者の分離
- 通帳と印鑑, キャッシュカードの別管理

(b)　**棚卸**
- 現金残高の棚卸
- 預金残高のチェック
- 領収書のチェック(未使用分, 既使用分)

(c)　**重複チェック**
- 現預金残高, 振込手続等の複数者によるチェック
- 管理者による残高, 振込状況等のチェック

(d)　**担当者の異動**
- 長期間同じ担当者が業務を行っていないか.
- 人事ローテーションが行われているか.

（3）　金銭に係る不正監査の落とし穴

　金銭の監査では, 預金通帳の残高を確実に行うことがポイントである. 例えば, 預金通帳のコピーを見て預金残高があると判断してはならない. コピーが改ざんされている可能性があるからである. 例えば, 切り貼りをして金額や日付が改ざんされている可能性がある. また, スキャナーで読み込んだデータであっても, 画像が改ざんされているかもしれない.

　「通帳への記帳が確実に行われているか」についても確かめる必要がある. 年度末の記帳がすべて終わる前の通帳を提示しているかもしれないからである. 例えば, 通帳に印字された日付が年度末の3月31日であっても, 記帳した後に, 預金が引き出されているかもしれない. 日付が年度初めの4月1日まで印字されている場合には, 3月31日の残高が正しいと判断してもよい.

　いずれにしても，内部監査人は，証拠書類の信ぴょう性についても懐疑心をもって検証することが重要である．

　内部監査人は，簿外現金についても注意する必要がある．簿外現金は，帳簿に記載されていない現金のことであり，各種同好会などの体育文化会活動のために会社が支出した現金などがある．監査権の制約があるものの「会社が支出した金員が適切に管理・支出される仕組みがあるか」についても，監査で確かめる必要がある．例えば，「同好会で，監事を任命して監査を行う仕組みがあり，それが実施されているか」確かめてもよい．

ファームバンキングの不正リスク

　ファームバンキングは，振込処理などが簡単に行えることから広く利用されている．ファームバンキングに係る管理に不備があると，「気がついたときには預金残高がなくなっている」といった事態にもなりかねない．ファームバンキングでは，ユーザ ID およびパスワードの管理を適切に行う必要がある．担当者が替わったときには必ずパスワードを変更させないと，ファームバンキングを悪用されるおそれがある．また，管理者自ら日々の操作状況をチェックして，残高を確かめることが不可欠である．出来心が発生しにくいように，「管理が適切に行われているか」監査することが不正防止のポイントである．

16.4　金券に係る不正

（1）　金券とは

　金券とは，例えば，切手，収入印紙，商品券，新幹線の回数券，ビール券，プリペイドカードなどのことである．金券は，身分証の提示などが必要になるものの，金券ショップに持参すれば，現金に換金することができる．そこで，金券の管理に不備があると，紛失・盗難が発生するリスクがある．また，業務

第16講　不正調査と内部監査

目的以外に金券が使用されてしまうリスクがある.

　実際に金券を窃取されたり, 私的目的に使用されたりする事件が発生している. 一般社団法人日本内部監査協会が毎年刊行する『内部監査実施状況調査結果』を見ると, 金券を題材にした内部監査が実施されていることがわかる.

（2）　金券監査の進め方

　金券の監査では, まず, 自社における金券の利用状況を把握する.「金券がどこの部門でどの程度購入されているのか」「どのような目的で使用されているのか」確かめる. 例えば, 次のような事項を確かめるとよい.

- 予算対実績管理表など資料を入手して, 予算額や購入実績を把握する.
- 業務マニュアルのレビューや関係者へのインタビューによって, 金券の購入に係る業務フローを把握する.
- 購入依頼者, 承認者, 納入時の検収担当者, 払出し担当者などの職務の分離が行われているか.
- 金券の棚卸を実施し, 金券管理台帳の帳簿残と実数が一致しているか.
- 定期的な棚卸が実施されているか（金券管理台帳などの棚卸実施状況（実施日, 担当者等）を確かめる）.
- 保管担当者が定められているか.
- 保管場所が金庫等の安全な場所か.
- 金券管理台帳をレビューして, 金券の払出し時に使途, 配付先, 使用担当者等が明確になっているか.
- 金券の購入状況が, 他部門と比較して異常に多い部門がないか.
- 金券の購入状況が, 所属員の人数と比較して異常に多い部門がないか.

（3）　金券監査の落とし穴

　金券に係る不正は, 金券の購入, 払出し等に係る職務の分離が適切に行われていないことが原因であることが少なくない. 職務の分離状況を必ず確かめる必要がある. また, 購入依頼者と承認者の押印がなされていても, 担当者が承認者の印鑑を偽造している場合や無断使用している可能性があるかもしれない. そこで, 印鑑の管理状況についても確かめたり,「他の書類や伝票に押印され

ている印影と相違がないかどうか」も確かめるとよい.

　金券に係る不正は, 管理を担当者に一任し, 管理者が金券の管理状況, 特に棚卸を実施していないような状況で発生することが少なくない. 信頼できる担当者であっても「つい出来心で」不正を犯してしまうことがある.「後で返せばよいだろう」という気持ちで, 不正を行ってしまうことになる. 内部監査人は,「金券管理を放任していないか」についても意識して監査を行うとよい.

　内部監査人は,「金券担当者の人事異動や業務の担当替えが行われているか」についても関心をもつ必要がある. 定期的に担当者が入れ替われば, 不正の発生を未然に防止する可能性が高まる. 内部監査に際して, 業務分担表や在籍年数などを見て,「担当者が固定していないか」確かめるとよい.

　なお, 金券に係る不正では, 最初は少額の金券を窃取し, 換金して私的な目的に使うことになるが, その穴埋めのためにさらに多い量の金券を窃取し換金するというサイクルを繰り返す. 気がついたときには, 身動きがとれず自白するか, 他者に発見されるケースが多い. 不正の発生する芽(コントロールの不備)を早目に見つけて改善するように指摘することが, 優れた内部監査である. このことを忘れずに金券監査を行うことが重要である.

金券に係る不正

　ある元県議会議員が新幹線の回数券を大量に購入していた事件がある. 一人の人間が新幹線を利用しようとしても使いきれない量であった. 内部監査人は, このような事例から, 一人当たりの金券利用量を確かめて事の重要性を認識できる. また, ある企業では, 秘書室の契約社員に金券に係る業務を一任し, 社員が管理を全くしていなかったために不正に金券を購入し, 換金していた事件が発生した. この場合には, 管理者が購入量をチェックし, 金券の棚卸を実施していれば, 不正が発生しなかったと考えられる.「不正を行い難い業務環境にあるか」監査することが重要である.

16.5　物品に係る不正

（1）　物品とは

　物品にはさまざまなものがあるが，不正に係る物品は，換金性の高い物品や，有価物などである．換金性の高い物品には，例えば，情報機器，カメラなどがある．情報機器やカメラは，価格が低下しているので，窃取して換金するというリスクは低下している．有価物とは，例えば，製造工程で発生した材料ロス（原価差額）や価値のある廃棄物（レアメタルなどが含まれているもの）がある．

　物品を換金する場合には，取引先とグルになったり，物品の購入先を探す必要があったが，近年では，インターネットのフリーマーケットを利用して売却する方法もあるので，注意が必要である．

　物品に係る不正は，換金の容易さ，可搬性の視点から，金券の不正に比較してリスクが相対的に低い．しかし，金券の管理に比較すると，物品の管理のほうが甘くなるというリスクを忘れてはいけない．内部監査人は，このような物品に係る不正についても留意して監査を実施する必要がある．

（2）　物品監査の進め方

　物品監査についても，物品の購入プロセス，物品の入出庫管理，在庫管理，廃棄管理などのプロセスを点検・評価して，「不正リスクがどこにあるか」「リスクを低減するコントロールが有効に機能しているか」確かめる．通常の棚卸資産管理や固定資産管理の監査と同様のプロセスで実施すればよい．

　例えば，次のような事項について監査を実施するとよい（**図 16.1**）．

　　①　物品の購入依頼者，承認者，入出庫担当者などの職務が分離されているか．

　　②　定期的に棚卸を実施しているか．

　　③　棚卸は，入出庫担当者だけに任せるのではなく，管理者などが立ち会っているか．

　　④　棚卸の結果，不足している物品がないか．

　　⑤　不用品，汚損品の売却手続が，規程やマニュアルに従って実施されているか．

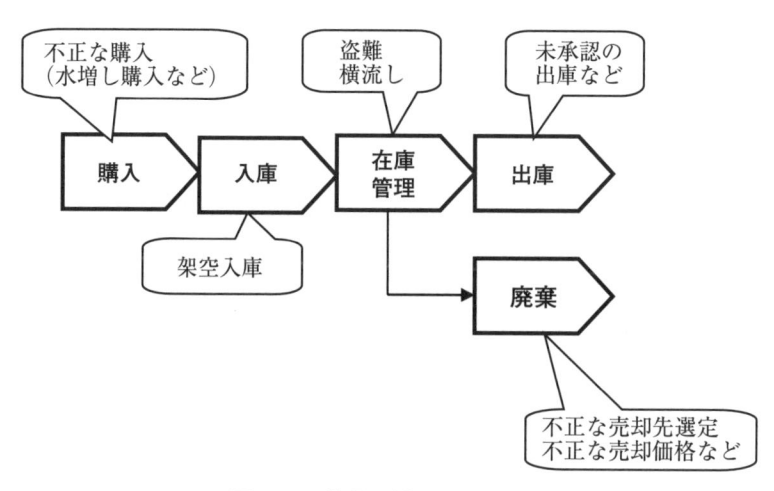

図 16.1　物品に係る不正リスク

⑥　不用品，汚損品の売却先に問題がないか（入札を行う等，売却先の選定が適切か）．

⑦　不用品，汚損品の売却価格の決定方法が適切か（例えば，事業者間の比較をする等の方法によって売却価格の異常値を発見する）．

⑧　原価差異の発生に異常値がないか．

　なお，物品監査の対象とする物品は，「換金性が高いか低いか」を評価（リスク評価）して絞り込む．不正防止あるいは不正発見に焦点を当てた監査を実施する場合には，監査リソースの制約から，すべての物品を対象にして監査を実施するのではなく，換金性の高い物品を対象にして監査を実施する必要がある．

（3）　物品監査の落とし穴

　物品に係る不正監査を実施する場合には，物品に係る業務プロセス全体を網羅的に監査するのではなく，プロセスのうちの特定領域，特定の物品に焦点を当てることがポイントである．通常の監査のようにプロセス全体を監査しようとすると，不正リスクに係らないリスクに対するコントロールも監査するので，監査工数が増えてしまう可能性がある．

第16講　不正調査と内部監査

物品に係る不正

　ある学校の給食担当の従業員が，材料を水増しして購入し，自宅で利用していた事件がある．「何食分調理したか」「材料はどれくらい使用しているか」などをチェックしていれば，気がついたかもしれない．例えば，学校間での比較を行って，「給食対象の人数(食数)，原材料の購入量・金額などについて，チェックする仕組みがあるか」「従業員教育を実施しているか」監査するとよい．この事例は，いわゆる原価差異の問題であり，内部監査人は原価差異に注意する必要がある．

16.6　業績に係る不正

（1）　業績に係る不正とは

　業績に係る不正は，財務報告に係るものとは限らない．財務報告に係る不正としては，売上高を水増しするような不正であり，翌期に計上すべき売上を当期に計上したり，当期に計上すべきものを翌期に計上したりするというものである．こうした財務報告に係る業績の不正は，**第5講**を参照されたい．

　ここで取り上げる業績に係る不正は，財務報告に関係しない不正であり，対外的には問題にならないものの，内部的には問題がある不正である．例えば，顧客訪問件数，引合い件数，受注件数などである．受注件数は，売上計上前までに取り消してしまえば，財務報告上の不正にはつながらない．ただし，収支見通しに関係する場合には，財務報告上の問題になる可能性がある．

　不正が行われる業績は，業績評価に関係するものである．顧客訪問件数のほかに，例えば，コスト低減実績，問合せ対応件数，対応時間，クレーム件数，CS(顧客満足度)などが考えられる．顧客訪問件数やクレーム件数は，営業部門や営業担当者の目標になっていることがある．コスト削減は，購買部門の目標になっており，問合せ対応件数，対応時間，クレーム件数は，コールセンターの目標になっていることがある．業績に係る不正を低減することによって，

業績評価の公平性を確保することができ，従業員の不満の発生防止につながるという効果がある.

（2）　業績監査の進め方

業績に係る不正監査を進める際には，まず業績評価になっている項目を把握する必要がある.営業部門では，売上，利益，受注，引合い件数，顧客訪問件数，クレーム件数などが考えられる.購買部門では，コスト削減，品質，生産部門では，品質，納期などが考えられる.

次に対象とする業績について，その正確性を確保するためのコントロールを確かめる.複数者によるチェック，管理者によるチェック，システムへの入力件数などから「自動的に入手する仕組みなどが存在し，有効に機能しているか」確かめる.販売情報システムなどの業務システムから直接業績情報が出力されている場合には，不正リスクが比較的低いが，業績を加工して算出している場合には，不正リスクが高いので注意するとよい.

続いて，「業績を部門別，担当者別などを比較分析して異常値がないか」確かめる.また，「年度末の計上や年度初めの取消し処理が多発していないか」確かめる.年度初めの取消しは，年度末に目標達成しようとして架空計上したものが翌年度に取り消されているというリスクを発見するための監査手続である.

なお，申込書などに顧客がある場合には，筆跡をチェックして「異なる顧客で同様の署名・押印がないか」「住所に問題がないか」確かめるとよい.こうした調査は，サンプリングでは発見することが難しいので，一定期間の伝票を通査する監査技法をとるとよい.

業績の不正については，組織ぐるみで行われるリスクがある.個人目標に係る不正は個人に着目すればよいが，部門業績の評価に係る不正の場合には，部門長以下が不正に関与している可能性がある点に注意しなければならない.

（3）　業績監査の落とし穴

不正というと現金・預金，金券に係るものが多いと思われがちだが，業績評価が厳しい企業等の場合には，業績に係る不正の監査も必要になる.業績のう

第16講　不正調査と内部監査

ち財務報告に係るものは会計監査で発見されることがあるが，財務報告に係らない業績について注意することが大切である．

　品質数値や食品の賞味期限の不正などは，売上や利益目標，納期目標を達成しようとして無理をした結果，行われた不正といえる．業績目標には，さまざまなものがあり，相互に関係しているという点も考慮して監査に臨むとよい．

　なお，監査では，業績の悪い部門等を監査するが，業績が良過ぎる部門についても監査を行う必要がある．例えば，クレーム隠しなどの問題が存在しているかもしれないからである．

職務質問に係る不正

　業績の不正は，企業だけで発生しているわけではない．警察官が職務質問の実績を改ざんしたケースがある．実際には，職務質問を実施していないのに実施したように書類を偽造した事件がある．おそらく職務質問の目標があり，その達成が強く求められていたのではないかと推察できる．目標達成が厳しければ，業績不正のリスクも増大することを考えて監査を実施することが大切である．

参 考 文 献

企業会計審議会「我が国における国際会計基準の取扱いに関する意見書(中間報告)」,
2009 年 6 月 30 日(https://www.fsa.go.jp/news/20/20090630-4.html)

企業会計審議会「国際会計基準(IFRS)への対応のあり方についてのこれまでの議論
(中間的論点整理)」, 2012 年 7 月 2 日 (https://www.fsa.go.jp/inter/etc/2012
0702-1.html)

企業会計審議会「国際会計基準(IFRS)への対応のあり方に関する当面の方針」, 2013
年 6 月 20 日(https://www.fsa.go.jp/news/24/sonota/20130620-2.html)

企業会計基準委員会「「修正国際基準(国際会計基準と企業会計基準委員会による修
正会計基準によって構成される会計基準)」の公表にあたって」, 2015 年 6 月 30 日
(https://www.asb.or.jp/jp/accounting_standards/jmis.html)

金融庁「研究開発費等に係る会計基準」(https://www.fsa.go.jp/p_mof/singikai/
kaikei/tosin/1a909e2.html)

金融庁「国際会計基準(IFRS)に基づく連結財務諸表の開示例の公表について」, 2016
年 3 月 31 日(https://www.fsa.go.jp/news/27/sonota/20160331-5.html)

経済産業省「システム管理基準(平成 30 年 4 月 20 日改訂)」, 2018 年 4 月(http://
www.meti.go.jp/policy/netsecurity/sys-kansa/h30kaitei.htm)

経済産業省「クラウドサービス利用のための情報セキュリティマネジメントガイド
ライン」, 2014 年 3 月改訂(http://www.meti.go.jp/policy/netsecurity/secdoc/
contents/seccontents_000146.html)

経済産業省「情報セキュリティ管理基準(平成 28 年改正版)」, 2016 年 3 月 1 日(http:
//www.meti.go.jp/press/2015/03/20160301001/20160301001.html)

経済産業省・独立行政法人情報処理推進機構「サイバーセキュリティ経営ガイドラ
イン(Ver2.0)」, 2017 年 11 月 16 日(http://www.meti.go.jp/policy/netsecurity/
mng_guide.html)

厚生労働省「労働者派遣事業と請負により行われる事業との区分に関する基準」,
2012 年最終改正(http://www.mhlw.go.jp/bunya/koyou/gigi_outou01.html)

厚生労働省・都道府県労働局「労働者派遣・請負を適正に行うためのガイド」(http:
//www.mhlw.go.jp/stf/seisakunitsuite/bunya/koyou_roudou/koyou/haken-shou
kai/hakenhourei.html)

公正取引委員会「物流特殊指定(特定荷主が物品の運送又は保管を委託する場合の特
定の不公正な取引方法について)」(https://www.jftc.go.jp/dk/butsuryu.html)

個人情報保護委員会「個人情報の保護に関する法律についてのガイドライン（通則編）」，2017 年 3 月一部改正（https://www.ppc.go.jp/personal/legal/）

個人情報保護委員会「特定個人情報の適正な取扱いに関するガイドライン（事業者編）」，2017 年 5 月最終改正（https://www.ppc.go.jp/legal/policy/）

総務省統計局「平成 29 年科学技術研究調査　用語の解説」（http://www.stat.go.jp/data/kagaku/kekka/a3_25you.html）

日本経済団体連合会「「会社法施行規則及び会社計算規則による株式会社の各種書類のひな型」（改訂版）公表にあたって」，2016 年 3 月 9 日（http://www.keidanren.or.jp/policy/2016/017.html）

日本内部監査協会「内部監査基準」（http://www.iiajapan.com/guide/）

日本内部監査協会「内部監査品質評価ガイド」（http://www.iiajapan.com/quality/）

日本内部監査協会『内部監査実務全書』，日本内部監査協会，1997 年

日本内部監査協会『新 内部監査の品質評価マニュアル』，日本内部監査協会，2015 年

日本内部監査協会「CIA フォーラム研究会報告　品質のアシュアランスと改善のプログラム」『月刊監査研究』，Vol.42，No.9，2016 年

日本内部監査協会：「内部監査人協会（IIA）情報／ IPPF プラクティス・ガイド　監査報告書：アシュアランス業務の結果の伝達」『月刊監査研究』，Vol.43，No.9，2017 年

日本内部監査協会：「内部監査人協会（IIA）情報：IPPF プラクティス・ガイド　個々の監査業務の計画策定：目標と範囲の設定」『月刊監査研究』，Vol.44，No.3，2018 年

日本監査役協会「監査役に期待される IT ガバナンスの実践」，2011 年 8 月（http://www.kansa.or.jp/support/library/misc/it.html）

金融情報システムセンター『金融機関等のシステム監査指針（改訂第 3 版）』，2014 年

五井孝『リスク視点からの「実効性のある」内部監査の進め方』，同文舘出版，2014 年

五井孝・稲垣隆一『プライバシーマークのための JIS Q 15001 の読み方』，日科技連出版社，2006 年

今野浩一郎・佐藤博樹『マネジメント・テキスト 人事管理入門（第 2 版）』，日本経済新聞社，2009 年

桜井久勝『財務会計講義』，中央経済社，2018 年

佐藤博樹・藤村博之・矢代充史『新しい人事労務管理（第 5 版）』，有斐閣，2015 年

島田裕次『内部監査入門』，翔泳社，2008 年

島田裕次『よくわかるシステム監査の実務解説(改訂版)』，同文舘出版，2015 年

島田裕次・榎木千昭・澤田智輝・内山公雄・五井孝『ISO 27001 規格要求事項の解説とその実務』，日科技連出版社，2006 年

島田裕次(編著)，清水京子・村田一『内部監査人の実務テキスト[基礎知識編]』，日科技連出版社，2009 年

島田裕次(編著)，宇佐美豊・北村秀二・宮下正博・関本滋夫・芳野政巳・大内功『内部監査人の実務テキスト[業務知識編]』，日科技連出版社，2009 年

柴山政行『図解 入門ビジネス最新原価計算の基本と仕組みがよ〜くわかる本[第 2 版]』，秀和システム，2011 年

武田隆二『最新 財務諸表論』，中央経済社，2008 年

成田守弘『在庫管理の仕事がわかる本』，同文舘出版，2009 年

長谷川俊明『外部委託の契約実務』，中央経済社，2008 年

長谷川俊明『海外子会社のリスク管理と監査実務』，中央経済社，2017 年

広瀬義洲『財務会計(第 13 版)』，中央経済社，2015 年

堀江正之『IT 保証の概念フレームワーク』，森山書店，2006 年

毛利正人『図解 海外子会社マネジメント入門』，東洋経済新報社，2014 年

森川八洲男『体系 財務諸表論(第 2 版)』，中央経済社，2008 年

Urton L. Anderson, Michael J. Head, Sridhar Ramamoorti, Cris Riddle, Mark Salamasick, and Paul J. Sobel, *Internal Auditing : Assurance & Advisory Services*, fourth edition, Internal Audit Foundation, 2017.

P. Adams, S. Cutler, B. McCuaig, S. Rai, J. Roth, *Sawyer's Guide for Internal Auditors*, sixth edition, The Institute of Internal Auditors Research Foundation, 2012.

IT ガバナンス協会「取締役会のための IT ガバナンスの手引(第 2 版)」(https://www.isaca.Org/restricted/Documents/board-briefing_Japanese.pdf)，2003 年

ISACA「COBIT 5 フレームワークの新たな日本語版が事業体自身の情報と技術のガバナンスを支援する」(http://www.isaca.org/About-ISACA/Press-room/News-Releases/Japanese/Pages/COBIT5-Japanese-News-Release.aspx)，2013 年 10 月

David O'Regan, *Auditing the procurement function*, The Institute of Internal Auditors Research Foundation, 2017.

Project Management Institute『プロジェクトマネジメント知識体系ガイド(PMBOK® ガイド)第 6 版，Project Management Institute，2018 年 2 月

The Institute of Internal Auditors, Implementation Guidance (https://global.theiia.org/standards-guidance/recommended-guidance/Pages/Practice-Advisories.aspx)

索　引

編著者・著者紹介

島田裕次(しまだ　ゆうじ)(担当：まえがき，第1講，第16講)　編著者

　1979年早稲田大学政治経済学部卒業．東京ガス㈱勤務を経て，2009年4月から東洋大学総合情報学部教授．東洋大学産学共同教育センター　センター長．博士(工学)，CIA，CISA，システム監査技術者．

荒木理映(あらき　りえ)(担当：第2講，第3講)

　2001年東京大学大学院人文社会系研究科修士課程修了．米国の損害保険会社監査部を経て，2009年マスミューチュアル生命保険㈱入社．現在監査部長．

池田晋(いけだ　すすむ)(担当：第6講6.1～6.9節，第8講，第11講)

　2016年横浜国立大学大学院国際社会科学府博士課程後期修了．米国の大手監査法人などを経て，2002年日産自動車㈱入社．以来，経理，内部監査に従事．現在，グローバル内部監査室日本内部監査グループマネージャー．博士(経営学)．

五井孝(ごい　たかし)(担当：第12講，第13講)

　1984年東京理科大学理学部卒業．大手SI会社を経て2001年大和総研入社．内部監査部長を経て，現在大和総研ビジネス・イノベーション金融システムソリューション業務室長．2016年4月から中央大学大学院理工学研究科客員教授を兼職．

中野雅史(なかの　まさふみ)(担当：第5講，第7講)

　2006年明治大学大学院商学研究科博士後期課程修了．1993年東京ガス㈱入社．以来，経理部，監査部，東京ガスアメリカ社などを経て，現在，電力事業部電力企画グループ課長，㈱シナジアパワー監査役．博士(商学)，税理士，CIA試験委員．

西島新(にしじま　あらた)(担当：第4講，第10講，第15講)

　1975年東京大学経済学部卒業，㈱住友銀行入行．その後，同行，プロティビティ，香港上海銀行，シティバンクで内部監査やコンサルティングに従事．

宮下正博(みやした　まさひろ)(担当：第6講6.10～6.16節，第9講，第14講)

　1979年法政大学大学院社会科学研究科経済学専攻修士課程修了．㈱ローソンで監査指導本部顧問を経て，現在，㈱フュージョンズホールディングス監査役．

内部監査の実践ガイド

16 講でわかる基本と業務別監査

2018 年 6 月 26 日　第 1 刷発行
2023 年 8 月 22 日　第 7 刷発行

編著者　島田裕次
著　者　荒木理映　池田　晋
　　　　五井　孝　中野雅史
　　　　西島　新　宮下正博
発行人　戸羽節文

発行所　株式会社　日科技連出版社
〒 151-0051　東京都渋谷区千駄ヶ谷 5-15-5
　　　　　　DS ビル
　　　　電　話　出版　03-5379-1244
　　　　　　　　営業　03-5379-1238

検　印
省　略

Printed in Japan

印刷・製本　港北メディアサービス㈱